诚信为本 坚持准则

操守为重 不做假账

——与学习会计的同学共勉

诚信为本　操守为重

坚持准则　不做假账

“十二五”职业教育国家规划教材配套用书
会计专业“互联网+”课、岗、训融合新形态一体化教材

审计综合实训

（第二版）

主　编　周海彬

高等教育出版社·北京

内容提要

本书是会计专业“互联网+”课、岗、训融合新形态一体化教材，也是“十二五”职业教育国家规划教材配套用书，既可单独使用，也可配合《审计实务》教材使用。

本书根据最新职教理念编写，以项目任务为导向，基于工作过程设计教学内容和教学过程，旨在综合提升学生的专业素养及专业技能。本书以北京翔辉科技股份有限公司为例，提供了该公司的内控资料及会计相关资料，要求对其进行财务报表鉴证。本书共分三部分，第一部分审计资料主要包括星星会计师事务所与被审计单位基本情况、审计资料、内部控制资料、相关账表资料及实训要求等；第二部分工作任务及操作指导主要包括计划审计工作、对被审计单位进行控制测试、实施货币资金实质性程序、实施采购与付款循环实质性程序、实施存货与仓储循环实质性程序、实施销售与收款循环实质性程序、实施筹资与投资循环实质性程序、终结审计工作这八个项目的工作任务和操作指导。第三部分审计工作按照审计工作过程给出了审计所需的全部审计工作底稿。本书在实训内容上设计了难易不同的各种问题，以便审计专业、会计专业及其他非审计专业根据自身教学需要进行实训，且不影响其完整性。整个实训基于工作过程由浅入深、循序渐进设计，具有很强的可操作性。

本书适合高等职业院校、民办高校及应用型本科的审计专业、会计专业及相关财经类专业教学使用，也可作为在职审计、会计人员岗位培训或继续教育培训用书。

本书配套开发了审计底稿等教辅资源，具体获取方式请见书后“郑重声明”页的资源服务提示。另外，与本书配套的在线开放课程可通过登录“智慧职教”(www.icve.com.cn) 平台，进入“审计综合实训”课程进行在线学习。也可通过扫描书中二维码学习相关资源。

图书在版编目（CIP）数据

审计综合实训 / 周海彬主编. -- 2版. -- 北京 :
高等教育出版社, 2020.6
ISBN 978-7-04-054266-0

Ⅰ. ①审… Ⅱ. ①周… Ⅲ. ①审计学-高等职业教
育-教材 Ⅳ. ①F239.0

中国版本图书馆CIP数据核字(2020)第102335号

审计综合实训
SHENJI ZONGHE SHIXUN

策划编辑 武君红　责任编辑 梁 木　封面设计 赵 阳　版式设计 童 丹　插图绘制 李沛蓉　责任校对 陈 杨　责任印制 尤 静

出版发行 高等教育出版社
社　　址 北京市西城区德外大街4号
邮政编码 100120
印　　刷 北京市大天乐投资管理有限公司
开　　本 787mm×1092mm 1/16
印　　张 24.5
字　　数 600千字
购书热线 010-58581118
咨询电话 400-810-0598
网　　址 http://www.hep.edu.cn
　　　　 http://www.hep.com.cn
网上订购 http://www.hepmall.com.cn
　　　　 http://www.hepmall.com
　　　　 http://www.hepmall.cn
版　　次 2016年8月第1版
　　　　 2020年9月第2版
印　　次 2020年9月第1次印刷
定　　价 49.80元

物 料 号 54266-00

主编简介

周海彬　副教授、高级审计师、四川省内部审计师协会理事。1990年毕业于中央财经大学，一直从事审计、会计课程的教学，主要担任“企业财务报表审计”“审计综合实训”“计算机辅助审计应用技术实训”“财务会计”“会计综合实训”“会计电算化实训”“内部控制评价”等课程的教学工作，曾兼任内部审计和社会审计工作，主编审计、会计教材二十多本，并参与了国家职业教育教学资源库课程建设工作。组织开发的审计专业被四川财经学院确定为特色专业。

第二版前言

伴随着我国经济的高速发展，自 2016 年本书第一版出版至今，我国审计准则、会计准则、财税法规等都发生了很大的变化，为了及时体现国家相关准则法规等变化，我们在保持第一版教材特色和优势的基础上对本书进行了全面修订。

本版教材修订所依据的我国最新审计准则、会计准则及财税法规包括：财政部关于印发《中国注册会计师审计准则第 1101 号——注册会计师的总体目标和审计工作的基本要求》等 18 项审计准则的通知，中国注册会计师协会关于印发《〈中国注册会计师审计准则第 1101 号——注册会计师的总体目标和审计工作的基本要求〉应用指南》等 24 项应用指南的通知，财政部 2017 年修订发布的《企业会计准则第 14 号——收入》《企业会计准则第 22 号——金融工具确认和计量》《企业会计准则第 37 号——金融工具列报》，财政部 2018 年修订发布的《企业会计准则第 14 号——收入》应用指南、《企业会计准则第 22 号——金融工具确认和计量》应用指南、《企业会计准则第 37 号——金融工具列报》应用指南，财政部《关于修订印发 2019 年度一般企业财务报表格式的通知》，财政部、税务总局、海关总署《关于深化增值税改革有关政策的公告》等。

此外，本书还在第一版的基础上对其内容进行了优化和精简，将两册合为一册，使其更加实用且便于实训操作。另外还增添了教学资源二维码，方便学生自学使用。

本书由主编周海彬和四川省射洪市财政局重点工程融资中心主任孙政进行修订，周海彬对全书进行总纂定稿。

由于时间仓促，书中难免存在不足之处，请广大读者批评指正！

编者

2020 年 6 月于成都

第一版前言

在我国市场经济高速发展的今天，为了保证社会经济正常、有序地运行，预防和杜绝经济犯罪，社会需要大量的审计人员（包括国家审计人员、会计师事务所审计人员和企业内部审计人员）和懂得审计的会计人员。随着我国经济的发展，开设审计专业的院校越来越多，据不完全统计，现已有上百所院校开设了此专业。如此之多的院校开设审计专业，但却没有相适应、配套的《审计综合实训》教材。目前也有个别会计专业的《审计综合实训》教材，但其教材内容比较简单，实训往往流于形式，仅仅停留于完成审计工作底稿的编制，没有凸显审计的特点及特色。本书针对以上问题，在编写过程中征询了大量业内人士意见，融合了最新的职教理念，以行动为导向，基于工作过程设计教学内容和教学过程，凸显了审计的特点及特色，将审计实务中容易出现的一些典型问题融入其中，对学生进行实战演练，综合提升学生专业技能和综合素质，与实际工作实现无缝对接，以满足实际工作的需要。

本《审计综合实训》教材突出以下特色：

1. 职业核心能力与专业能力培养并重

本书基于工作过程设计教材体系和教学内容，并精心整合审计实务中的典型问题（如虚开增值税专用发票等），合理设计教学内容，凸显实训教学特点，综合提升学生实际操作能力和解决问题能力。本书要求以小组为单位完成全部实训，强化学生团队协作等职业核心能力。

2. 体现教学改革成果，凸显实训教学特点

基于综合实训的特点，在《审计综合实训》（实训资料及操作指导）的第一部分中我们给出了该实训的全部资料，既有会计师事务所的资料，又有被审计单位的资料；既有审计资料，又有被审计单位的会计资料。错综复杂地给出如此大量的信息，可训练学生分析整理信息的能力。对于无力独立完成实训的学生我们在第二部分中分项目给予指导和帮助。《审计综合实训》（操作手

册）则基于审计工作过程设计实训内容，进行全仿真模拟实训，凸显实训教学特点。

3. 多校联合，产教结合，行业指导

本书的主审、主编、副主编分别来自全国三所职业院校，均为颇具实力的审计双师型教师。实践专家王忠俊和田先楚都来自审计第一线，他们不但具有丰富的审计实践经验，在业界颇具影响，还具有很强的社会责任感，近几年以来一直关心职业教育发展，并多次参与高职教育教学改革，他们的参与大大增强了行业企业的指导作用。

4. 本书可进行分层教学，满足不同专业和不同层次学生需要

本书在设计实训内容时，设计了审计实务中出现的一系列难易不同的典型问题，在实际教学中教师可根据不同专业、不同学生设计不同要求（即查出问题的多少及难易程度）进行实训。这样进行分层教学既充分体现了以人为本，兼顾了学生个性发展需要，激发学生学习兴趣，又充分调动了学生的学习积极性，提升学生的综合素质，从而更好地培养学生的自主学习能力和创新能力。

5. 教学形式、评价形式和内容的多样化

教学形式的多样化主要体现在：课堂教学指导、学生自学、同学互学以及通过数字化平台学习等多种学习形式。评价形式的多样化表现在评价主体不再是单一教师，而是由学生自评、同学互评、教师评价和实践专家共同评价；在评价内容上，不再是单一的专业技能，而是专业技能和职业核心能力并重。

6. 打造立体化的教学资源库

本书计划开发配置相关的多媒体辅助教学资源，如电子底稿、教学指导、文件法规等，以满足师生多方面的需要。

本书由四川财经职业学院副教授、高级审计师周海彬任主编，四川财经职业学院教授黄友任主审，黑龙江农业职业技术学院教授沈清文、宁夏财经职业技术学院教授马成旭任副主编。参加编写的有：周海彬、沈清文、马成旭、四川中砝会计师事务所王忠俊、四川华文会计师事务所田先楚和廖婧伊、兰州外语职业学院贾其鑫、郑州财税金融职业学院谢彬、成都航空职业技术学院邢伟。周海彬对全书进行了总纂。

本书在编写过程中，得到了四川中砝会计师事务所、四川华文会计师事务所、四川财经职业学院、黑龙江农业职业技术学院、宁夏财经职业技术学院、兰州外语职业学院、郑州财税金融职业学院、成都航空职业技术学院的大力支持，在此一并表示衷心感谢！

由于时间仓促，书中难免存在不足之处，敬请批评指正！

编者

2016年6月

目　录

第一部分　审计资料

一、星星会计师事务所基本情况

星星会计师事务所接受翔辉科技股份有限公司鉴证业务委托，对该公司 2019 年财务报表进行审计。具体情况如下：

（一）星星会计师事务所机构设置情况

星星会计师事务所组织机构见表 1-1。

表 1-1　星星会计师事务所组织机构

部门名称	备注	部门名称	备注
行政部	负责全部行政工作	审计 1 部	负责内资审计
财务部	负责事务所财务工作	审计 2 部	负责内资审计
审核部	负责审计质量控制	审计 3 部	负责外资审计

（二）审计人员一览表

星星会计师事务所审计人员见表 1-2。

表 1-2　审计人员表

全名	所属部门	职务	角色	主管部门
江华	行政部	部长	用户	行政部
陈东	行政部	工程师	系统管理员	行政部、审计 1 部、审计 2 部、审核部
王芳	审计 1 部	部长	用户	审计 1 部
×××	审计 1 部	审计高级助理	用户	审计 1 部
×××	审计 1 部	审计中级助理	用户	审计 1 部
×××	审计 1 部	审计初级助理	用户	审计 1 部
×××	审计 1 部	审计初级助理	用户	审计 1 部
王海	审计 2 部	部长	用户	审计 2 部
周辉	审核部	部长	用户	审核部

注：在实训中 ××× 用小组成员真名替换，下同。

（三）组建北京翔辉科技股份有限公司项目组并对项目成员授权资料

组建北京翔辉科技股份有限公司 2019 年财务报表鉴证业务项目组，项目组成员见表 1-3。

表 1-3　项目组成员

全名	所属部门	职务	角色	主管部门
陈东	行政部	工程师	系统管理员	行政部、审计 1 部、审计 2 部、审核部
王芳	审计 1 部	部长	用户	审计 1 部
×××	审计 1 部	项目负责人	用户	审计 1 部
×××	审计 1 部	审计人员	用户	审计 1 部
×××	审计 1 部	审计人员	用户	审计 1 部
×××	审计 1 部	审计人员	用户	审计 1 部

二、审计资料

（一）审计询证资料

1. 询证函情况

（1）对该公司所有银行账户进行函证，但只要求对中国工商银行存款户制作银行询证函。

（2）对所有银行、应收、应付账款进行函证，但只要求填制一份询证函。

2. 应收账款询证回函情况

（1）北京强盛实业公司回函说与本单位所有往来已经结清；检查人员进一步检查发现被审计单位没有该笔交易的交易合同，也没有相关物流记录。

（2）其他回函核对无误。

3. 银行询证函和应付账款询证函回函情况

银行询证函和应付账款询证回函全部为核对无误。

（二）审计人员监盘库存现金资料

2020 年 1 月 25 日下午下班前审计人员对该公司库存现金进行了盘点，其当日库存现金日记账余额为 96 830 元，盘点库存现金为 74 330 元；其中：100 元面额的有 700 张；50 元面额的有 80 张；20 元面额的有 15 张；10 元面额的有 3 张。盘点时发现企业有一张没有入账的支付凭证 2 500 元，有一张王五的借条 20 000 元，没有领导签字，经核实 2019 年 1—25 日现金支出 237 082 元，现金收入 253 902.00 元。

（三）银行对账单资料

2020 年 1 月 25 日，向该公司索要 12 月银行存款余额调节表，该公司会计说银行存款余额调节表系该公司出纳每月编制；向该公司出纳索要时，该公司出纳说因为这段时间比较忙，故 2019 年 12 月银行调节表没有编。向其索要其他月份的，该出纳也没有提供。于是获取了该公司 2019 年 12 月 31 日银行对账单，见表 1-4。

表 1-4　中国工商银行对账单

网点号：1538 （北京分行）　　币种：人民币　　单位：元

账号：01053678156　　户名：北京翔辉科技股份有限公司　　上页余额　23 299 499.15

日期	凭证种类	摘要	借	贷	余
2019.12.01		收入	0.00	14 900 000.00	38 199 499.15
2019.12.01		收入	0.00	9 000 000.00	47 199 499.15
2019.12.01		支出	117 720.00	0.00	47 081 779.15
2019.12.01		收入	0.00	7 620 000.00	54 701 779.15
2019.12.01		支出	30 339 980.00	0.00	24 361 799.15
2019.12.01		支出	4 598 006.40	0.00	19 763 792.75
2019.12.02		收入	0.00	5 600 000.00	25 363 792.75
2019.12.02		支出	5 000 000.00		20 363 792.75
2019.12.03		支出	1 785.40	0.00	20 362 007.35
2019.12.03		支出	9 000.00	0.00	20 353 007.35
2019.12.03		支出	1 193 187.60	0.00	19 159 819.75
2019.12.04		收入		10 439 600.00	29 599 419.75
2019.12.04		支出	9 316 812.40	0.00	20 282 607.35
2019.12.04		支出	1 786 660.00	0.00	18 495 947.35
2019.12.04		支出	2 551 314.00	0.00	15 944 633.35
2019.12.04		支出	978.06	0.00	15 943 655.29
2019.12.04		收入	0.00	12 000 000.00	27 943 655.29
2019.12.05		收入		20 000 000.00	47 943 655.29

续表

日期	凭证种类	摘要	借	贷	余
2019.12.06		支出	666 700.00	0.00	47 276 955.29
2019.12.07		支出	19 800 000.00		27 476 955.29
2019.12.07		支出	200 000.00		27 276 955.29
2019.12.08		支出	61 040.00	0.00	27 215 915.29
2019.12.08		支出	203 400.00	0.00	27 012 515.29
2019.12.09		支出	9 300.00	0.00	27 003 215.29
2019.12.10		支出	5 853 400.00	0.00	21 149 815.29
2019.12.10		支出	1 940.20	0.00	21 147 875.09
2019.12.11		支出	51 382.00	0.00	21 096 493.09
2019.12.11		支出	800.00	0.00	21 095 693.09
2019.12.12		支出	3 600.00	0.00	21 092 093.09
2019.12.12		收入	0.00	10 000 000.00	31 092 093.09
2019.12.12		收入	0.00	1 939 080.00	33 031 173.09
2019.12.15		支出	2 260.00	0.00	33 028 913.09
2019.12.15		支出	12 100.00	0.00	33 016 813.09
2019.12.15		支出	12.00	0.00	33 016 801.09
2019.12.15		支出	5 000 000.00	0.00	28 016 801.09
2019.12.15		收入	0.00	140 000.00	28 156 801.09
2019.12.15		支出	173 840.00	0.00	27 982 961.09
2019.12.15		支出	800 000.00	0.00	27 182 961.09
2019.12.16		收入		8 000 000.00	35 182 961.09
2019.12.17		收入	0.00	2 609 320.00	37 792 281.09
2019.12.17		支出	8 000 000.00		29 792 281.09
2019.12.18		支出	4 800.00	0.00	29 787 481.09

续表

日期	凭证种类	摘要	借	贷	余
2019.12.18		支出	80 000.00	0.00	29 707 481.09
2019.12.21		收入	0.00	15 828 387.66	45 535 868.75
2019.12.22		支出	156 000.00	0.00	45 379 868.75
2019.12.22		支出	18 000.00	0.00	45 361 868.75
2019.12.23		支出	6 000.00	0.00	45 355 868.75
2019.12.24		支出	149 600.00	0.00	45 206 268.75
2019.12.24		收入	0.00	17 621.30	45 223 890.05
2019.12.26		收入	0.00	40 914 400.00	86 138 290.05
2019.12.26		支出	4 800 000.00	0.00	81 338 290.05
2019.12.26		收入	0.00	219 780.00	81 558 070.05
2019.12.28		支出	180 000.00		81 378 070.05
2019.12.28		支出	8 611.00		81 369 459.05
2019.12.29		收入		3 510 000.00	84 879 459.05
2019.12.30		收入		5 000 000.00	89 879 459.05
2019.12.31		支出	41 105 000.00		48 774 459.05
2019.12.31		支出	69 112.10		48 705 346.95
2019.12.31		支出	10 000 000.00		38 705 346.95
2019.12.31		支出	5 280 000.00		33 425 346.95
2019.12.31		本月合计	157 612 341.16	167 738 188.96	33 425 346.95

注：审计人员核对 2020 年 1 月银行存款日记账，2019 年 12 月的下列未达账项在 2020 年 1 月已经入账：

（1）2019.12.04　银行收入　10 439 600.00 已经收款入账。

（2）2019.12.29　银行收入　3 510 000.00 已经收款入账。

（3）2019.12.31　银行支出　69 112.10 已经付款入账。

（4）2019.12.31　银行支出　5 280 000.00 已经付款入账。

（四）存货监盘资料

2019 年 12 月 23 日下班后，审计人员对存货进行监盘，监盘情况如表 1-5 所示。

表 1-5 存货盘点表

类别	品名	计量单位	数量
原材料			
	XH-H811 复印机材料	套	290
	XH-H813 复印机材料	套	290
	XH-H811 复印机机壳	个	670
	XH-H813 复印机机壳	个	770
	机物料	千克	1 390
	钢材	吨	34
库存商品			
	XH-H700 复印机	台	0
	XH-H811 复印机	台	170
	XH-H813 复印机	台	80
周转材料			
	包装箱	个	550
	工具	把	96
	劳保用品	套	0
生产成本			
	XH-H811 复印机	台	570
	XH-H813 复印机	台	480

（五）交易性金融资产盘点情况

2019 年 12 月 31 日盘点股票 200 000 股，公允价值 2 100 000 元；盘点有三年期面值 10 000 000 元国库券。

（六）应收账款、应付账款、其他应收款账龄情况

所有应收账款、应付账款、其他应收款账龄都在一年以内。

三、被审计单位概况

北京翔辉科技股份有限公司（简称翔辉科技）始建于 2015 年，2016 年 1 月正式投产，是

由星辉投资有限公司、大鹏投资有限公司、大明投资有限公司共同投资兴建的高科技企业。该公司位于北京市，占地约 30 万平方米，注册资本 12 000 万元，现有职工 1 800 人，主要生产 H 系列复印机。该公司被主管税务机关核准为一般纳税人，执行企业会计准则。

（一）企业基本情况

1. 基本信息

企业名称：北京翔辉科技股份有限公司

简　　称：翔辉科技

地　　址：北京市朝阳区胜利路 23 号

邮　　编：100068

法人代表：童展鹏

开户银行：中国工商银行北京分行（基本存款账户）

账　　号：01053678156

电　　话：(010) 65876321

统一社会信用代码：911168752361538295

传　　真：(010) 65378952

E-mail：BJXH@yh.com.cn

记账本位币：人民币

人民币单位：元

行　　业：工业

类　　型：大中型企业

会计制度：执行企业会计准则

2. 内部组织结构

北京翔辉科技股份有限公司组织结构如图 1-1 所示。

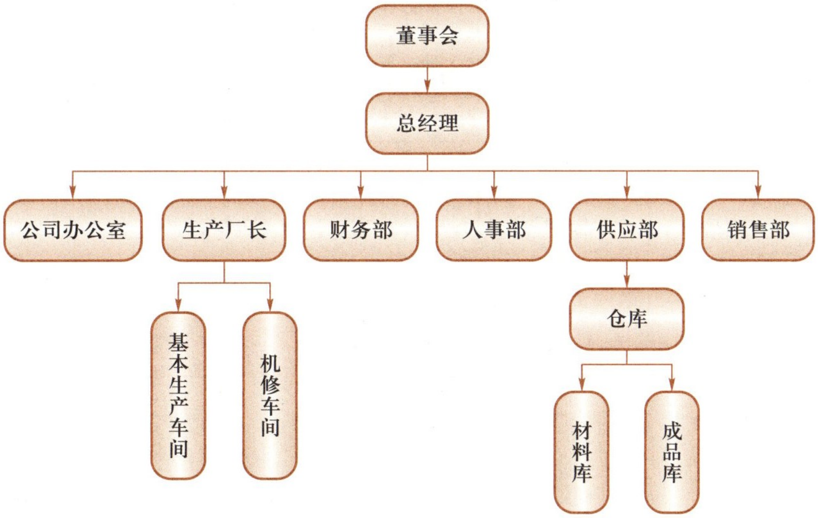

图 1-1　公司组织结构

3. 部门档案

部门档案见表 1-6。

表 1-6 部门档案

编号	名称	部门属性	负责人	备注
1	公司办公室	管理	童展鹏	
2	财务部	管理	周翔	
3	人事部	管理	杨平	
4	供应部	管理	李勇	
5	基本生产车间（加工）	生产	孙青	
6	辅助生产车间（机修）	生产	赵勇	
7	销售部	销售	柳芳	

4. 职员档案

部分职员档案见表 1-7。

表 1-7 职员档案表

编号	名称	所属部门
101	童展鹏	公司办公室
201	周翔	财务部
202	王芳	财务部
203	赵海	财务部
204	李冬	财务部
205	阳春	财务部
301	杨平	人事部
302	张东	人事部
401	李勇	供应部
402	张艳	供应部
501	赵明	材料库

续表

编号	名称	所属部门
502	周丽	成品库
503	孙青	基本生产车间
601	赵勇	辅助生产车间
701	柳芳	销售部
702	余欣	销售部
703	张明明	销售部

注：其他职员略。

5. 生产工艺流程

翔辉公司复印机机壳均为委托外加工而成，其生产工艺流程如图 1-2 所示。

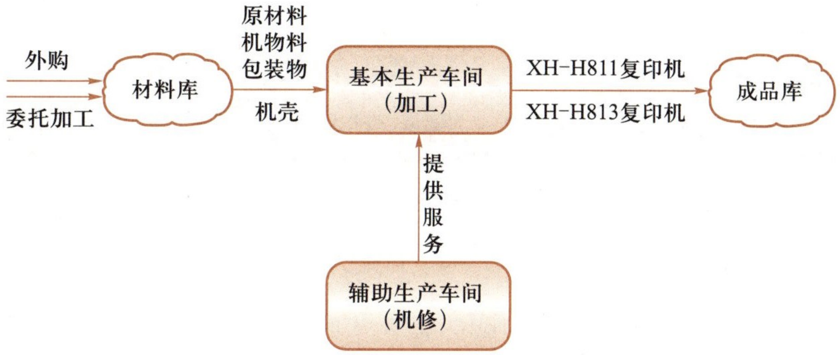

图 1-2 复印机生产工艺流程

（二）会计核算基本要求及相关资料

1. 货币资金核算

该公司银行规定的库存现金限额为 80 000 元，超过库存现金限额的现金必须及时送存银行，最迟不得迟于第二天中午之前送存银行。

采购员差旅费采用定额备用金制度，其他人员差旅费采用临时备用金制度，即于出差前预借，出差后回公司报销差旅费时一次结清借款。

2. 应收账款核算

除应收账款外，其他的应收款项因主要为公司采购员备用金，发生坏账的可能性不大，不计提坏账准备。每年年末，按应收账款余额百分比法计提坏账准备，提取比例为应收账款期末余额的 1%；对于可能成为坏账的应收账款应当报告有关决策机构，由其进行审查，确定是否确认为坏账。

3. 存货核算

（1）材料采用实际成本计价，发出材料采用全月一次加权平均法计价。

（2）XH-H811 和 XH-H813 复印机机壳采用委外加工方式。委外加工购进的材料，为简化核算可直接做委外加工处理，不通过“原材料”账户核算，委外加工材料发生的运杂费按材料的数量分摊。

（3）对于单据已到未付款的情况，要求平时及时进行账务处理。外购材料共同发生的运杂费，按外购材料的数量进行分摊。

（4）周转材料价值采用一次摊销法。

（5）存货的盘存制度采用永续盘存制度。定期对存货进行清查，根据盘点结果编制盘盈盘亏报告单，经主管领导审批后，记入有关账户。

（6）上一车间生产的半成品直接转入下一车间进行加工生产，不设半成品仓库。

（7）库存商品采用实际成本计价。其发出成本采用全月一次加权平均法计算。

（8）材料明细账采用账卡合一核算。小数点的位数除金额保留两位小数外，其余保留 4 位小数。

（9）期末存货按其可变现净值低于账面价值的差额单项计提跌价准备。

（10）库存存货目录及期初明细资料见表 1-8。

表 1-8　库存存货目录及期初明细资料

目录			计量单位	期初结存数量	期初结存金额
	编号	名称			
原材料		合计			30 192 800
	101	XH-H811 复印机材料	套	680	8 840 000
	102	XH-H813 复印机材料	套	670	18 358 000
	103	XH-H811 复印机机壳	个	680	816 000
	104	XH-H813 复印机机壳	个	670	1 742 000
	105	机物料	千克	2 800	436 800
	106	钢材	吨		
周转材料		合计			678 000
	201	包装箱	个	1 190	238 000
	202	工具	把	260	260 000
	203	劳动保护用品	套	30	180 000
库存商品		合计			40 752 000.00
	301	XH-H700 复印机	台	110	1 496 000.00
	302	XH-H811 复印机	台	730	14 308 000.00
	303	XH-H813 复印机	台	660	24 948 000.00

4. 固定资产与投资性房地产核算

（1）本公司固定资产、投资性房地产均采用成本计量模式。

（2）固定资产采用平均年限法计提折旧。当月增加的固定资产，当月不提折旧，从下月起计提折旧；当月减少的固定资产，当月照提折旧，从下月起不提折旧。固定资产分类按月计提折旧，折旧年限分别为：房屋建筑物折旧年限 30 年，机器设备折旧年限 10 年，运输设备及工具折旧年限 5 年。固定资产净残值率按 0 计算。

（3）固定资产大修理等维护支出，在发生时直接计入当期损益。

（4）固定资产增加必须填制验收单，并办理有关手续。

（5）本公司 2018 年 12 月租入固定资产（门市 1），每年租金约 120 万元（不含税），租金平均每月月初支付，合同期为 2018—2028 年。

（6）本公司有在建工程 B 工程，2019 年 12 月开始建设。根据合同，企业 12 月 3 日应支付大地建筑公司首期 1 000 万元工程款，虽然 3 日收到对方开来的发票（发票号 NO: 01783293），但因未支付该款，故未入账。

（7）该公司长期待摊费用全部系 2018 年 12 月对租入固定资产（东北门市）进行装修所发生的支出，共计 3 802 500.00 元。该装修支出从 2018 年 12 月开始，在租期 5 年内摊销。

（8）该公司有投资性房地产房屋一栋，从 2013 年 1 月购入起就租给明辉商贸有限公司作办公场地，合同规定租期为 2013 年 1 月至 2023 年 1 月，每年租金收入 980 万元（不含税），租金于每年年底一次付清。

（9）监盘固定资产账实相符。

（10）该公司固定资产和投资性房地产明细资料见表 1-9。

5. 无形资产核算

该公司无形资产采用成本计量模式。该公司现有无形资产专利权和商标权均于 2018 年 3 月购入并开始摊销，摊销期限为 6 年。

6. 借款核算

（1）短期借款的利息均按月计提并按月支付，短期借款流动资金借款的月利率为 0.375%。

（2）长期借款为购建固定资产发生的专门借款的利息，应同时满足以下 3 个条件。

① 资产支出已经发生。

② 借款费用已经发生。

③ 为使资产达到预定可使用状态所必需的购建活动开始时，开始资本化；当所购建资产达到预定可使用状态时，应停止资本化。按月计算借款利息资本化的金额。

公司现有 2018 年 8 月借入的长期借款 7 000 万元，主要用于购建固定资产。该固定资产已于 2018 年完工交付使用。从 2018 年起每年偿还本金 1 000 万元，利息到期和最后一次本金一次支付，7 年全部还清本息。长期借款的月利率为 0.55%。其他借款利息及不符合借款费用资本化条件的专门借款利息均计入发生当期的财务费用。

表 1-9　固定资产和投资性房地产四级明细资料

项目		管理部门	加工车间	机修车间	销售部	其他	合计	购建时间	已经使用月数	年折旧率	月折旧率	累计折旧
在用固定资产	房屋建筑											
	办公楼 1 栋	4 000 000.00					4 000 000.00	2014.12	59	0.033 3	0.002 8	660 800.00
	厂房 1 栋		51 000 000.00				51 000 000.00	2014.12	59	0.033 3	0.002 8	8 425 200.00
	厂房 1 栋			35 000 000.00			35 000 000.00	2014.12	59	0.033 3	0.002 8	5 782 000.00
	门市 1				21 000 000.00		21 000 000.00	2018.12	11	0.033 3	0.002 8	646 800.00
	门市 2				10 000 000.00		10 000 000.00	2014.12	59	0.033 3	0.002 8	1 652 000.00
	小计	4 000 000.00	51 000 000.00	35 000 000.00	31 000 000.00		121 000 000.00			0.033 3	0.002 8	17 166 800.00
	机器设备											
	生产流水线 1 条		70 000 000.00				70 000 000.00	2017.8	27	0.1	0.008 3	15 687 000.00
	机器设备 10 台			5 000 000.00			5 000 000.00	2017.8	27	0.1	0.008 3	1 120 500.00
	小计		70 000 000.00	5 000 000.00			75 000 000.00					16 807 500.00
	运输设备											
	轿车 5 台	700 000.00					700 000.00	2016.1	46	0.2	0.016 7	537 740.00
	工具器具									0.2	0.016 7	
	工具 750	500 000.00	800 000.00				1 300 000.00	2016.1	46	0.2	0.016 7	998 660.00
	小计	1 200 000.00	800 000.00				2 000 000.00					1 536 400.00
未使用固定资产	机器设备											
	A 机器设备					3 000 000.00	3 000 000.00	2015.1	58	0.1	0.008 3	1 444 200.00
	小计					3 000 000.00	3 000 000.00					1 444 200.00
投资性房地产	房屋 1 栋					49 000 000.00	49 000 000.00	2015.1	58	0.033 3	0.002 8	7 957 600.00
	小计					49 000 000.00	49 000 000.00					7 957 600.00
合计		5 200 000.00	121 800 000.00	40 000 000.00	31 000 000.00	52 000 000.00	250 000 000.00					44 912 500.00

注：房屋建筑物折旧年限为 30 年；机器设备折旧年限为 10 年；运输设备和工具器具都为 5 年。

7. 应付职工薪酬核算

（1）公司职工薪酬主要由职工工资、奖金、津贴和补贴、职工福利费、社会保险、住房公积金、工会经费和职工教育经费、短期带薪缺勤、离职后福利及辞退福利等构成。

（2）请假扣款办法。职工因病假缺勤，每日按其基本工资的3%扣款。职工因事假缺勤，每日按其基本工资的5%扣款。

（3）根据国家有关法规规定，扣除职工个人保险金，上缴个人所得税。按国家有关规定，个人所得税应由单位代扣代缴。其计算公式：

月应纳税额 = 月应纳税所得额 × 适用税率 − 速算扣除数

月应纳税所得额 = 月工资、薪金所得 − 起征点 − 三险一金

由单位承担并交纳的养老保险、医疗保险、失业保险、工伤保险、生育保险、住房公积金分别按上年度缴费职工月平均工资（上年度缴费职工月平均工资与本月相同）的20%、10%、1%、1%、0.8%、12%计算。

由职工个人承担的养老保险、医疗保险、失业保险、住房公积金分别按本人上年月平均工资总额的4%、2%、1%、12%计算。

（4）公司分别按工资总额的14%和2%提取职工福利费和工会经费，按工资总额的8%提取职工教育经费。

8. 成本与费用核算

（1）本公司成本计算方法及成本费用核算流程。本公司成本计算的方法采用品种法，基本生产车间的间接费用设“制造费用”账户核算，辅助生产车间的间接费用不专设账户核算。

费用和成本核算流程如图1-3所示。

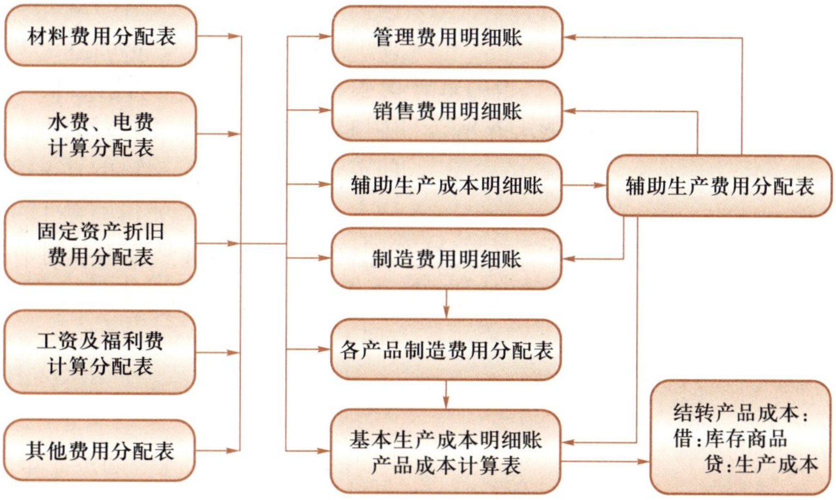

图1-3　费用和成本核算流程

（2）公司的各项费用按经济用途分类，其中直接材料、直接人工和制造费用计入产品成本，其余计入期间费用。

（3）辅助生产车间不设“制造费用”账户核算，辅助生产费用（机修）的分配采用直接分配法，其提供的劳务资料如下：

基本生产车间	756 工时
销售部门	108 工时
公司办公室	216 工时
合计	1 080 工时

（4）水费、电费的分配。外购水费、电费按各部门耗用量分配，其中基本生产车间的电费按生产工时比例分配给各复印机，各复印机所耗生产工时如下：

XH-H811 复印机	10 080 工时
XH-H813 复印机	11 760 工时

（5）人工费用的分配。人工费用按部门的实际发生额进行归集和分配，其中基本生产车间共同负担的工资费用按人工工时比例分配给各复印机，各复印机所耗人工工时如下：

XH-H811 复印机	50 400 工时
XH-H813 复印机	58 800 工时

（6）制造费用的归集与分配。制造费用按生产工时比例分配给各复印机。

（7）本月复印机的投产及完工情况见表 1-10。

表 1-10　12 月复印机投产及完工情况一览表

产品名称	期初在产品数量	本期投产量	本期完工量	期末在产品数量
XH-H811 复印机	40 台	1 190 台	1 210 台	20 台
XH-H813 复印机	40 台	1 080 台	1 093 台	27 台

（8）完工产品与在产品的成本分配方法。采用按直接材料成本确定在产品成本的方法，直接人工和制造费用项目成本全部计入当月完工复印机成本。在产品复印机的直接材料定额如下：

XH-H811 复印机	15 000 元
XH-H813 复印机	31 600 元

9. 收入核算

当与客户之间的合同同时满足下列条件时，应当在客户取得相关商品控制权时确认收入。

（1）合同各方已批准该合同并承诺将履行各自义务；

（2）销售合同中明确了双方与转让商品或提供劳务相关的权利和义务；

（3）销售有明确的与所转让商品相关的支付条款；

（4）销售合同具有商业实质；

（5）因向客户转让商品而有权取得的对价很可能收回。

收入确认的具体条件如下：

（1）委托收款和托收承付结算方式需在开出发票、发出商品，并向银行办妥托收或托收承付手续后确认收入。

（2）采用其他方式结算货款或赊销的，均在开出发票、发出商品后确认收入。

本公司现有复印机销售价格如下：

XH-H700 复印机	15 600 元 / 台
XH-H811 复印机	24 000 元 / 台
XH-H813 复印机	46 000 元 / 台

10. 税金及附加核算

（1）本公司为增值税一般纳税人，本月所有增值税专用发票均有抵扣联，并报税务审核无误。

（2）企业所得税。企业所得税税率为 25%。企业所得税实行按季预缴，年终汇算清缴。

（3）增值税。公司销售各种商品，提供劳务均应交纳增值税，增值税税率为 13%，按月缴纳。运费增值税税率为 9%。

（4）城市维护建设税及教育费附加。分别按流转税的 7% 和 3% 计算，按月缴纳。

（5）其他税按照现行税法进行缴纳。

11. 投资

交易性金融资产按公允价值计价。

公司对北京长胜股份有限公司长期股权投资，按照会计准则规定采用成本法核算。

12. 利润及其分配

本公司利润的结转采用账结法。公司每月按税后利润的 10% 提取盈余公积金。

年末根据当年可向投资者分配的利润，由股东会决定利润分配比例，投资者按出资比例分配。

本公司 2019 年股东会决定利润分配的比例为：按可供分配利润的 50% 分配股利，其中按 60% 分配给星辉投资有限公司，按 30% 分配给大鹏投资有限公司，按 10% 分配给大明投资有限公司。

四、被审计单位内部控制资料[①]

C. 采购与付款循环控制

C-1　采购控制

C-1-1　控制目标：只有经过核准的采购订单才能发给供应商

C-1-1-1　控制活动：采购部门收到请购单后，对金额在人民币 100 000 元以下的请购单由采购经理负责审批；金额在人民币 100 000 元至人民币 1 000 000 元的请购单由总经理负责审批；金额超过人民币 1 000 000 元的请购单需经董事会审批。采购商品需发生销售（管理）费用支出的部门填写费用申请单，其部门经理可以审批金额人民币 5 000 元以下的费用；金额

① 注：由于时间有限，本实训主要针对采购与付款循环进行控制测试，其他循环略。

在人民币 5 000 元至人民币 20 000 元的费用由总经理负责审批；金额在人民币 20 000 元以上的费用则需得到董事会的批准。

C-1-2　控制目标：已记录的采购订单内容准确。

C-1-2-1　控制活动：采购信息管理员将有关信息输入单位信息系统，系统将自动生成连续编号的采购订单（此时系统显示为“待处理”状态）。每周，财务部门应付账款记账员汇总本周内生成的所有采购订单并与请购单核对，编制采购信息报告。如采购订单与请购单核对相符，应付账款记账员即在采购信息报告上签字。如有不符，应付账款记账员将通知采购信息管理员，与其共同调查该事项。应付账款记账员还需在采购信息报告中注明不符事项及其调查结果。

C-1-3　控制目标：采购订单均已得到处理。

C-1-3-1　控制活动：采购订单由单位信息系统按顺序的方式予以编号。每周应付账款记账员在编制采购信息报告时，采购信息管理员亦会核对这些采购订单，对任何不符合连续编号的情况将会进行调查。

C-2　应付账款控制

C-2-1　控制目标：已记录的采购均确已收到物品。

C-2-1-1　控制活动：收到采购发票后，应付账款记账员将发票所载信息和验收单、采购订单进行核对。如所有单据核对一致，应付账款记账员在发票上加盖“相符”印戳并将有关信息输入系统，此时系统自动生成记账凭证过至明细账和总账，采购订单的状态也由“待处理”自动更改为“已处理”。如发现任何差异，应付账款记账员将立即通知采购经理或发生费用支出部门的经理，以实施进一步调查。如果采购经理或发生费用支出部门的经理认为该项差异可以合理解释，需在发票上签字并注明原因，特别批准授权应付账款记账员将该发票输入系统。

C-2-2　控制目标：已记录的采购均确已接受劳务。

C-2-2-1　控制活动：发生销售（管理）费用的部门收到费用发票后，由其部门经理签字确认并交至应付账款记账员。应付账款记账员对收到的费用发票、费用申请单和其他单据进行核对，核对内容包括有关单据是否经恰当人员审批、金额是否相符等。如所有单据核对一致，应付账款记账员在发票上加盖“相符”印戳并将有关信息输入系统，此时系统自动生成记账凭证过至明细账和总账。如发现任何差异，应付账款记账员将立即通知发生费用支出部门的经理，以实施进一步调查。如果发生费用支出部门的经理认为该项差异可以合理解释，需在发票上签字并注明原因，特别批准授权应付账款记账员将该发票输入系统。

C-2-3　控制目标：已记录的采购交易计价正确。

C-2-3-1　控制活动：每月月末，应付账款主管编制应付账款账龄分析报告，其内容应包括应付账款总额与应付账款明细账合计数以及应付账款明细账与供应商对账单的核对情况。如有差异，应付账款主管将立即进行调查，如调查结果表明需调整账务记录，应付账款主管将编制应付账款调节表和调整建议，连同应付账款账龄分析报告一并交至会计主管复核，经财务经理批准后方可进行账务处理。

C-2-4　控制目标：与采购物品相关的义务均已确认并记录至应付账款。

C-2-4-1　控制活动：每月月末，应付账款主管编制应付账款账龄分析报告，其内容应包括应付账款总额与应付账款明细账以及应付账款明细账与供应商对账单的核对情况。如有差异，应付账款主管将立即进行调查，如调查结果表明需调整账务记录，应付账款主管将编制应付账款调节表和调整建议，连同应付账款账龄分析报告一并交至会计主管复核，经财务经理批准后方可进行账务调整。

C-2-5　控制目标：与接受劳务相关的义务均已确认并记录至应付账款。

C-2-5-1　控制活动：每月月末，应付账款主管编制应付账款账龄分析报告，其内容应包括应付账款总额与应付账款明细账以及应付账款明细账与供应商对账单的核对情况。如有差异，应付账款主管将立即进行调查，如调查结果表明需调整账务记录，应付账款主管将编制应付账款调节表和调整建议，连同应付账款账龄分析报告一并交至会计主管复核，经财务经理批准后方可进行账务调整。

C-2-6　控制目标：采购物品交易均确认并记录于适当期间。

C-2-6-1　控制活动：每月月末，应付账款主管编制应付账款账龄分析报告，其内容应包括应付账款总额与应付账款明细账合计数以及应付账款明细账与供应商对账单的核对情况。如有差异，应付账款主管将立即进行调查，如调查结果表明需调整账务记录，应付账款主管将编制应付账款调节表和调整建议，连同应付账款账龄分析报告一并交至会计主管复核，经财务经理批准后方可进行账务调整。

C-3　付款控制

C-3-1　控制目标：仅对已记录的应付账款办理支付。

C-3-1-1　控制活动：应付账款记账员编制付款凭证，并附相关单证，如费用申请单、费用发票及付款申请单等，提交会计主管审批。

C-3-1-2　控制活动：在完成对付款凭证及相关单证的复核后，会计主管在付款凭证上签字，作为复核证据，并在所有单证上加盖“核销”印戳。

C-3-2　控制目标：准确记录付款。

C-3-2-1　控制活动：应付账款记账员编制付款凭证，并附相关单证，如费用申请单、费用发票及付款申请单等金额是否正确并计入恰当会计期间，是否提交会计主管审批。

C-3-2-2　控制活动：在完成对付款凭证及相关单证记录是否正确的复核后，会计主管在付款凭证上签字，作为复核证据，并在所有单证上加盖“核销”印戳。

注：(1) 在做该循环控制测试时审计人员发现：该公司在采购过程中，所有采购活动签有采购合同，所有采购业务都有采购订单，但订单都没有审批签字。

(2) 除所给资料外，在审计过程中涉及的其他资料及情况都视为没有问题。

五、被审计单位2019年12月原始凭证

$1\frac{1}{1}$

ICBC 中国工商银行 进账单（收账通知） 3

2019 年 12 月 01 日　　　　第 113 号

收款人	全　称	北京翔辉科技股份有限公司	付款人	全　称	北京西圣股份有限公司
	账　号	01053678156		账　号	10025437964
	开户银行	工行北京分行		开户银行	工行北京分行
金额	人民币（大写）	壹仟肆佰玖拾万元整		亿 千 百 十 万 千 百 十 元 角 分	¥ 1 4 9 0 0 0 0 0 0 0
票据种类		票据张数			
票据号码					
复核　记账			中国工商银行 北京分行 2019年12月1日 转讫		（开户银行盖章）

此联是收款人开户银行交给收款人的收账通知

注：此联仅作送票依据，不作提货依据；书写时请注意切勿污染第二联磁码打印区域。

$2\frac{1}{1}$

托收凭证（收账通知） 4

委托日期2019年12月01日

业务类型	委托收款（□邮划、☑电划）			托收承付（□邮划、□电划）		
付款人	全称	成都东方实业有限公司		收款人	全称	北京翔辉科技股份有限公司
	账号	50084378938			账号	01053678156
	地址		开户行 工行成都分行		地址	开户行 工行北京分行
金额	人民币（大写）	玖佰万元整			亿 千 百 十 万 千 百 十 元 角 分	¥ 9 0 0 0 0 0 0 0 0
款项内容	商业汇票到期兑付	托收凭据名称	银行承兑汇票	附寄单证张数		
商品发运情况				合同名称号码	20190225	
备注： 复核：　记账：		上列款项已划回收入方账户内。 年　月　日		中国工商银行 北京分行 2019年12月1日 转讫 收款人开户银行签章		

此联为收款人开户银行给收款人的收账通知

$3\frac{1}{3}$

中华人民共和国凭证式国债收款凭证

中国建设银行　　凭证号 20191201　　京 IXIX00015

购买日期	起息日期	印密	年度	期次	期限	年利率	到期日期	柜员号
2019/12/01	2019/12/01	密	2019	01	三年	5%	2022/12/01	08

账号 01012567836　　户名 北京翔辉科技股份有限公司　　原账号

金额（大、小写）人民币壹仟万元整　RMB 10 000 000.00

中国建设银行北京分行 凭证专用章

银行签章

会计分录

兑取日期	计息天数	年利率	利息	柜员号

兑取时：　复核　　出纳　　记账　　购买时：　复核 王丹　出纳 刘东　记账 付霞

$3\frac{2}{3}$

中国建设银行
转账支票存根

10201150

11569832

附加信息

出票日期　2019 年 12 月 01 日

收款人：	中国人民银行北京分行
金　额：	10 000 000.00
用　途：	购国库券

单位主管　　会计 李冬

$3\frac{3}{3}$

中国建设银行 进账单（回单） 1

2019 年 12 月 01 日　　　　第 114 号

收款人	全　称	中国人民银行北京分行	付款人	全　称	北京翔辉科技股份有限公司
	账　号	58654321589		账　号	01053678156
	开户银行	中国人民银行北京分行		开户银行	建行北京分行
金额	人民币（大写）	壹仟万元整		亿千百十万千百十元角分	¥ 1 0 0 0 0 0 0 0 0 0
票据种类		票据张数			
票据号码					
复核　记账			中国建设银行北京分行 2019年12月1日 转讫		（开户银行盖章）

此联是付款人开户银行交给付款人的回单

$4\frac{1}{2}$

收　料　单

材料科目：原材料
材料类别：辅助材料
供应单位：北京和平实业公司
发票号码：NO：01883288　　　　2019 年 12 月 01 日　　　　收 字第 01 号

材料编号	材料名称	规格	计量单位	入库数量	实际成本				
					买价		运杂费	其他	合计
					单价	金额			
105	机物料		千克	500	156	78 000.00			78 000.00
	合计			500	156	78 000.00			78 000.00

供应部负责人：李勇　　记账：　　检验：　　保管：赵明

$4\frac{2}{2}$

收 料 单

材料科目：周转材料

材料类别：包装物

供应单位：北京和平实业公司

发票号码：NO：01883288　　2019 年 12 月 01 日　　收字第 02 号

材料编号	材料名称	规格	计量单位	入库数量	实际成本				
					买价		运杂费	其他	合计
					单价	金额			
201	包装箱		个	1 710	200	342 000.00			342 000.00
	合计			1 710	200	342 000.00			342 000.00

供应部负责人：李 勇　　记账：　　检验：　　保管：赵 明

$5\frac{1}{2}$

中国工商银行 信汇凭证（回单）

1

委托日期 2019年12月01日　　第 0011 号

汇款人	全 称	北京翔辉科技股份有限公司			收款人	全 称	北京天天房产股份有限公司		
	账 号 或 住 址	01053678156				账 号 或 住 址	59812758637		
	汇出地点	北京市	汇出行名称	工行北京分行		汇入地点	北京市	汇入行名称	工行北京分行

金额	人民币（大写）	壹拾壹万柒仟柒佰贰拾元整	亿	千	百	十	万	千	百	十	元	角	分
					¥	1	1	7	7	2	0	0	0

中国工商银行
北京分行
2019年12月1日
转讫

汇出行签章

支付密码

附加信息及用途：支付本月销售部（门市1）租金。

复核：　　记账：

此联汇出行给汇款人的回单

$5\frac{2}{2}$

北京增值税专用发票

2100273178　　　发票联　　　№ 01683263

开票日期：2019 年 12 月 01 日

购买方	名　　称：北京翔辉科技股份有限公司 纳税人识别号：911168752361538295 地 址、电 话：北京市朝阳区胜利路23号　65876321 开户行及账号：工行北京分行　01053678156				密码区		
货物或应税劳务、服务名称	规格型号	单位	数量	单价	金额	税率	税额
*销售服务*现代服务 *不动产租赁服务					108 000.00	9%	9 720.00
合　计					¥108 000.00		¥9 720.00
价税合计（大写）	⊗壹拾壹万柒仟柒佰贰拾元整				（小写）¥117 720.00		
销售方	名　　称：北京天天房产股份有限公司 纳税人识别号：911123456879673553 地 址、电 话：北京市朝阳路253号　68653512 开户行及账号：工行北京分行　59812758637				备注	门市1 北京天天房产股份有限公司 911123456879673553 发票专用章	

收款人：李小东　　复核：刘　蓉　　开票人：杨天文　　销售方：（章）

第三联：发票联　购买方记账凭证

$6\frac{1}{1}$

中国工商银行 信汇凭证（收款通知）　4

委托日期　2019 年12月01日　　　　第　0012 号

汇款人	全　称	上海禾嘉有限责任公司		收款人	全　称	北京翔辉科技股份有限公司	
	账号或住址	40065765431			账号或住址	01053678156	
	汇出地点	上海市	汇出行名称：工行上海分行		汇入地点	北京市	汇入行名称：工行北京分行
金额	人民币（大写）	柒佰陆拾贰万元整			亿千百十万千百十元角分	¥7620000000	
中国工商银行 北京分行 2019年12月1日 转讫 汇入行签章			支付密码				
			附加信息及用途：支付前欠货款。 复核：　　记账：				

此联给收款人的收款通知

$7\frac{1}{3}$

北京增值税专用发票

（印章：全国统一发票监制章 北京 国家税务总局监制）

发票联

2100273148　　　　　　　　　　No 01683243

开票日期：2019 年 12 月 01 日

购买方	名　　称：北京翔辉科技股份有限公司 纳税人识别号：911168752361538295 地 址、电 话：北京市朝阳区胜利路23号　65876321 开户行及账号：工行北京分行　01053678156				密码区		
货物或应税劳务、服务名称	规格型号	单位	数量	单价	金额	税率	税额
*销售货物*复印机材料	XH-H811	套	800	12 960	10 368 000.00	13%	1 347 840.00
*销售货物*复印机材料	XH-H813	套	700	27 540	19 278 000.00	13%	2 506 140.00
合　计					¥29 646 000.00		¥3 853 980.00
价税合计（大写）	⊗叁仟叁佰肆拾玖万玖仟玖佰捌拾元整					（小写）	¥33 499 980.00
销售方	名　　称：北京朝阳科技股份有限公司 纳税人识别号：911123456879643567 地 址、电 话：北京市兴业路212号　68652255 开户行及账号：工行北京分行　10023658475				备注	（印章：北京朝阳科技股份有限公司 911123456879643567 发票专用章）	

收款人：李　东　　复核：刘　丽　　开票人：杨　文　　销售方：（章）

第三联：发票联　购买方记账凭证

$7\frac{2}{3}$

ICBC 中国工商银行 进账单（回单）　1

2019 年 12 月 01 日　　　　第 115 号

收款人	全　称	北京朝阳科技股份有限公司	付款人	全　称	北京翔辉科技股份有限公司
	账　号	10023658475		账　号	01053678156
	开户银行	工行北京分行		开户银行	工行北京分行

金额	人民币（大写）	叁仟零叁拾叁万玖仟玖佰捌拾元整	亿	千	百	十	万	千	百	十	元	角	分
			¥	3	0	3	3	9	9	8	0	0	0

票据种类		票据张数	
票据号码			
复核　　记账			（开户银行盖章）

（印章：中国工商银行 北京分行 2019年12月1日 转讫）

此联是付款人开户银行交给付款人的回单

7 $\frac{3}{3}$

中国工商银行
转账支票存根
10201150
11569833

附加信息

出票日期　2019 年 12 月 01 日

收款人：	北京朝阳科技股份有限公司
金　额：	30 339 980.00
用　途：	货款

单位主管　　会计 李冬

8 $\frac{1}{7}$

领　料　单

材料科目：原材料
领料车间（部门）：基本生产车间
用途：生产XH-H813复印机　　2019 年 12 月 01 日　　编号：212101

材料编号	材料名称	规格	计量单位	数量		实际成本	
				请领	实发	单价	金额
102	XH-H813复印机材料		套	200	200		
104	XH-H813复印机机壳		个	200	200		
备注							

记账：　　发料：赵明　　领料单位负责人：　　领料：李强

8 2/7

领　料　单

材料科目：原材料
领料车间（部门）：基本生产车间
用途：生产XH-H811复印机　　　　2019 年 12 月 01 日　　　　编号：212102

材料编号	材料名称	规格	计量单位	数量		实际成本	
				请领	实发	单价	金额
101	XH-H811复印机材料		套	200	200		
103	XH-H811复印机机壳		个	200	200		
备注							

记账：　　发料：赵明　　领料单位负责人：　　领料：李强

8 3/7

领　料　单

材料科目：原材料
领料车间（部门）：基本生产车间
用途：产品生产和一般耗用　　　　2019 年 12 月 01 日　　　　编号：212103

材料编号	材料名称	规格	计量单位	数量		实际成本	
				请领	实发	单价	金额
105	机物料		千克	270	270		
201	包装箱		个	480	480		
备注	生产XH-H811复印机耗用机物料70千克，生产XH-H813复印机耗用机物料100千克，一般消耗机物料100千克。包装箱为生产XH-H811复印机、XH-H813复印机各领用240个。						

记账：　　发料：赵明　　领料单位负责人：　　领料：李强

8 4/7

领　料　单

材料科目：原材料
领料车间（部门）：机修车间
用途：机修　　　　2019 年 12 月 01 日　　　　编号：212104

材料编号	材料名称	规格	计量单位	数量		实际成本	
				请领	实发	单价	金额
105	机物料		千克	100	100		
备注							

记账：　　发料：赵明　　领料单位负责人：　　领料：刘平

$8\frac{5}{7}$

领 料 单

材料科目：原材料
领料车间（部门）：销售部门
用途：销售服务　　2019 年 12 月 01 日　　编号：212105

材料编号	材料名称	规格	计量单位	数量		实际成本	
				请领	实发	单价	金额
105	机物料		千克	100	100		
备注							

记账：　　发料：赵明　　领料单位负责人：　　领料：柳芳

$8\frac{6}{7}$

领 料 单

材料科目：原材料
领料车间（部门）：公司办公室
用途：劳动保护　　2019 年 12 月 01 日　　编号：212106

材料编号	材料名称	规格	计量单位	数量		实际成本	
				请领	实发	单价	金额
105	机物料		千克	100	100		
备注							

记账：　　发料：赵明　　领料单位负责人：　　领料：李海

$8\frac{7}{7}$

领 料 单

材料科目：低值易耗品
领料车间（部门）：基本生产车间
用途：劳动保护　　2019 年 12 月 01 日　　编号：212107

材料编号	材料名称	规格	计量单位	数量		实际成本	
				请领	实发	单价	金额
301	工具		把	164	164		
备注	价值一次摊销						

记账：　　发料：赵明　　领料单位负责人：　　领料：李强

$9\frac{1}{1}$

贷款凭证（收账通知） 3

2019 年 12 月 02 日

借款单位名称	北京翔辉科技股份有限公司	种类	流动资金贷款	结算账号	01053678156
金额（大写）	人民币：伍佰陆拾万元整			千 百 十 万 千 百 十 元 角 分	¥ 5 6 0 0 0 0 0 0 0
借款用途	生产周转借款	单位申请期限	自 2019 年 12 月 2 日至 2020 年 6 月 2 日		
		单位核定期限	自 2019 年 12 月 2 日至 2020 年 6 月 2 日		
上列贷款项已核准发放，并入你单位贷款户账号。 中国工商银行 北京分行 2019年12月2日 转讫 银行签章		会计分录 收： 付： 复核员 记账			

第三联贷款收据

$10\frac{1}{2}$

中国工商银行
转账支票存根
10201150
115698321

附加信息

出票日期 2019 年 12 月 02 日

收款人：	北京和平实业公司
金　额：	4 598 006.40
用　途：	支付前欠购货款

单位主管： 会计：李冬

10 $\frac{2}{2}$

ICBC 中国工商银行 进账单（回单） 1

2019 年 12 月 02 日　　第 115 号

收款人	全称	北京和平实业公司	付款人	全称	北京翔辉科技股份有限公司
	账号	10025436753		账号	01053678156
	开户银行	工行北京分行		开户银行	工行北京分行
金额	人民币（大写）	肆佰伍拾玖万捌仟零陆元肆角整	亿 千 百 十 万 千 百 十 元 角 分		¥ 4 5 9 8 0 0 6 4 0
票据种类		票据张数			
票据号码					
复核　记账					（开户银行盖章）

中国工商银行 北京分行 2019年12月2日 转讫

此联是付款人开户银行交给付款人的回单

11 $\frac{1}{3}$

北京增值税专用发票

全国统一发票监制章 北京 国家税务总局监制 发票联

1100062650　　№ 30961856

开票日期：2019 年 12 月 03 日

购买方	名称：北京翔辉科技股份有限公司 纳税人识别号：911168752361538295 地址、电话：北京市朝阳区胜利路23号 65876321 开户行及账号：工行北京分行 01053678156				密码区		
货物或应税劳务、服务名称	规格型号	单位	数量	单价	金额	税率	税额
*销售货物*A4打印纸					1 580.00	13%	205.40
合计					¥1 580.00		¥205.40
价税合计（大写）	⊗壹仟柒佰捌拾伍元肆角整					（小写）	¥1 785.40
销售方	名称：北京市九九文化用品公司 纳税人识别号：911178924568104565 地址、电话：北京市和平路78号 67896310 开户行及账号：工行北京分行 10525436758				备注	北京市九九文化用品公司 911178924568104565 发票专用章	

收款人：　　复核：　　开票人：李 旭　　销售方：（章）

第三联：发票联 购买方记账凭证

11 $\frac{2}{3}$

中国工商银行
转账支票存根

10201150

11569834

附加信息

出票日期　2019 年 12 月 03 日

收款人：	北京市九九文化用品公司
金　额：	1 785.40
用　途：	购办公用品

单位主管　　会计 李冬

11 $\frac{3}{3}$

ICBC 中国工商银行 进账单（回单）　1

2019 年 12 月 03 日　　第 116 号

收款人	全　称	北京市九九文化用品公司	付款人	全　称	北京翔辉科技股份有限公司
	账　号	10525436758		账　号	01053678156
	开户银行	工行北京分行		开户银行	工行北京分行

金额	人民币（大写）	亿	千	百	十	万	千	百	十	元	角	分
	壹仟柒佰捌拾伍元肆角整					¥	1	7	8	5	4	0

票据种类		票据张数	
票据号码			

复核　　记账

中国工商银行
北京分行
2019年12月3日
转讫

（开户银行盖章）

此联是付款人开户银行交给付款人的回单

12 $\frac{1}{2}$

借 款 单

2019 年 12 月 03 日

部门	人事部	姓名	张东	借款用途	西安考察
借款金额	人民币（大写） 玖仟元整（ ¥9 000.00 ）				
实际报销金额		节余金额		审核意见	同意 周翔
		超支金额			
备注				结账日期	年 月 日

财务主管：周 翔　　出纳：赵 海　　借款人签章：张 东

12 $\frac{2}{2}$

中国工商银行
现金支票存根
10201150
11569835

附加信息
人事部张东借差旅费

出票日期　2019 年 12 月 03 日

收款人：	张东
金　额：	9 000.00
用　途：	差旅费

单位主管　会计 李 冬

13 $\frac{1}{4}$

同城特约 委托收款凭证（付款通知） 2　第　号

委托日期：贰零壹玖年壹拾贰月零叁日　　委托号码：

付款人	全　称	北京翔辉科技股份有限公司	收款人	全　称	北京市社会保障就业局
	账　号	01053678156		账　号	10098765231
	开户银行	工行北京分行		开户银行	工行北京分行

委收金额	人民币（大写）	陆拾伍万零捌佰贰拾玖元陆角整	千	百	十	万	千	百	十	元	角	分
				¥	6	5	0	8	2	9	6	0

款项内容	合同号	收款人联系电话	
支付2019年11月份社保费：650 829.60元	备注：	北京市社会保障就业局 财务专用章（收款人签章）	中国工商银行 北京分行 2019年12月3日 转讫（付款人开户行签章）

单位主管：　　会计：　　复核：　　记账：

此联付款人开户行给付款人按期付款的通知

13 $\frac{2}{4}$

北京市社会保险专用基金票据

北京市财政局 票据专用章

No：1100235

财C154-01-01　　支票号：

付款单位	北京翔辉科技股份有限公司										
征缴险种	征缴项目	金额									
		千	百	十	万	千	百	十	元	角	分
社会保险				6	5	0	8	2	9	6	0
	小写金额合计		¥	6	5	0	8	2	9	6	0
大写金额	陆拾伍万零捌佰贰拾玖元陆角整										

第二联　收据

北京市人力资源和社会保障局 财务专用章

（盖章）　　经办人：祝加　　2019/12/3

13 $\frac{3}{4}$

同城特约委托收款凭证（付款通知） 2

第　号

委托日期：贰零壹玖年壹拾贰月零叁日　委托号码：

付款人	全称	北京翔辉科技股份有限公司	收款人	全称	北京市社会保险基金管理中心
	账号	01053678156		账号	10098765232
	开户银行	工行北京分行		开户银行	工行北京分行
委收金额	人民币（大写）	伍拾肆万贰仟叁佰伍拾捌元整		千百十万千百十元角分	¥54235800
款项内容	合同号		收款人联系电话		
支付2019年11月份住房公积金：542 358.00元	备注：		（收款人签章）		（付款人开户行签章）

中国工商银行 北京分行 2019年12月3日 转讫

北京市社会保险基金管理中心 财务专用章

单位主管：　会计：　复核：　记账：

此联付款人开户行给付款人按期付款的通知

13 $\frac{4}{4}$

北京市社会保险专用基金票据

北京市财政局 票据专用章

No：1100236

财 C154-01-01　支票号：

付款单位	北京翔辉科技股份有限公司	千	百	十	万	千	百	十	元	角	分
征缴险种	征缴项目	金额									
住房公积金				5	4	2	3	5	8	0	0
小写金额合计			¥	5	4	2	3	5	8	0	0
大写金额	伍拾肆万贰仟叁佰伍拾捌元整										

第二联 收据

北京市社会保险基金管理中心 财务专用章

（盖章）　经办人：王平　2019/12/3

14 1/1

北京增值税普通发票

（印章：全国统一发票监制章 北京 国家税务总局监制）

1100062650 发票联 No 30961857

开票日期：2019 年 12 月 03 日

购买方	名　　称：北京翔辉科技股份有限公司 纳税人识别号：911168752361538295 地 址、电 话：北京市朝阳区胜利路23号　65876321 开户行及账号：工行北京分行　01053678156	密码区

货物或应税劳务、服务名称	规格型号	单位	数量	单价	金额	税率	税额
*销售货物*文件夹					70.80	13%	9.20
合　计					￥70.80		￥9.20
价税合计（大写）	⊗捌拾元整					（小写）	￥80.00

现金付讫

销售方	名　　称：北京市九九文化用品公司 纳税人识别号：911178924568104565 地 址、电 话：北京市和平路78号　67896310 开户行及账号：工行北京分行　10525436758	备注

（印章：北京市九九文化用品公司 911178924568104565 发票专用章）

收款人：　　复核：　　开票人：李　旭　　销售方：（章）

第二联：发票联　购买方记账凭证

15 1/3

北京增值税专用发票

（印章：全国统一发票监制章 北京 国家税务总局监制）

2100273148 发票联 No 01883242

开票日期：2019 年 12 月 03 日

购买方	名　　称：北京翔辉科技股份有限公司 纳税人识别号：911168752361538295 地 址、电 话：北京市朝阳区胜利路23号　65876321 开户行及账号：工行北京分行　01053678156	密码区

货物或应税劳务、服务名称	规格型号	单位	数量	单价	金额	税率	税额
*销售货物*机物料		千克	800	152	121 600.00	13%	15 808.00
*销售货物*包装物		个	500	196	98 000.00	13%	12 740.00
合　计					￥219 600.00		￥28 548.00
价税合计（大写）	⊗贰拾肆万捌仟壹佰肆拾捌元整					（小写）	￥248 148.00

销售方	名　　称：北京和平实业公司 纳税人识别号：911133664532875435 地 址、电 话：北京市四川路12号　67767788 开户行及账号：工行北京分行　10025436753	备注

（印章：北京和平实业公司 911133664532875435 发票专用章）

收款人：李伟光　　复核：杨　波　　开票人：周　尚　　销售方：（章）

第三联：发票联　购买方记账凭证

15 $\frac{2}{3}$

收 料 单

材料科目：原材料
材料类别：辅助材料
供应单位：北京和平实业公司
发票号码：NO：01883242　　2019 年 12 月 03 日　　收 字第 03 号

材料编号	材料名称	规格	计量单位	入库数量	实际成本				
					买价		运杂费	其他	合计
					单价	金额			
105	机物料		千克	800	152	121 600.00			121 600.00
	合计			800	152	121 600.00			121 600.00

供应部负责人：李 勇　　记账：　　检验：　　保管：赵 明

15 $\frac{3}{3}$

收 料 单

材料科目：周转材料
材料类别：包装物
供应单位：北京和平实业公司
发票号码：NO：01883242　　2019 年 12 月 03 日　　收 字第 04 号

材料编号	材料名称	规格	计量单位	入库数量	实际成本				
					买价		运杂费	其他	合计
					单价	金额			
201	包装箱		个	500	196	98 000.00			98 000.00
	合计			500	196	98 000.00			98 000.00

供应部负责人：李 勇　　记账：　　检验：　　保管：赵 明

北京翔辉科技股份有限公司工资结算汇总表

2019 年 11 月 30 日　　　　单位：元

车间或部门	职工类别	基本工资		津贴			奖金	缺勤应扣		应付工资	代扣款项			实发工资
		计时工资	计件工资	职务	岗位	其他		事假	迟到早退		社保	住房公积金	个人所得税	
基本生产车间	生产工人	6 205 100.00	971 200.00	0.00	60 000.00	0.00	420 000.00	2 500.00	0.00	7 653 800.00	459 228.00	382 690.00	210 080.00	6 601 802.00
	管理人员	320 720.00	0.00	3 600.00	0.00	0.00	6 000.00	0.00	0.00	330 320.00	19 819.20	16 516.00	5 280.00	288 704.80
机修车间	生产工人	334 400.00	0.00	0.00	18 400.00	0.00	24 000.00	0.00	360.00	376 440.00	22 586.40	18 822.00	7 200.00	327 831.60
	管理人员	29 800.00	0.00	1 200.00	0.00	0.00	2 000.00	0.00	0.00	33 000.00	1 980.00	1 650.00	480.00	28 890.00
管理部门	管理人员	1 677 600.00	0.00	28 000.00	0.00	0.00	170 000.00	0.00	0.00	1 875 600.00	112 536.00	93 780.00	62 160.00	1 607 124.00
销售部门	销售人员	557 600.00	0.00	0.00	2 400.00	0.00	18 000.00	0.00	0.00	578 000.00	34 680.00	28 900.00	1 960.00	512 460.00
合　计		9 125 220.00	971 200.00	32 800.00	80 800.00	0.00	640 000.00	2 500.00	360.00	10 847 160.00	650 829.60	542 358.00	287 160.00	9 366 812.40

$16\frac{2}{3}$

中国工商银行
转账支票存根
10201150
11569838

附加信息

出票日期 2019 年 12 月 04 日

收款人：	北京翔辉科技股份有限公司
金　额：	9 316 812.40
用　途：	银行代发工资

单位主管：　　会计：李冬

$16\frac{3}{3}$

ICBC 中国工商银行 进账单（回单） 1

2019 年 12 月 04 日　　　　第 107 号

收款人	全　称	北京翔辉科技股份有限公司工资户	付款人	全　称	北京翔辉科技股份有限公司
	账　号	01053678158		账　号	01053678156
	开户银行	工行北京分行		开户银行	工行北京分行
金额	人民币（大写）	玖佰叁拾壹万陆仟捌佰壹拾贰元肆角整		亿千百十万千百十元角分	¥931681240
票据种类		票据张数			
票据号码					
复核　记账			（开户银行盖章）		

中国工商银行
北京分行
2019年12月4日
转讫

此联是付款人开户银行交给付款人的回单

$17\frac{1}{2}$

国家税务总局北京市税务局电子缴款凭证 (税)

打印日期：	2019年12月4日		
防伪码	A53332F115D711851244R20011339966	京税电缴 No：	201951673568289000
纳税人识别号	911168752361538295	税务征收机关：	国家税务总局北京市朝阳区税务局
纳税人全称	北京翔辉科技股份有限公司	银行账号：	01053678156

系统票号	税（费）种	税（品）目	所属时期（年/月/日）	实缴金额	缴款日期	备注
356789211769835678	增值税	销售货物	2019/11/01—2019/11/31	1 020 000	2019/12/1	1
356789211769835678	城建税	增值税城建税（城市）	2019/11/01—2019/11/31	71 400	2019/12/1	1
356789211769835678	教育费附加	增值税教育费附加	2019/11/01—2019/11/31	30 600	2019/12/1	1
大写（合计）金额	壹佰壹拾贰万贰仟元整	¥ 1 122 000.00				
税务机关	国家税务总局北京市税务局 电子缴款专用章	说明：1. 本缴款凭证仅作为纳税人记账核算凭证使用。需与银行对账单电子划缴记录核对一致方有效。纳税人如需汇总开具正式完税证明，请凭税务登记证或身份证明到主管税务机关开具或到电子税务局网上开具完税证明。 2. 备注中显示内容为本条记录的打印次数。				

$17\frac{2}{2}$

国家税务总局北京市税务局电子缴款凭证 (税)

打印日期：	2019年12月4日		
防伪码	A53332F115D711851244R20011339966	京税电缴 No：	201951673568289000
纳税人识别号	911168752361538295	税务征收机关：	国家税务总局北京市朝阳区税务局
纳税人全称	北京翔辉科技股份有限公司	银行账号：	01053678156

系统票号	税（费）种	税（品）目	所属时期（年/月/日）	实缴金额	缴款日期	备注
356789211769835678	企业所得税	经营所得	2019/11/01—2019/11/31	300 000	2019/12/1	1
356789211769835678	个人所得税	代扣个人所得税	2019/11/01—2019/11/31	287 160	2019/12/1	1
356789211769835678	房产税	自有房屋	2018/12/01—2019/11/31	77 500	2019/12/1	1
大写（合计）金额	陆拾陆万肆仟陆佰陆拾元整	¥ 664 660.00				
税务机关	国家税务总局北京市税务局 电子缴款专用章	说明：1. 本缴款凭证仅作为纳税人记账核算凭证使用。需与银行对账单电子划缴记录核对一致方有效。纳税人如需汇总开具正式完税证明，请凭税务登记证或身份证明到主管税务机关开具或到电子税务局网上开具完税证明。 2. 备注中显示内容为本条记录的打印次数。				

18 $\frac{1}{7}$

北京增值税专用发票

2100273148　　北京　发票联　国家税务总局监制　　№ 02883241

开票日期：2019年12月04日

购买方	名　　称：北京翔辉科技股份有限公司 纳税人识别号：911168752361538295 地 址、电 话：北京市朝阳区胜利路23号　65876321 开户行及账号：工行北京分行　01053678156				密码区		
货物或应税劳务、服务名称	规格型号	单位	数量	单价	金额	税率	税额
*销售货物*复印机机壳材料	XH-H811	套	660	990	653 400.00	13%	84 942.00
*销售货物*复印机机壳材料	XH-H813	套	700	2 292	1 604 400.00	13%	208 572.00
合　计					¥2 257 800.00		¥293 514.00
价税合计（大写）	⊗贰佰伍拾伍万壹仟叁佰壹拾肆元整					（小写）¥2 551 314.00	
销售方	名　　称：北京朝阳科技股份有限公司 纳税人识别号：911123456879643567 地 址、电 话：北京市兴业路212号　68652255 开户行及账号：工行北京分行　10023658475				备注	北京朝阳科技股份有限公司 911123456879643567 发票专用章	

收款人：李　东　　复核：刘　丽　　开票人：杨　文　　销售方：（章）

第三联：发票联　购买方记账凭证

18 $\frac{2}{7}$

北京增值税专用发票

2100273118　　北京　发票联　国家税务总局监制　　№ 00226215

开票日期：2019年12月04日

购买方	名　　称：北京翔辉科技股份有限公司 纳税人识别号：911168752361538295 地 址、电 话：北京市朝阳区胜利路23号　65876321 开户行及账号：工行北京分行　01053678156				密码区		
货物或应税劳务、服务名称	规格型号	单位	数量	单价	金额	税率	税额
*销售服务*交通运输服务*陆路运输服务					897.30	9%	80.76
合　计					¥897.30		¥80.76
价税合计（大写）	⊗玖佰柒拾捌元零陆分					（小写）¥978.06	
销售方	名　　称：北京市大众运输公司 纳税人识别号：912301116618270336 地 址、电 话：北京市朝阳路68号　65876591 开户行及账号：工行北京分行　01053677632				备注	北京到北京， 大货车京A57321， 复印机材料 北京市大众运输公司 912301116618270336 发票专用章	

收款人：　　复核：张开生　　开票人：　　销售方：（章）

第三联：发票联　购买方记账凭证

18 $\frac{3}{7}$

委托加工材料交接单

材料科目：原材料

材料类别：原料及主要材料

供应单位：北京朝阳科技股份有限公司

发票号码：No：02883241　　2019 年 12 月 04 日　　收 字第 05 号

材料名称	规格	计量单位	入库数量	委托加工材料实际成本				
				买价		运杂费	其他	合计
				单价	金额			
复印机机壳材料	XH-H811	套	660	990	653 400.00	630.02		654 030.02
复印机机壳材料	XH-H813	套	700	2 292	1 604 400.00	267.28		1 604 667.28
合计			1 360	3 282	2 257 800.00	897.30		2 258 697.30

供应部负责人：李勇　　记账：　　检验：　　保管：赵明

18 $\frac{4}{7}$

中国工商银行
转账支票存根
10201150
11569838

附加信息

出票日期　2019 年 12 月 04 日

收款人：北京朝阳科技股份有限公司

金　额：2 551 314 .00

用　途：货款

单位主管　　会计 李冬

注：交银行的凭证略。

18 $\frac{5}{7}$

中国工商银行
转账支票存根
10201150
11569839

附加信息

出票日期　2019 年 12 月 04 日

收款人:	北京市大众运输公司
金　额:	978.06
用　途:	运杂费

单位主管　　会计 李冬

18 $\frac{6}{7}$

ICBC 中国工商银行 进账单（回单）　1

2019 年 12 月 04 日　　第 108 号

收款人	全　称	北京朝阳科技股份有限公司	付款人	全　称	北京翔辉科技股份有限公司
	账　号	10023658475		账　号	01053678156
	开户银行	工行北京分行		开户银行	工行北京分行
金额	人民币（大写）	贰佰伍拾伍万壹仟叁佰壹拾肆元整			

亿	千	百	十	万	千	百	十	元	角	分
	¥	2	5	5	1	3	1	4	0	0

票据种类		票据张数	
票据号码			

复核　　记账

中国工商银行
北京分行
2019年12月4日
转讫

（开户银行盖章）

此联是付款人开户银行交给付款人的回单

18 $\frac{7}{7}$

ICBC 中国工商银行 进账单（回单） 1

2019 年 12 月 04 日 第 109 号

收款人	全　称	北京市大众运输公司	付款人	全　称	北京翔辉科技股份有限公司
	账　号	01053677632		账　号	01053678156
	开户银行	工行北京分行		开户银行	工行北京分行
金额	人民币（大写）	玖佰柒拾捌元零陆分			
票据种类		票据张数			
票据号码					
复核　记账			（开户银行盖章）		

亿	千	百	十	万	千	百	十	元	角	分
					¥	9	7	8	0	6

中国工商银行
北京分行
2019年12月4日
转讫

此联是付款人开户银行交给付款人的回单

19 $\frac{1}{1}$

ICBC 中国工商银行 进账单（收账通知） 3

2019 年 12 月 04 日 第 137 号

收款人	全　称	北京翔辉科技股份有限公司	付款人	全　称	深圳蓝宝股份有限公司
	账　号	01053678156		账　号	90643257863
	开户银行	工行北京分行		开户银行	工行深圳分行
金额	人民币（大写）	壹仟贰佰万元整			
票据种类		票据张数			
票据号码					
复核　记账			（开户银行盖章）		

亿	千	百	十	万	千	百	十	元	角	分
¥	1	2	0	0	0	0	0	0	0	0

中国工商银行
北京分行
2019年12月4日
转讫

此联是收款人开户银行交给收款人的收账通知

20 $\frac{1}{1}$

收 料 单

材料科目：原材料
材料类别：原料及主要材料
供应单位：北京朝阳科技股份有限公司
发票号码：NO：01683243　　2019 年 12 月 05 日　　收 字第 06 号

材料编号	材料名称	规格	计量单位	入库数量	实际成本				
					买价		运杂费	其他	合计
					单价	金额			
101	复印机材料	XH-H811	套	800	12 960	10 368 000.00			10 368 000.00
102	复印机材料	XH-H813	套	700	27 540	19 278 000.00			19 278 000.00
	合计			1 500	40 500	29 646 000.00			29 646 000.00

供应部负责人：李 勇　　记账：　　检验：　　保管：赵 明

21 $\frac{1}{3}$

北京增值税专用发票

2100273148　　发 票 联　　№ 02583248

开票日期：2019 年 12 月 06 日

购买方	名　　称：北京翔辉科技股份有限公司 纳税人识别号：911168752361538295 地 址、电 话：北京市朝阳区胜利路23号　65876321 开户行及账号：工行北京分行　01053678156	密码区	

货物或应税劳务、服务名称	规格型号	单位	数量	单价	金额	税率	税额
*销售服务*复印机机壳加工	XH-H811				236 000.00	13%	30 680.00
*销售服务*复印机机壳加工	XH-H813				354 000.00	13%	46 020.00
合　计					￥590 000.00		￥76 700.00
价税合计（大写）	⊗陆拾陆万陆仟柒佰元整				（小写）￥666 700.00		

销售方	名　　称：北京创新有限责任公司 纳税人识别号：912233564325713524 地 址、电 话：北京市望平路336号　66599278 开户行及账号：工行北京分行　10025853469	备注	北京创新有限责任公司 912233564325713524 发票专用章

收款人：李 东　　复核：张 虹　　开票人：杨 天　　销售方：（章）

第三联：发票联　购买方记账凭证

国家税务总局监制

$21\frac{2}{3}$

中国工商银行
转账支票存根
10201150
11569840

附加信息

出票日期 2019 年 12 月 06 日

收款人：	北京创新有限责任公司
金 额：	666 700.00
用 途：	支付加工费

单位主管 会计 李冬

$21\frac{3}{3}$

ICBC 中国工商银行 进账单（回单） 1

2019 年 12 月 06 日 第 118 号

收款人	全 称	北京创新有限责任公司	付款人	全 称	北京翔辉科技股份有限公司
	账 号	10025853469		账 号	01053678156
	开户银行	工行北京分行		开户银行	工行北京分行

金额	人民币（大写）	亿	千	百	十	万	千	百	十	元	角	分
	陆拾陆万陆仟柒佰元整			¥	6	6	6	7	0	0	0	0

票据种类		票据张数	
票据号码			
复核 记账			（开户银行盖章）

中国工商银行 北京分行 2019年12月6日 转讫

此联是付款人开户银行交给付款人的回单

22 $\frac{1}{1}$

差旅费报销单

2019 年 12 月 06 日

原派出单位：供应部　　　　单据张数：12 张（略）

出差事由：采购材料　　　　姓名：张艳　　　　预借款：20 000.00

起止日期				起止地点	车船费	办公邮电	住宿费	伙食补助			合计
月	日	月	日					标准	天数	金额	
11	30	12	3	北京—成都往返	2 056.00	2 024.00	720.00	100.00	4	400.00	5 200.00
合计					2 056.00	2 024.00	720.00			400.00	5 200.00
人民币（大写）伍仟贰佰元整								应退（~~补~~）：14 800			

现金付讫

派出单位领导：　　财务主管：　　复核：　　出纳：赵海

23 $\frac{1}{7}$

领　料　单

材料科目：原材料

领料车间（部门）：基本生产车间

用途：生产XH-H813　复印机　　　2019 年 12 月 06 日　　　编号：212108

材料编号	材料名称	规格	计量单位	数量		实际成本	
				请领	实发	单价	金额
102	XH-H813复印机材料		套	450	450		
104	XH-H813复印机机壳		个	450	450		
备注							

记账：　　发料：赵明　　领料单位负责人：　　领料：李强

$23\frac{2}{7}$

领　料　单

材料科目：原材料
领料车间（部门）：基本生产车间
用途：生产XH-H811　复印机　　2019 年 12 月 06 日　　编号：212109

材料编号	材料名称	规格	计量单位	数量		实际成本	
				请领	实发	单价	金额
101	XH-H811复印机材料		套	350	350		
103	XH-H811复印机机壳		个	350	350		
备注							

记账：　　发料：赵明　　领料单位负责人：　　领料：李强

$23\frac{3}{7}$

领　料　单

材料科目：原材料
领料车间（部门）：基本生产车间
用途：产品生产和一般耗用　　2019 年 12 月 06 日　　编号：212110

材料编号	材料名称	规格	计量单位	数量		实际成本	
				请领	实发	单价	金额
105	机物料		千克	540	540		
201	包装箱		个	800	800		
备注	生产共同耗用：生产XH-H811复印机领用机物料140千克、XH-H813复印机领用机物料300千克，一般消耗100千克；包装物生产XH-H811复印机、XH-H813复印机各领用400个。						

记账：　　发料：赵明　　领料单位负责人：　　领料：李强

$23\frac{4}{7}$

领　料　单

材料科目：原材料
领料车间（部门）：机修车间
用途：机修　　2019 年 12 月 06 日　　编号：212111

材料编号	材料名称	规格	计量单位	数量		实际成本	
				请领	实发	单价	金额
105	机物料		千克	100	100		
备注							

记账：　　发料：赵明　　领料单位负责人：　　领料：赵勇

$23\frac{5}{7}$

领 料 单

材料科目：原材料
领料车间（部门）：销售部门
用途：销售服务　　　　2019 年 12 月 06 日　　　　编号：212112

材料编号	材料名称	规格	计量单位	数量		实际成本	
				请领	实发	单价	金额
105	机物料		千克	100	100		
备注							

记账：　　发料：赵明　　领料单位负责人：　　领料：柳芳

$23\frac{6}{7}$

领 料 单

材料科目：原材料
领料车间（部门）：公司办公室
用途：一般耗用　　　　2019 年 12 月 06 日　　　　编号：212113

材料编号	材料名称	规格	计量单位	数量		实际成本	
				请领	实发	单价	金额
105	机物料		千克	100	100		
备注							

记账：　　发料：赵明　　领料单位负责人：　　领料：张大山

$23\frac{7}{7}$

领 料 单

材料科目：低值易耗品
领料车间（部门）：基本生产车间
用途：劳动保护　　　　2019 年 12 月 06 日　　　　编号：212114

材料编号	材料名称	规格	计量单位	数量		实际成本	
				请领	实发	单价	金额
302	劳保用品		套	30	30		
备注	劳保用品系工作服（高级西服），其价值采用一次摊销法。						

记账：　　发料：赵明　　领料单位负责人：　　领料：李强

$24\frac{1}{1}$

北京增值税普通发票

（印章：全国统一发票监制章 北京 国家税务总局监制）

1100062650　　　　发票联　　　　№ 30961857

开票日期：2019 年 12 月 06 日

购买方	名　　称：北京翔辉科技股份有限公司 纳税人识别号：911168752361538295 地 址、电 话：北京市朝阳区胜利路23号　65876321 开户行及账号：工行北京分行　01053678156	密码区	

货物或应税劳务、服务名称	规格型号	单位	数量	单价	金额	税率	税额
*销售货物*笔			150	5.00	750.00	13%	97.50
合　计					¥750.80		¥97.50
价税合计（大写）	⊗捌佰肆拾柒元伍角整					（小写）	¥847.50

现金付讫

销售方	名　　称：北京市九九文化用品公司 纳税人识别号：911178924568104565 地 址、电 话：北京市和平路78号　67896310 开户行及账号：工行北京分行　10525436758	备注	（印章：北京市九九文化用品公司 911178924568104565 发票专用章）

收款人：　　复核：　　开票人：李　旭　　销售方：（章）

第二联：发票联　购买方记账凭证

$25\frac{1}{3}$

中国工商银行
转账支票存根
10201150
11569841

附加信息

出票日期　2019 年 12 月 08 日

收款人：北京市自来水公司
金　额：61 040.00
用　途：支付上月水费

单位主管　　会计 李冬

25 $\frac{2}{3}$

ICBC 中国工商银行 进账单（回单） 1

2019 年 12 月 08 日　　第 119 号

收款人	全　称	北京市自来水公司	付款人	全　称	北京翔辉科技股份有限公司
	账　号	10025438957		账　号	01053678156
	开户银行	工行北京分行		开户银行	工行北京分行
金额	人民币（大写）	陆万壹仟零肆拾元整	亿千百十万千百十元角分		¥6104000
票据种类		票据张数			
票据号码					
复核　记账					（开户银行盖章）

中国工商银行 北京分行 2019年12月8日 转讫

此联是付款人开户银行交给付款人的回单

25 $\frac{3}{3}$

北京增值税专用发票

1100062650　　发票联　　№ 02563248

开票日期：2019 年 12 月 08 日

购买方	名　称：北京翔辉科技股份有限公司 纳税人识别号：911168752361538295 地址、电话：北京市朝阳区胜利路23号　65876321 开户行及账号：工行北京分行　01053678156				密码区		
货物或应税劳务、服务名称	规格型号	单位	数量	单价	金额	税率	税额
*销售货物*自来水		吨	56 000	1.00	56 000.00	9%	5 040.00
合　计					¥56 000.00		¥5 040.00
价税合计（大写）	⊗陆万壹仟零肆拾元整					（小写）	¥61 040.00
销售方	名　称：北京自来水公司 纳税人识别号：911133664536887525 地址、电话：北京市朝天路9号　75527722 开户行及账号：工行北京分行　10025438957				备注	北京自来水公司 911133664536887525 发票专用章	

收款人：张小东　　复核：杨里平　　开票人：郑　化　　销售方：（章）

第三联：发票联　购买方记账凭证

$26\frac{1}{3}$

中国工商银行
转账支票存根
10201150
11569842

附加信息

出票日期 2019 年 12 月 08 日

收款人：	北京市朝阳区供电局
金 额：	203 400.00
用 途：	支付上月电费

单位主管 会计 李冬

$26\frac{2}{3}$

ICBC 中国工商银行 进账单（回单） 1

2019 年 12 月 08 日 第 120 号

收款人	全 称	北京市朝阳区供电局	付款人	全 称	北京翔辉科技股份有限公司
	账 号	10025436756		账 号	01053678156
	开户银行	工行北京分行		开户银行	工行北京分行
金额	人民币（大写）	贰拾万零叁仟肆佰元整		亿千百十万千百十元角分	¥20340000
票据种类		票据张数			
票据号码					
复核 记账				（开户银行盖章）	

中国工商银行
北京分行
2019年12月8日
转讫

此联是付款人开户银行交给付款人的回单

26 $\frac{3}{3}$

北京增值税专用发票

发票联

2100273148　　　　No 02563249

开票日期：2019 年 12 月 08 日

购买方	名称：北京翔辉科技股份有限公司 纳税人识别号：911168752361538295 地址、电话：北京市朝阳区胜利路23号 65876321 开户行及账号：工行北京分行 01053678156					密码区	
货物或应税劳务、服务名称	规格型号	单位	数量	单价	金额	税率	税额
*销售货物*电		千瓦时	120 000	1.50	180 000.00	13%	23 400.00
合计					¥180 000.00		¥23 400.00
价税合计（大写）	⊗贰拾万零叁仟肆佰元整					（小写）	¥203 400.00
销售方	名称：北京市朝阳区供电局 纳税人识别号：911133664536789467 地址、电话：北京市枣庄路258号 44443352 开户行及账号：工行北京分行 10025436756					备注	北京市朝阳区供电局 911133664536789467 发票专用章

收款人：李　东　　复核：洪天明　　开票人：郑　兵　　销售方：（章）

第三联：发票联 购买方记账凭证

27 $\frac{1}{2}$

差旅费报销单

2019 年 12 月 08 日

原派出单位：人事部　　　　单据张数：12 张（略）

出差事由：招聘　　姓名：杨平等三人　　预借款：80 000.00

起止日期				起止地点	车船费	办公邮电	住宿费	伙食补助			合计
月	日	月	日					标准	天数	金额	
11	4	12	3	北京—成都往返	15 160.00	1 140.00	26 100.00	300.00	30	9 000.00	51 400.00
合计					15 160.00	1 140.00	26 100.00			9 000.00	51 400.00
人民币（大写）伍万壹仟肆佰元整							应退（补）：28 600.00				

派出单位领导：　　财务主管：　　复核：　　出纳：赵海

27 $\frac{2}{2}$

收　据

收到：杨平　　　　2019 年 12 月 08 日

摘　　要	金额									
	千	百	十	万	千	百	十	元	角	分
退回多余借款			¥	2	8	6	0	0	0	0
合计人民币（大写）　贰万捌仟陆佰元整	现金收讫									
备注										

报账联

收款单位（财务公章）北京翔辉科技股份有限公司 财务专用章　　会计：李冬　　收款人：赵海　　经手人：杨平

28 $\frac{1}{1}$

产成品入库单

交库单位：　　　　2019 年 12 月 09 日　　　　仓库：成品库

编号	产品名称	规格	计量单位	交库数量	总成本	单位成本	备注
302	XH-H813复印机		台	300			
303	XH-H811复印机		台	300			
	合计			600			

车间负责人：　　　　仓库管理员：周丽　　　　制单：

29 $\frac{1}{1}$

北京翔辉科技股份有限公司

关于同意转销无法支付前欠货款的批复

财务部：

你部《关于转销无法支付前欠石家庄升平贸易公司货款的请示》已经收悉。经核实，所述该公司已经破产倒闭事实属实，根据有关财务制度的规定，同意将该应付账款1 300 455元（人民币壹佰叁拾万零肆佰伍拾伍元整）转作资本公积。请按照相关财务制度进行账务处理。

特此批复。

北京翔辉科技股份有限公司董事会

2019年12月9日

$30\frac{1}{3}$

北京市总工会收据

2019 年 12 月 09 日

收到：北京翔辉科技股份有限公司

摘　　要	金额									
	千	百	十	万	千	百	十	元	角	分
工会会费					9	3	0	0	0	0
转账付讫										
合计人民币（大写）玖仟叁佰元整				¥	9	3	0	0	0	0
备注										

报账联

北京市总工会 财务专用章

收款单位（财务公章）：　　会计：力量　　收款人：杨松　　经手人：杨宗

$30\frac{2}{3}$

中国工商银行
转账支票存根

10201150

11569843

附加信息

出票日期　2019 年 12 月 09 日

收款人：	北京市总工会
金　额：	9 300.00
用　途：	支付工会会费

单位主管　　会计　李冬

30 $\frac{3}{3}$

ICBC 中国工商银行 进账单（回单） 1

2019 年 12 月 09 日 第 121 号

收款人	全　称	北京市总工会	付款人	全　称	北京翔辉科技股份有限公司
	账　号	10025430115		账　号	01053678156
	开户银行	工行北京分行		开户银行	工行北京分行
金额	人民币（大写）	玖仟叁佰元整		亿千百十万千百十元角分	¥ 9 3 0 0 0 0
票据种类		票据张数			
票据号码					
	复核　记账				（开户银行盖章）

中国工商银行 北京分行 2019年12月9日 转讫

此联是付款人开户银行交给付款人的回单

31 $\frac{1}{6}$

北京增值税专用发票

2100273148 　北京 发票联 国家税务总局监制　No 00226812

开票日期：2019 年 12 月 10 日

购买方	名　　称：北京翔辉科技股份有限公司 纳税人识别号：911168752361538295 地 址、电 话：北京市朝阳区胜利路23号　65876321 开户行及账号：工行北京分行　01053678156				密码区		
货物或应税劳务、服务名称	规格型号	单位	数量	单价	金额	税率	税额
*销售货物*机器设备	KR-D	台	1	5 180 000	5 180 000.00	13%	673 400.00
合　计					¥5 180 000.00		¥673 400.00
价税合计（大写）	⊗伍佰捌拾伍万叁仟肆佰元整						（小写）¥5 853 400.00
销售方	名　　称：北京宏明实业有限公司 纳税人识别号：911233564725768878 地 址、电 话：北京大业路9号　61118899 开户行及账号：工行北京分行　10025678912				备注	北京宏明实业有限公司 911233564725768878 发票专用章	

收款人：李东明　　复核：李　利　　开票人：赵　华　　销售方：（章）

第三联：发票联　购买方记账凭证

31 $\frac{2}{6}$

北京增值税专用发票

2100273158　　　　　　　　　　　　　　　　　　№:00226835

（印章：全国统一发票监制章 北京 国家税务总局监制）发票联

开票日期：2019年12月10日

购买方	名称：北京翔辉科技股份有限公司 纳税人识别号：911168752361538295 地址、电话：北京市朝阳区胜利路23号　65876321 开户行及账号：工行北京分行　01053678156	密码区	

货物或应税劳务、服务名称	规格型号	单位	数量	单价	金额	税率	税额
*销售服务*交通运输服务*陆路运输服务					1 780.00	9%	160.20
合　计					￥1 780.00		￥160.20
价税合计（大写）	⊗壹仟玖佰肆拾元零贰角整				（小写）￥1 940.20		

销售方	名称：北京市大众运输公司 纳税人识别号：912301116618270336 地址、电话：北京市朝阳路68号　65876591 开户行及账号：工行北京分行01053677632	备注	北京到北京，大货车京A57321，KR-D设备 （印章：北京市大众运输公司 912301116618270336 发票专用章）

收款人：　　　复核：张开生　　　开票人：　　　销售方：（章）

第三联：发票联　购买方记账凭证

31 $\frac{3}{6}$

中国工商银行
转账支票存根
10201150
11569844

附加信息

出票日期　2019年12月10日

收款人：	北京宏明实业有限公司
金　额：	5 853 400.00
用　途：	支付设备款

单位主管　　　会计 李冬

$31\frac{4}{6}$

中国工商银行
转账支票存根
10201150
11569845

附加信息

出票日期 2019 年 12 月 10 日

收款人：	北京市大众运输公司
金　额：	1 940.20
用　途：	支付运杂费

单位主管 会计 李冬

$31\frac{5}{6}$

ICBC 中国工商银行 进账单（回单） 1

2019 年 12 月 10 日 第 122 号

收款人	全　称	北京宏明实业有限公司	付款人	全　称	北京翔辉科技股份有限公司
	账　号	10025678912		账　号	01053678156
	开户银行	工行北京分行		开户银行	工行北京分行

金额	人民币（大写）	亿	千	百	十	万	千	百	十	元	角	分
	伍佰捌拾伍万叁仟肆佰元整		¥	5	8	5	3	4	0	0	0	0

票据种类		票据张数	
票据号码			

复核 记账

中国工商银行北京分行 2019年12月10日 转讫

（开户银行盖章）

此联是付款人开户银行交给付款人的回单

31 $\frac{6}{6}$

ICBC 中国工商银行 进账单（回单） 1

2019 年 12 月 10 日　　　　第 123 号

收款人	全　称	北京市大众运输公司	付款人	全　称	北京翔辉科技股份有限公司
	账　号	01053677632		账　号	01053678156
	开户银行	工行北京分行		开户银行	工行北京分行

金额	人民币（大写）	亿	千	百	十	万	千	百	十	元	角	分
	壹仟玖佰肆拾元零贰角整					¥	1	9	4	0	2	0

票据种类		票据张数	
票据号码			
复核　记账			（开户银行盖章）

中国工商银行 北京分行 2019年12月10日 转讫

此联是付款人开户银行交给付款人的回单

32 $\frac{1}{1}$

领　料　单

材料科目：原材料

领料车间（部门）：机修车间

用途：用于KR-D设备安装　　　　2019 年 12 月 11 日　　　　编号：212118

材料编号	材料名称	规格	计量单位	数量		实际成本	
				请领	实发	单价	金额
105	机物料		千克	200	200		
备注							

记账：　　　　发料：赵明　　　　领料单位负责人：　　　　领料：赵勇

$33\frac{1}{2}$

北京增值税专用发票

2100273158　　　　发票联　　　　№ 00226835

开票日期：2019 年 12 月 11 日

购买方	名　　称：北京翔辉科技股份有限公司 纳税人识别号：911168752361538295 地 址、电 话：北京市朝阳区胜利路23号　65876321 开户行及账号：工行北京分行　01053678156	密码区	

货物或应税劳务、服务名称	规格型号	单位	数量	单价	金额	税率	税额
*销售服务*交通运输服务*陆路运输					300.00	9%	27.00
合　计					¥300.00		¥27.00
价税合计（大写）	⊗叁佰贰拾柒元整					（小写）	¥327.00

现金付讫

销售方	名　　称：北京市大众运输公司 纳税人识别号：912301116618270336 地 址、电 话：北京市朝阳路68号　65876591 开户行及账号：工行北京分行　01053677632	备注	北京到北京， 大货车京A57321， 复印机机壳材料

收款人：　　　复核：张开生　　　开票人：　　　销售方：（章）

第三联：发票联　购买方记账凭证

$33\frac{2}{2}$

委托加工材料收料单

加工单位：北京创新有限责任公司

材料类别：复印机机壳　　　　2019 年 12 月 11 日　　　　收字第 07 号

材料编号	材料名称	计量单位	数量	实际成本			
				加工费	运杂费	材料成本	总成本
103	XH-H811复印机机壳	个	1 180	¥236 000.00	¥780.07	¥1 173 400.00	¥1 410 180.07
104	XH-H813复印机机壳	个	1 180	¥354 000.00	¥417.28	¥2 708 400.00	¥3 062 817.28
备注							

仓库保管：赵明　　　　收料人：赵明　　　　经办人：

$34\frac{1}{2}$

中国工商银行
转账支票存根
10201150
11569846

附加信息

出票日期 2019 年 12 月 11 日

收款人:	北京宏明实业有限公司
金　额:	51 382.00
用　途:	安装费

单位主管　　会计 李冬

$34\frac{2}{2}$

ICBC 中国工商银行 进账单（回单） 1

2019 年 12 月 11 日　　第 124 号

收款人	全　称	北京宏明实业有限公司	付款人	全　称	北京翔辉科技股份有限公司
	账　号	10025678912		账　号	01053678156
	开户银行	工行北京分行		开户银行	工行北京分行

金额	人民币（大写）	亿	千	百	十	万	千	百	十	元	角	分
	伍万壹仟叁佰捌拾贰元整				¥	5	1	3	8	2	0	0

票据种类		票据张数	
票据号码			

中国工商银行
北京分行
2019年12月11日
转讫

复核　　记账　　（开户银行盖章）

此联是付款人开户银行交给付款人的回单

35 $\frac{1}{5}$

北京增值税专用发票

1100274312　　此联不作报销、扣税凭证使用　　№ 01103941

开票日期：2019 年 12 月 11 日

购买方	名　　称：北京强盛实业公司 纳税人识别号：911133658745369365 地 址、电 话：北京市朝阳路　75527726 开户行及账号：工行北京分行　10025437964	密码区	

货物或应税劳务、服务名称	规格型号	单位	数量	单价	金额	税率	税额
*销售货物*复印机	XH-H811	台	170	24 000	4 080 000. 00	13%	530 400. 00
*销售货物*复印机	XH-H813	台	220	46 000	10 120 000. 00	13%	1 315 600. 00
合　计					¥14 200 000. 00		¥1 846 000. 00
价税合计（大写）	⊗壹仟陆佰零肆万陆仟元整					（小写）	¥ 16 046 000. 00

销售方	名　　称：北京翔辉科技股份有限公司 纳税人识别号：911168752361538295 地 址、电 话：北京市朝阳区胜利路23号　65876321 开户行及账号：工行北京分行　01053678156	备注	北京翔辉科技股份有限公司 911168752361538295 发票专用章

收款人：赵　海　　复核：李　冬　　开票人：　　销售方：（章）

第一联：记账联　销售方记账凭证

35 $\frac{2}{5}$

中国工商银行
转账支票存根

10201150

11569847

附加信息

出票日期　2019 年 12 月 11 日

收款人：	北京市大众运输公司
金　额：	800.00
用　途：	代垫运杂费

单位主管　　会计　李冬

35 $\frac{3}{5}$

ICBC 中国工商银行 进账单（回单） 1

2019 年 12 月 11 日　　　　第 125 号

收款人	全　称	北京市大众运输公司	付款人	全　称	北京翔辉科技股份有限公司
	账　号	01053677632		账　号	01053678156
	开户银行	工行北京分行		开户银行	工行北京分行
金额	人民币（大写）	捌佰元整			

亿	千	百	十	万	千	百	十	元	角	分
					¥	8	0	0	0	0

票据种类		票据张数	
票据号码			
复核　　记账			中国工商银行 北京分行 2019年12月11日 转讫 （开户银行盖章）

此联是付款人开户银行交给付款人的回单

35 $\frac{4}{5}$

产成品出库通知单

2019 年 12 月 11 日

编号	名称	规格	单位	应发数量	实发数量	单位成本	实际成本								附注
							十	万	千	百	十	元	角	分	
302	XH-H811复印机		台	170	170										
303	XH-H813复印机		台	220	220										
	合计														

会计：　　　　仓库主管：　　　　保管：赵明　　　　制单：

35 $\frac{5}{5}$

商业承兑汇票 2

AB/01 00000000

出票日期（大写） 贰零壹玖年 壹拾贰月 壹拾壹日

付款人	全　称	北京强盛实业公司	收款人	全　称	北京翔辉科技股份有限公司
	账　号	10025437964		账　号	01053678156
	开户银行	工行北京分行		开户银行	工行北京分行
出票金额	人民币（大写）	壹仟陆佰零肆万陆仟捌佰元整	亿千百十万千百十元角分		￥ 1 6 0 4 6 8 0 0 0 0
汇票到期日（大写）		贰零贰零年零叁月零壹拾日	付款人开户行	行号	10265817
交易合同号码		2019136		地址	北京市大望路100号
本汇票已经承兑，到期无条件支付票款。 [印章：北京强盛实业公司 财务专用章] [印章：光郭印制] 承兑人签章 承兑日期 2019 年 12 月 11 日			本汇票请予以承兑于到期日付款 [印章：北京翔辉科技股份有限公司 财务专用章] [印章：光郭印制] 出票人签章		

此联持票人开户行随托收凭证寄付款人开户行作借方凭证附件

注：此为不带息商业汇票。

36 $\frac{1}{5}$

北京增值税专用发票

1100274312　　No 06858683

此联不作报销、扣税凭证使用

[印章：全国统一发票监制章 北京 国家税务总局监制]

开票日期：2019 年 12 月 12 日

购买方	名　　称：上海禾嘉有限责任公司 纳税人识别号：911133668745369364 地址、电话：上海市大同路52号　67436928 开户行及账号：工行上海分行　40065765431					密码区	
货物或应税劳务、服务名称	规格型号	单位	数量	单价	金额	税率	税额
*销售货物*复印机	XH-H811	台	200	24 000	4 800 000.00	13%	624 400.00
*销售货物*复印机	XH-H813	台	300	46 000	13 800 000.00	13%	1 794 000.00
合　计					￥18 600 000.00		￥2 418 000.00
价税合计（大写）	⊗贰仟壹佰零壹万捌仟元整					（小写）￥ 21 018 000.00	
销售方	名　　称：北京翔辉科技股份有限公司 纳税人识别号：911168752361538295 地址、电话：北京市朝阳区胜利路23号　65876321 开户行及账号：工行北京分行　01053678156					备注	[印章：北京翔辉科技股份有限公司 911168752361538295 发票专用章]

收款人：赵　海　　复核：李　冬　　开票人：　　销售方：（章）

第一联：记账联　销售方记账凭证

$36\frac{2}{5}$

产成品出库通知单

2019 年 12 月 12 日

编号	名称	规格	单位	应发数量	实发数量	单位成本	实际成本								附注
							十	万	千	百	十	元	角	分	
302	XH-H811复印机		台	200	200										
303	XH-H813复印机		台	300	300										
	合计														

会计： 仓库主管： 保管：周丽 制单：

$36\frac{3}{5}$

托收凭证（受理回单） 1

委托日期2019年12月12日

业务类型	委托收款（□邮划、□电划）		托收承付（□邮划、□电划）		
付款人 全称	上海禾嘉有限责任公司		收款人 全称	北京翔辉科技股份有限公司	
付款人 账号	40065765431		收款人 账号	01053678156	
付款人 地址		开户行 工行上海分行	收款人 地址		开户行 工行北京分行
金额 人民币（大写）	贰仟壹佰零贰万壹仟陆佰元整			亿 千 百 十 万 千 百 十 元 角 分	¥ 2 1 0 2 1 6 0 0 0 0
款项内容		托收凭据名称		附寄单证张数	
商品发运情况			合同名称号码		
备注： 复核： 记账：		委托收款日期 年 月 日		中国工商银行北京分行 2019年12月23日 受理凭证章 收款人开户银行签章 年 月 日	

此联为收款人开户银行给收款人的受理回单

$36\frac{4}{5}$

中国工商银行
转账支票存根
10201150
11569848

附加信息

出票日期　2019 年 12 月 12 日

收款人：	北京市大众运输公司
金　额：	3 600.00
用　途：	运杂费

单位主管　　会计 李冬

注：交银行的凭证略。

$36\frac{5}{5}$

ICBC 中国工商银行 进账单（回单） 1

2019 年 12 月 12 日　　第 126 号

<table>
<tr><td rowspan="3">收款人</td><td>全　称</td><td>北京市大众运输公司</td><td rowspan="3">付款人</td><td>全　称</td><td colspan="11">北京翔辉科技股份有限公司</td></tr>
<tr><td>账　号</td><td>01053677632</td><td>账　号</td><td colspan="11">01053678156</td></tr>
<tr><td>开户银行</td><td>工行北京分行</td><td>开户银行</td><td colspan="11">工行北京分行</td></tr>
<tr><td rowspan="2">金额</td><td rowspan="2">人民币（大写）</td><td colspan="3" rowspan="2">叁仟陆佰元整</td><td>亿</td><td>千</td><td>百</td><td>十</td><td>万</td><td>千</td><td>百</td><td>十</td><td>元</td><td>角</td><td>分</td></tr>
<tr><td></td><td></td><td></td><td></td><td>¥</td><td>3</td><td>6</td><td>0</td><td>0</td><td>0</td><td>0</td></tr>
<tr><td colspan="2">票据种类</td><td></td><td>票据张数</td><td></td><td colspan="11" rowspan="3">中国工商银行 北京分行 2019年12月12日 转讫
（开户银行盖章）</td></tr>
<tr><td colspan="2">票据号码</td><td colspan="3"></td></tr>
<tr><td colspan="5">复核　　记账</td></tr>
</table>

此联是付款人开户银行交给付款人的回单

37 $\frac{1}{1}$

北京翔辉科技股份有限公司

关于同意将无法收回的应收账款转作坏账的批复

财务部：

你部《关于将无法收回广州超强股份有限公司的应收账款转作坏账的请示》已经收悉。经核实，所述该公司已经破产倒闭事实属实，根据有关财务制度的规定，同意将该应收账款80 000.00元（人民币捌万元整）转作坏账。请按照相关财务制度进行账务处理。

特此批复。

北京翔辉科技股份有限公司董事会

2019年12月12日

（印章：北京翔辉科技股份有限公司）

38 $\frac{1}{1}$

费用报销单

报销日期：2019 年 12 月 12 日　　附件 8 张（略）

费用项目	类别	金额		
职工福利费	职工医药费	4 280.00	负责人（签章）	李冬
			审查意见	同意报销 周翔
		现金付讫		
			报销人	刘海
报销金额合计		¥4 280.00		
核实金额（大写）：人民币　肆仟贰佰捌拾元整				
借款数	应退数		应补金额	

审核：李冬　　出纳：赵海

39 $\frac{1}{2}$

ICBC 中国工商银行 进账单（收账通知） 3

2019 年 12 月 12 日　　　　第 126 号

收款人	全　称	北京翔辉科技股份有限公司	付款人	全　称	北京天山股份有限公司
	账　号	01053678156		账　号	1022536685
	开户银行	工行北京分行		开户银行	工行北京分行

金额	人民币（大写）	亿	千	百	十	万	千	百	十	元	角	分
	壹仟万元整	¥	1	0	0	0	0	0	0	0	0	0

票据种类		票据张数	
票据号码			

复核　　记账

中国工商银行 北京分行 2019年12月12日 转讫

（开户银行盖章）

此联是收款人开户银行交给收款人的收账通知

39 $\frac{2}{2}$

北京翔辉科技股份有限公司收据

副　联

客户名称：北京天山股份有限公司　　　　2019 年 12 月 12 日

项　目	千	百	十	万	千	百	十	元	角	分
转让长胜股权投资	1	0	0	0	0	0	0	0	0	0
合　计	1	0	0	0	0	0	0	0	0	0
合计人民币（大写）壹仟万元整										

北京翔辉科技股份有限公司 财务专用章

转账收讫

开票单位（财务公章）　　　　收款人：赵 海

$40\frac{1}{3}$

北京增值税专用发票

1100274312　　此联不作报销、扣税凭证使用　　№ 00442406

开票日期：2019 年 12 月 12 日

购买方	名　　称：北京永鑫公司 纳税人识别号：916453278972465868 地 址、电 话：北京市天津路　66661254 开户行及账号：工行北京分行　10025438765				密码区		
货物或应税劳务、服务名称	规格型号	单位	数量	单价	金额	税率	税额
*销售货物*复印机	XH-H700	台	110	15 600	1 716 000.00	13%	223 080.00
合　计					¥1 716 000.00		¥223 080.00
价税合计（大写）	⊗壹佰玖拾叁万玖仟零捌拾元整				（小写）¥1 939 080.00		
销售方	名　　称：北京翔辉科技股份有限公司 纳税人识别号：911168752361538295 地 址、电 话：北京市朝阳区胜利路23号　65876321 开户行及账号：工行北京分行　01053678156				备注	北京翔辉科技股份有限公司 911168752361538295 发票专用章	

收款人：赵　海　　复核：李　冬　　开票人：　　销售方：（章）

第一联：记账联　销售方记账凭证

$40\frac{2}{3}$

ICBC 中国工商银行 进账单（收账通知） 3

2019 年 12 月 12 日　　第 126 号

收款人	全　称	北京翔辉科技股份有限公司	付款人	全　称	北京永鑫公司
	账　号	01053678156		账　号	10025438765
	开户银行	工行北京分行		开户银行	工行北京分行
金额	人民币（大写）	壹佰玖拾叁万玖仟零捌拾元整		亿千百十万千百十元角分	¥193908000
票据种类		票据张数			
票据号码					
复核　　记账			中国工商银行 北京分行 2019年12月12日 转讫（开户银行盖章）		

此联是收款人开户银行交给收款人的收账通知

40 $\frac{3}{3}$

产成品出库通知单

2019 年 12 月 12 日

编号	名称	规格	单位	应发数量	实发数量	单位成本	实际成本								附注
							十	万	千	百	十	元	角	分	
301	XH-H700复印机		台	110	110										
	合计														

会计：　　仓库主管：　　保管：周丽　　制单：

41 $\frac{1}{2}$

差旅费报销单

2019 年 12 月 13日

原派出单位：辅助生产车间　　单据张数：15 张（略）

出差事由：　　姓名：赵勇等二人　　预借款：30 000.00

起止日期				起止地点	车船费	办公邮电	住宿费	伙食补助			合计
月	日	月	日					标准	天数	金额	
11	28	12	9	北京—成都往返	5 520.00	16 400.00	5 280.00	200.00	12	2 400.00	29 600.00
合　计					5 520.00	16 400.00	5 280.00			2 400.00	29 600.00

人民币（大写）贰万玖仟陆佰元整　　应退（~~补~~）：400.00

派出单位领导：　　财务主管：周翔　　复核：李冬　　出纳：赵海

$41\frac{2}{2}$

收　据

收到：赵勇　　　　2019 年 12 月 13 日

摘　要	金额									
	千	百	十	万	千	百	十	元	角	分
退回多余借款					¥	4	0	0	0	0
合计人民币（大写）　肆佰元整										
备注										

报账联

现金收讫

收款单位（财务公章）北京翔辉科技股份有限公司 财务专用章　　会计：李冬　　收款人：赵海　　经手人：赵勇

$42\frac{1}{3}$

北京增值税专用发票

全国统一发票监制章 北京 国家税务总局监制

1100274312　　　　发 票 联　　　　No 06738814

开票日期：2019 年 12 月 15 日

购买方	名　　称：北京翔辉科技股份有限公司 纳税人识别号：911168752361538295 地 址、电 话：北京市朝阳区胜利路23号　65876321 开户行及账号：工行北京分行　01053678156	密码区	

货物或应税劳务、服务名称	规格型号	单位	数量	单价	金额	税率	税额
*销售货物*维修材料					2 000.00	13%	260.00
合　计					¥2 000.00		¥260.00
价税合计（大写）	⊗贰仟贰佰陆拾元整				（小写）¥2 260.00		

销售方	名　　称：北京五羊连锁有限公司 纳税人识别号：911133664537843267 地 址、电 话：北京市四川路100号　65875534 开户行及账号：工行北京分行　10025669213	备注	北京五羊连锁有限公司 911133664537843267 发票专用章

收款人：张　岩　　　复核：　　　开票人：王　红　　　销售方：（章）

第三联：发票联　购买方记账凭证

42 $\frac{2}{3}$

中国工商银行
转账支票存根
10201150
11569849

附加信息 ______

______

______

出票日期　2019 年 12 月 15 日

收款人：	北京五羊连锁有限公司
金　额：	2 260.00
用　途：	支付维修款

单位主管　　会计 李冬

42 $\frac{3}{3}$

ICBC 中国工商银行 **进账单**（回单） **1**

2019 年 12 月 15 日　　第 127 号

收款人	全　称	北京五羊连锁有限公司	付款人	全　称	北京翔辉科技股份有限公司
	账　号	10025669213		账　号	01053678156
	开户银行	工行北京分行		开户银行	工行北京分行

金额	人民币（大写）	亿	千	百	十	万	千	百	十	元	角	分
	贰仟贰佰陆拾元整					¥	2	2	6	0	0	0

票据种类		票据张数	
票据号码			

复核　　记账

中国工商银行
北京分行
2019年12月15日
转讫

（开户银行盖章）

此联是付款人开户银行交给付款人的回单

43 $\frac{1}{6}$

北京增值税专用发票

1100274312　　发票联　　№ 11968902

开票日期：2019 年 12 月 15 日

购买方	名　　称：北京翔辉科技股份有限公司 纳税人识别号：911168752361538295 地 址、电 话：北京市朝阳区胜利路23号　65876321 开户行及账号：工行北京分行　01053678156				密码区		
货物或应税劳务、服务名称	规格型号	单位	数量	单价	金额	税率	税额
*销售货物*钢材		吨	34	5 000.00	170 000.00	13%	22 100.00
合　计					¥170 000.00		¥22 100.00
价税合计（大写）	⊗壹拾玖万贰仟壹佰元整				（小写）¥192 100.00		
销售方	名　　称：北京和平实业公司 纳税人识别号：911133664532875435 地 址、电 话：北京市四川路12号　67767788 开户行及账号：工行北京分行　10025436753				备注	北京和平实业公司 911133664532875435 发票专用章	

收款人：李伟光　　复核：杨　波　　开票人：周　尚　　销售方：（章）

第三联：发票联　购买方记账凭证

43 $\frac{2}{6}$

收料单

材料科目：原材料
材料类别：辅助材料
供应单位：北京和平实业公司
发票号码：NO：11968902　　2019 年 12 月 15 日　　收 字第 08 号

材料编号	材料名称	规格	计量单位	入库数量	实际成本				
					买价		运杂费	其他	合计
					单价	金额			
106	钢材		吨	34	5 000	170 000.00			170 000.00
	合计			34	5 000	170 000.00			170 000.00

供应部负责人：李 勇　　记账：　　检验：　　保管：赵 明

43 $\frac{3}{6}$

中国工商银行
转账支票存根

10201150

11569850

附加信息

出票日期　2019 年 12 月 15 日

收款人：	北京和平实业公司
金　额：	12 100.00
用　途：	补付钢材款

单位主管　　会计 李冬

43 $\frac{4}{6}$

ICBC 中国工商银行 进账单（回单）　1

2019 年 12 月 15 日　　第 129 号

收款人	全　称	北京和平实业公司	付款人	全　称	北京翔辉科技股份有限公司
	账　号	10025436753		账　号	01053678156
	开户银行	工行北京分行		开户银行	工行北京分行

			亿	千	百	十	万	千	百	十	元	角	分
金额	人民币（大写）	壹万贰仟壹佰元整				¥	1	2	1	0	0	0	0

票据种类		票据张数	
票据号码			

复核　　记账

中国工商银行
北京分行
2019年12月15日
转讫

（开户银行盖章）

此联是付款人开户银行交给付款人的回单

43 $\frac{5}{6}$

固定资产处置申请单

固定资产编号：096　　2019 年 12 月 15 日　　固定资产卡账号：10

固定资产名称	规格型号	单位	数量	预计使用年限	原值	已提折旧	备注
工具					836 820	656 820	出售
使用部门：管理部门处置300 000元，加工车间处置536 820元。							
固定资产状况及处置原因	闲置未用						
处理意见	使用部门		技术鉴定小组		固定资产管理部门		主管部门审批
	申请出售		同意		同意出售		同意出售 孙勇

43 $\frac{6}{6}$

北京增值税专用发票

1100274312　　此联不作报销、扣税凭证使用　　№ 01017151

开票日期：2019 年 12 月 15 日

购买方	名　　称：北京和平实业公司 纳税人识别号：911133664532875435 地址、电话：北京市四川路12号　67767788 开户行及账号：工行北京分行　10025436753				密码区		
货物或应税劳务、服务名称	规格型号	单位	数量	单价	金额	税率	税额
*销售货物*工具					159 292.04	13%	20 707.96
合　计					￥159 292.04		￥20 707.96
价税合计（大写）	⊗壹拾捌万元整				（小写）￥180 000.00		
销售方	名　　称：北京翔辉科技股份有限公司 纳税人识别号：911168752361538295 地址、电话：北京市朝阳区胜利路23号　65876321 开户行及账号：工行北京分行　01053678156				备注	北京翔辉科技股份有限公司 911168752361538295 发票专用章	

收款人：赵　海　　复核：李　冬　　开票人：　　销售方：（章）

第一联：记账联　销售方记账凭证

44 $\frac{1}{2}$

中国工商银行业务收费凭证

2019 年 12 月 15 日

户名：北京翔辉科技股份有限公司　　　　账号：01053678156

项目	起止号码	单价	数量	金额				
				工本费	邮电费	手续费	其他	小计
转支	1236890—1236920	5	1	5.00				5.00
现支	1336450—1336480	5	1	7.00				7.00
合计				12.00				12.00
大写金额：（币种）								
划款方式：现金 □　转账 ☑								
（银行签章）								

中国工商银行 北京分行 2019年12月15日 转讫

第三联客户回单

44 $\frac{2}{2}$

北京增值税普通发票

全国统一发票监制 北京 发票联 国家税务总局监制

1100274312　　　　No 00682171

开票日期：2019 年 12 月 15 日

购买方	名称：北京翔辉科技股份有限公司 纳税人识别号：911168752361538295 地址、电话：北京市朝阳区胜利路23号 65876321 开户行及账号：工行北京分行 01053678156				密码区		
货物或应税劳务、服务名称	规格型号	单位	数量	单价	金额	税率	税额
*销售货物*纸					10.62	13%	1.38
合计					¥10.62		¥1.38
价税合计（大写）	⊗壹拾贰元整				（小写）¥12.00		
销售方	名称：北京市九九文化用品公司 纳税人识别号：911178924568104565 地址、电话：北京市和平路78号 67896310 开户行及账号：工行北京分行 10525436758				备注	北京市九九文化用品公司 911178924568104565 发票专用章	

现金付讫

收款人：周　敏　　复核：刘　芳　　开票人：李　旭　　销售方：（章）

第二联：发票联 购买方记账凭证

45 $\frac{1}{2}$

债务重组协议

甲方：北京翔辉科技股份有限公司

乙方：天津强盛实业有限公司

北京翔辉科技股份有限公司（以下简称甲方）欠天津强盛实业有限公司（以下简称乙方）货款5 175 040元，经双方协议，乙方同意豁免甲方债务175040元，其余货款甲方同意立即一次付清。

甲方：
（盖章）
法人代表：童展鹏
日期：2019年12月15日

（北京翔辉科技股份有限公司 财务专用章）

乙方：
（盖章）
法人代表：张军
日期：2019年12月15日

（天津强盛实业有限公司 财务专用章）

45 $\frac{2}{2}$

中国工商银行 信汇凭证（回单） 1

委托日期 2019年12月15日　　第 0031 号

汇款人	全称	北京翔辉科技股份有限公司		收款人	全称	天津强盛实业有限公司	
	账号或住址	01053678156			账号或住址	20025876435	
	汇出地点	北京市 汇出行名称	工行北京分行		汇入地点	天津市 汇入行名称	工行天津分行
金额	人民币（大写）	伍佰万元整				千百十万千百十元角分	¥ 5 0 0 0 0 0 0 0
汇出行签章				支付密码			
				附加信息及用途：支付前欠货款。			
				复核：		记账：	

（中国工商银行 北京分行 2019年12月15日 转讫）

此联汇出行给汇款人的回单

46 $\frac{1}{2}$

职工困难补助发放表

2019 年 12 月 15 日

姓名	补助金额	签名	备注
余欣	400.00	余欣	现金付讫
张燕	400.00	张燕	
孙青	400.00	孙青	
合计	1 200.00		

46 $\frac{2}{2}$

北京市税务局高速公路
通用定额票据

伍拾元 A055143333

京财0239

凭票报销 盖章有效

收费项目：¥ 50

收费日期：2019 年 12 月 15 日

现金付讫

北京高速公路管理局 财务专用章

47 $\frac{1}{1}$

ICBC 中国工商银行 进账单（收账通知） 3

2019 年 12 月 15 日　　第 130 号

收款人	全　称	北京翔辉科技股份有限公司	付款人	全　称	西安华新有限责任公司
	账　号	01053678156		账　号	50084378938
	开户银行	工行北京分行		开户银行	工行西安分行

金额	人民币（大写）	壹拾肆万元整	亿	千	百	十	万	千	百	十	元	角	分
					¥	1	4	0	0	0	0	0	0

票据种类		票据张数	
票据号码			
复核　记账			中国工商银行 北京分行 2019年12月15日 转讫（开户银行盖章）

此联是收款人开户银行交给收款人的收账通知

48 $\frac{1}{1}$

固定资产处置申请单

固定资产编号：096　　2019 年 12 月 15 日　　固定资产卡账号：11

固定资产名称	规格型号	单位	数量	预计使用年限	原值	已提折旧	备注
A设备		台	1		3 000 000	1 750 000	报废
使用部门：							
固定资产状况及处置原因	闲置未用						
处理意见	使用部门	技术鉴定小组		固定资产管理部门		主管部门审批	
	申请报废	同意		同意报废		同意报废 赵勇	

49 $\frac{1}{3}$

北京增值税专用发票

1100275316　　发票联　　№ 01018157

开票日期：2019 年 12 月 15 日

购买方	名　　称：北京翔辉科技股份有限公司 纳税人识别号：911168752361538295 地 址、电 话：北京市朝阳区胜利路23号　65876321 开户行及账号：工行北京分行　01053678156				密码区		
货物或应税劳务、服务名称	规格型号	单位	数量	单价	金额	税率	税额
*现代服务业*广播影视服务					164 000.00	6%	9 840.00
合　计					¥164 000.00		¥9 840.00
价税合计（大写）	⊗壹拾柒万叁仟捌佰肆拾元整					（小写）¥173 840.00	
销售方	名　　称：北京中视传媒有限公司 纳税人识别号：91113366453275536 地 址、电 话：北京市朝阳路88号　65876671 开户行及账号：工行北京分行　01053676158				备注		

收款人：李　伟　　复核：张　霞　　开票人：　　销售方：（章）

第三联：发票联　购买方记账凭证

转账付讫

北京中视传媒有限公司 91113366453275536 发票专用章

全国统一发票监制章 北京 国家税务总局监制

49 $\frac{2}{3}$

中国工商银行
转账支票存根
10201150
11569851

附加信息

出票日期 2019 年 12 月 15 日

收款人：	北京中视传媒有限公司
金 额：	173 840.00
用 途：	支付电视广告费

单位主管 会计 李冬

49 $\frac{3}{3}$

ICBC 中国工商银行 进账单（回单） 1

2019 年 12 月 15 日 第 130 号

收款人	全 称	北京中视传媒有限公司	付款人	全 称	北京翔辉科技股份有限公司
	账 号	01053676158		账 号	01053678156
	开户银行	工行北京分行		开户银行	工行北京分行

金额	人民币（大写）	亿	千	百	十	万	千	百	十	元	角	分
	壹拾柒万叁仟捌佰肆拾元整			¥	1	7	3	8	4	0	0	0

票据种类		票据张数	
票据号码			

复核 记账

中国工商银行 北京分行 2019年12月15日 转讫

（开户银行盖章）

此联是付款人开户银行交给付款人的回单

50 $\frac{1}{3}$

北京常山实业公司收据

副联

客户名称：北京翔辉科技股份有限公司　　2019 年 12 月 15 日

项　目	千	百	十	万	千	百	十	元	角	分
10周年年庆捐款			8	0	0	0	0	0	0	0
		¥	8	0	0	0	0	0	0	0
合计人民币（大写）　捌拾万元整										

北京常山实业公司 财务专用章

转账付讫

开票单位（财务公章）　　收款人：王 海

50 $\frac{2}{3}$

中国工商银行
转账支票存根
10201150
11569852

附加信息

出票日期　2019 年 12 月 15 日

收款人：北京常山实业公司
金　额：800 000.00
用　途：10周年年庆捐赠

单位主管　　会计 李 冬

50 $\frac{3}{3}$

ICBC 中国工商银行 **进账单**（回单） 1

2019 年 12 月 15 日　　　　　　第 131 号

收款人	全　称	北京常山实业公司	付款人	全　称	北京翔辉科技股份有限公司
	账　号	10025665823		账　号	01053678156
	开户银行	工行北京分行		开户银行	工行北京分行

金额	人民币（大写）	捌拾万元整	亿	千	百	十	万	千	百	十	元	角	分
					¥	8	0	0	0	0	0	0	0

票据种类		票据张数	
票据号码			

复核　　记账　　　　（开户银行盖章）

中国工商银行 北京分行 2019年12月15日 转讫

此联是付款人开户银行交给付款人的回单

51 $\frac{1}{1}$

北京增值税专用发票

全国统一发票监制章 北京 国家税务总局监制

发票联

1100275316　　　　№ 01018157

开票日期：2019 年 12 月 15 日

购买方	名　　称：北京翔辉科技股份有限公司 纳税人识别号：911168752361538295 地 址、电 话：北京市朝阳区胜利路23号　65876321 开户行及账号：工行北京分行　01053678156	密码区	

货物或应税劳务、服务名称	规格型号	单位	数量	单价	金额	税率	税额
*销售劳务*设备安装					45 470.80	13%	5 911.20
合　计					¥45 470.80	13%	¥5 911.20
价税合计（大写）	⊗伍万壹仟叁佰捌拾贰元整				（小写）¥51 382.00		

销售方	名　　称：北京宏明实业有限公司 纳税人识别号：911233564725768878 地 址、电 话：北京大业路9号　61118899 开户行及账号：工行北京分行　10025678912	备注	北京宏明实业有限公司 911233564725768878 发票专用章

收款人：李东明　　复核：李　利　　开票人：赵　华　　销售方：（章）

第三联：发票联　购买方记账凭证

52 $\frac{1}{1}$

北京增值税专用发票

1100274312　　此联不作报销、扣税凭证使用　　№ 11968902

开票日期：2019 年 12 月 15 日

购买方	名　　称：北京强盛实业公司 纳税人识别号：911133658745369365 地 址、电 话：北京市朝阳路　75527726 开户行及账号：工行北京分行　10025437964	密码区	

货物或应税劳务、服务名称	规格型号	单位	数量	单价	金额	税率	税额
*销售货物*复印机	XH-H811	台	170	24 000	4 080 000.00	13%	530 400.00
*销售货物*复印机	XH-H813	台	220	46 000	10 120 000.00	13%	1 315 600.00
合　计					¥14 200 000.00		¥1 846 000.00
价税合计（大写）	⊗壹仟陆佰零肆万陆仟元整					（小写）	¥16 046 000.00

销售方	名　　称：北京翔辉科技股份有限公司 纳税人识别号：911168752361538295 地 址、电 话：北京市朝阳区胜利路23号　65876321 开户行及账号：工行北京分行　01053678156	备注	北京翔辉科技股份有限公司 911168752361538295 发票专用章

收款人：赵　海　　复核：李　冬　　开票人：　　销售方：（章）

第一联：记账联　销售方记账凭证

53 $\frac{1}{2}$

北京增值税专用发票

1100274312　　此联不作报销、扣税凭证使用　　№ 07003754

开票日期：2019 年 12 月 16 日

购买方	名　　称：北京永鑫公司 纳税人识别号：916453278972465868 地 址、电 话：北京市天津路　66661254 开户行及账号：工行北京分行　10025438765	密码区	

货物或应税劳务、服务名称	规格型号	单位	数量	单价	金额	税率	税额
*销售货物*复印机	XH-H811	台	170	24 000	4 080 000.00	13%	530 400.00
*销售货物*复印机	XH-H813	台	220	46 000	10 120 000.00	13%	1 315 600.00
合　计					¥14 200 000.00		¥1 846 000.00
价税合计（大写）	⊗壹仟陆佰零肆万陆仟元整					（小写）	¥16 046 000.00

销售方	名　　称：北京翔辉科技股份有限公司 纳税人识别号：911168752361538295 地 址、电 话：北京市朝阳区胜利路23号　65876321 开户行及账号：工行北京分行　01053678156	备注	北京翔辉科技股份有限公司 911168752361538295 发票专用章

收款人：赵　海　　复核：李　冬　　开票人：　　销售方：（章）

第一联：记账联　销售方记账凭证

$53\frac{2}{2}$

产成品出库通知单

2019 年 12 月 16 日

编号	名称	规格	单位	应发数量	实发数量	单位成本	实际成本								附注
							十	万	千	百	十	元	角	分	
302	XH-H811复印机		台	170	170										
303	XH-H813复印机		台	220	220										

会计：　　仓库主管：　　保管：　　经发：　　制单：周 丽

$54\frac{1}{1}$

产成品入库单

交库单位：基本生产车间　　2019 年 12 月 16 日　　仓库：成品库

编号	产品名称	规格	计量单位	交库数量	总成本	单位成本	备注
302	XH-H811复印机		台	360			
303	XH-H813复印机		台	340			
	合计			720			

车间负责人：　　仓库管理员：周 丽　　制单：

$55\frac{1}{3}$

领 料 单

材料科目：原材料

领料车间（部门）：基本生产车间

用途：生产XH-H811复印机　　2019 年 12 月 16 日　　编号：212115

材料编号	材料名称	规格	计量单位	数量		实际成本	
				请领	实发	单价	金额
101	XH-H811复印机材料		套	420	420		
103	XH-H811复印机机壳		个	420	420		
备注							

记账：　　发料：赵 明　　领料单位负责人：　　领料：李 强

55 $\frac{2}{3}$

领 料 单

材料科目：原材料
领料车间（部门）：基本生产车间
用途：生产XH-H813复印机　　2019 年 12 月 16 日　　编号：212116

材料编号	材料名称	规格	计量单位	数量		实际成本	
				请领	实发	单价	金额
102	XH-H813复印机材料		套	360	360		
104	XH-H813复印机机壳		个	360	360		
备注							

记账：　　发料：赵明　　领料单位负责人：　　领料：李强

55 $\frac{3}{3}$

领 料 单

材料科目：原材料
领料车间（部门）：基本生产车间
用途：产品生产和一般耗用　　2019 年 12 月 16 日　　编号：212217

材料编号	材料名称	规格	计量单位	数量		实际成本	
				请领	实发	单价	金额
105	机物料		千克	300	300		
201	包装箱		个	780	780		
备注	生产XH-H811复印机耗用机物料100千克，XH-H813复印机耗用100千克，一般消耗100千克。包装箱为生产XH-H811复印机、XH-H813复印机各领用390个。						

记账：　　发料：赵明　　领料单位负责人：　　领料：李强

56 $\frac{1}{3}$

北京增值税专用发票

全国统一发票监制 北京 发票联 国家税务总局监制

1100274312　　　　　　　　No 07005553

开票日期：2019 年 12月 17日

购买方	名　　称：北京翔辉科技股份有限公司 纳税人识别号：911168752361538295 地 址、电 话：北京市朝阳区胜利路23号　65876321 开户行及账号：工行北京分行　01053678156	密码区	

货物或应税劳务、服务名称	规格型号	单位	数量	单价	金额	税率	税额
*销售货物*复印机材料	XH-H811	套	400	12 960	5 184 000	13%	673 920
*销售货物*复印机材料	XH-H813	套	400	27 540	11 016 000	13%	1 432 080
合　计					¥16 200 000. 00		¥2 106 000. 00
价税合计（大写）	⊗壹仟捌佰叁拾万零陆仟元整					（小写）	¥18 306 000. 00

销售方	名　　称：天津强盛实业有限公司 纳税人识别号：912233564325769856 地 址、电 话：天津市文川路13号　67767588 开户行及账号：工行天津分行　20025876435	备注	天津强盛实业有限公司 912233564325769856 发票专用章

开票人：李　峰　　复核：杨　勇　　收款人：周　明　　销售方：（章）

第三联：发票联　购买方记账凭证

56 $\frac{2}{3}$

北京增值税专用发票

全国统一发票监制 北京 发票联 国家税务总局监制

2100273178　　　　　　　　No 00226865

开票日期：2019 年 12月 17日

购买方	名　　称：北京翔辉科技股份有限公司 纳税人识别号：911168752361538295 地 址、电 话：北京市朝阳区胜利路23号　65876321 开户行及账号：工行北京分行　01053678156	密码区	

货物或应税劳务、服务名称	规格型号	单位	数量	单价	金额	税率	税额
*销售服务*交通运输服务*陆路运输服务					1 261. 93	9%	113. 57
合　计					¥1 261. 93		¥113. 57
价税合计（大写）	⊗壹仟叁佰柒拾伍元伍角整					（小写）	¥1 375. 50

销售方	名　　称：北京市大众运输公司 纳税人识别号：912301116618270336 地 址、电 话：北京市朝阳路68号　65876591 开户行及账号：工行北京分行　01053677632	备注	北京到北京，大货车京A57321，复印机材料 北京市大众运输公司 912301116618270336 发票专用章

收款人：　　复核：张开生　　开票人：　　销售方：（章）

第三联：发票联　购买方记账凭证

56 3/3

商业承兑汇票（卡片）

1　AB/01 00000000

出票日期（大写）　贰零壹玖 年 壹拾贰 月 壹拾柒日

付款人	全　称	北京翔辉科技股份有限公司	收款人	全　称	天津强盛实业有限公司
	账　号	01053678156		账　号	20025876435
	开户银行	工行北京分行		开户银行	工行天津分行
出票金额	人民币（大写）	壹仟捌佰叁拾万零柒仟叁佰柒拾伍元伍角整	亿千百十万千百十元角分		¥ 1 8 3 0 7 3 7 5 5 0
汇票到期日（大写）		贰零贰零年零肆月壹拾陆日	付款人开户行	行号	10002958
交易合同号码		2019165		地址	北京市朝胜路21号
北京翔辉科技股份有限公司 财务专用章　鹏童印展　出票人签章			备注：		

此联承兑人留存

57 1/1

上海证券中央登记结算公司

12/17/19成交过户交割单（卖）

股东编号	B143569775	成交证券	120301
电脑编号	12308	成交数量	200 000
公司名称	北京翔辉科技股份有限公司	成交价格	13.10
申报编号	216	成交金额	2 620 000.00
成交时间	20191217	佣金	7 860.00
上次余额	400 000（股）	过户费	200.00
本次成交	200 000（股）	印花税	2 620.00
本次余额	200 000（股）	附加费	
本次库存	200 000（股）	实收金额	2 609 320.00

经办单位：（印章：利通证券有限责任公司）　　客户签章：李平

通知联

58 $\frac{1}{5}$

北京增值税专用发票

1100274313　　此联不作报销、扣税凭证使用　　No 0845548

开票日期：2019 年 12 月 18 日

购买方	名　　称：成都东方实业有限公司 纳税人识别号：915113386876537856 地 址、电 话：成都东夏路　66661286 开户行及账号：工行成都分行　50084378938	密码区	

货物或应税劳务、服务名称	规格型号	单位	数量	单价	金额	税率	税额
*销售货物*复印机	XH-H811	台	350	24 000	8 400 000	13%	1 092 000
*销售货物*复印机	XH-H813	台	200	46 000	9 200 000	13%	1 196 000
合　计					¥17 600 000. 00		¥2 288 000. 00
价税合计（大写）	⊗壹仟玖佰捌拾捌万捌仟元整					（小写）¥19 888 000. 00	

销售方	名　　称：北京翔辉科技股份有限公司 纳税人识别号：911168752361538295 地 址、电 话：北京市朝阳区胜利路23号　65876321 开户行及账号：工行北京分行　01053678156	备注	北京翔辉科技股份有限公司 911168752361538295 发票专用章

收款人：赵　海　　复核：李　冬　　开票人：　　销售方：（章）

第一联：记账联　销售方记账凭证

58 $\frac{2}{5}$

中国工商银行
转账支票存根
10201150
11569853

附加信息

出票日期　2019 年 12 月 18 日

收款人：	北京市大众运输公司
金　额：	4 800.00
用　途：	支付运杂费

单位主管　　会计　李冬

$58\frac{3}{5}$

ICBC 中国工商银行 进账单（回单） 1

2019 年 12 月 18 日　　第 132 号

收款人	全　称	北京市大众运输公司	付款人	全　称	北京翔辉科技股份有限公司
	账　号	01053677632		账　号	01053678156
	开户银行	工行北京分行		开户银行	工行北京分行
金额	人民币（大写）	肆仟捌佰元整		亿千百十万千百十元角分	¥480000
票据种类		票据张数			
票据号码					
复核　记账				（开户银行盖章）	

中国工商银行 北京分行 2019年12月18日 转讫

此联是付款人开户银行交给付款人的回单

$58\frac{4}{5}$

产成品出库通知单

2019 年 12 月 18 日

编号	名称	规格	单位	应发数量	实发数量	单位成本	实际成本								附注
							十	万	千	百	十	元	角	分	
302	XH-H811复印机		台	350	350										
303	XH-H813复印机		台	200	200										

会计：　　仓库主管：周丽　　保管：　　制单：

58 5/5

委托收款凭证（回单） 1

委托日期：2019 年 12 月 18 日

付款人	全称	成都东方实业有限公司	收款人	全称	北京翔辉科技股份有限公司
	账号或地址	50084378938		账号或地址	01053678156
	开户银行	工行北京分行		开户银行	工行北京分行
委收金额	人民币（大写）	壹仟玖佰捌拾玖万贰仟捌佰元整		千百十万千百十元角分	1 9 8 9 2 8 0 0 0 0
款项内容		委托收款凭证名称		附寄单证	
备注：		上列款项 1. 已全部划回收入你方账户 2. 已收回部分款项收入你方账户 3. 全部未收到			中国工商银行 北京分行 2019年12月18日 转讫 （付款人开户银行盖章）

单位主管　会计　复核　记账　付款人开户银行　收到日期　年　月　日　支付日期　年　月　日

59 1/1

北京增值税专用发票

全国统一发票监制 北京 发票联 国家税务总局监制

2100276523　　No 00227878

开票日期：2019 年 12 月 18 日

购买方	名称：北京翔辉科技股份有限公司 纳税人识别号：911168752361538295 地址、电话：北京市朝阳区胜利路23号 65876321 开户行及账号：工行北京分行 01053678156				密码区		
货物或应税劳务、服务名称	规格型号	单位	数量	单价	金额	税率	税额
*销售服务*邮政服务*邮政普遍服务					275.23	9%	24.77
合　计					¥275.23		¥24.77
价税合计（大写）	⊗叁佰元整				（小写）	¥300.00	
销售方	名称：中国邮政北京朝阳储蓄所 纳税人识别号：912301116618277353 地址、电话：北京市朝阳路78号 65876588 开户行及账号：工行北京分行 01053678158				备注	中国邮政北京朝阳储蓄所 912301116618277353 发票专用章	

现金付讫

收款人：　复核：张　生　开票人：　销售方：（章）

第三联：发票联　购买方记账凭证

60 $\frac{1}{1}$

中国工商银行
现金支票存根
10201150
11569855

附加信息

出票日期　2019 年 12 月 18 日

收款人：	北京翔辉科技股份有限公司
金　额：	800 000.00
用　途：	备用金

单位主管　　会计 李冬

61 $\frac{1}{1}$

差旅费报销单

2019 年 12 月 18日

原派出单位：办公室　　　　单据张数：　张（略）
出差事由：公务　　姓名：童展鹏等三人　　预借款：42 000.00

起止日期				起止地点	车船费	办公邮电	住宿费	伙食补助			合计
月	日	月	日					标准	天数	金额	
12	4	12	13	北京—深圳往返	16 100.00	17 300.00	8 100.00	350.00	10	3 500.00	45 000.00
合　计					16 100.00	17 300.00	8 100.00			3 500.00	45 000.00
人民币（大写）								应退（补）：3 000.00			

现金付讫

派出单位领导：　　财务主管：　　复核：　　出纳：赵海

62 $\frac{1}{1}$

贴现凭证（收账通知）

2019 年 12 月 21 日

申请人	全　称	北京翔辉科技股份有限公司	贴现票据	种　类	商业承兑汇票	号码	
	账　号	01053678156		出票日	2019 年 12 月 11 日		
	开户银行	工行北京分行		到期日	2020 年 3 月 22 日		
汇票承兑人（或银行）	名称	北京强盛实业公司	账号	10025437964	开户银行	工行北京分行	

汇票金额（即贴现金额）	人民币（大写）	千	百	十	万	千	百	十	元	角	分
	壹仟陆佰零肆万陆仟捌佰元整	1	6	0	4	6	8	0	0	0	0

年贴现率	贴现利息	千	百	十	万	千	百	十	元	角	分
5.4 %			¥	2	1	8	4	1	2	3	4

实付金额	千	百	十	万	千	百	十	元	角	分
	1	5	8	2	8	3	8	7	6	6

上述款项已入你单位账户。

此致

银行签章

2019 年 12 月 18 日

备注：

中国工商银行
北京分行
2019年12月21日
转
讫

此联是银行给持票人的收账通知

63 $\frac{1}{3}$

北京增值税专用发票

全国统一发票监制章
北　京
发　票　联
国家税务总局监制

2500278798　　No 00828538

开票日期：2019 年 12 月 22 日

购买方	名　　称：北京翔辉科技股份有限公司 纳税人识别号：911168752361538295 地 址、电 话：北京市朝阳区胜利路23号　65876321 开户行及账号：工行北京分行　01053678156				密码区		
货物或应税劳务、服务名称	规格型号	单位	数量	单价	金额	税率	税额
*销售服务*金融服务*保险服务					147 169.81	6%	8 830.19
合　计					¥147 169.81		¥8 830.19
价税合计（大写）	⊗壹拾伍万陆仟元整				（小写）¥156 000.00		
销售方	名　　称：中国平安保险公司北京分公司 纳税人识别号：912311116618285796 地 址、电 话：北京市朝阳路188号　65876758 开户行及账号：工行北京分行　1062765007				备注	中国平安保险公司北京分公司 财产保险 912311116618285796 发票专用章	

收款人：　　复核：张　开　　开票人：　　销售方：（章）

第三联：发票联　购买方记账凭证

63 $\frac{2}{3}$

中国工商银行
转账支票存根
10201150
11569856

附加信息

出票日期 2019 年 12 月 22 日

收款人：	中国平安保险公司北京分公司
金 额：	156 000.00
用 途：	2019年财产保险

单位主管 会计 李冬

63 $\frac{3}{3}$

ICBC 中国工商银行 进账单（回单） 1

2019 年 12 月 22 日 第 134 号

收款人	全 称	中国平安保险公司北京分公司	付款人	全 称	北京翔辉科技股份有限公司
	账 号	1062765007		账 号	01053678156
	开户银行	工行北京分行		开户银行	工行北京分行

金额	人民币（大写）	壹拾伍万陆仟元整	亿	千	百	十	万	千	百	十	元	角	分
					¥	1	5	6	0	0	0	0	0

票据种类		票据张数	
票据号码			

复核 记账

中国工商银行北京分行 2019年12月22日 转讫

（开户银行盖章）

此联是付款人开户银行交给付款人的回单

$64\frac{1}{3}$

北京增值税专用发票

2100276577　　　　发 票 联　　　　№ 00227888

开票日期：2019 年 12 月 22 日

购买方	名称：北京翔辉科技股份有限公司 纳税人识别号：911168752361538295 地址、电话：北京市朝阳区胜利路23号　65876321 开户行及账号：工行北京分行　01053678156	密码区	

货物或应税劳务、服务名称	规格型号	单位	数量	单价	金额	税率	税额
*销售服务*邮政服务*邮政普遍服务					16 513.76	9%	1 486.24
合　计					¥16 513.76		¥1 486.24
价税合计（大写）	⊗壹万捌仟元整				（小写）	¥18 000.00	

销售方	名称：中国邮政北京朝阳储蓄所 纳税人识别号：912301116618277353 地址、电话：北京市朝阳路78号　65876588 开户行及账号：工行北京分行　01053678158	备注	订阅报纸杂志

收款人：　　复核：张　生　　开票人：　　销售方：（章）

第三联：发票联　购买方记账凭证

（印章：全国统一发票监制章　北京　国家税务总局监制）

（印章：中国邮政北京朝阳储蓄所　912301116618277353　发票专用章）

$64\frac{2}{3}$

中国工商银行
转账支票存根
10201150
11569857

附加信息

出票日期　2019 年 12 月 22 日

收款人：：	中国邮政北京朝阳储蓄所
金　额：	18 000.00
用　途：	订阅报纸杂志费

单位主管　　会计 李冬

64 $\frac{3}{3}$

ICBC 中国工商银行 进账单（回单） 1

2019 年 12 月 22 日 第 135 号

收款人	全 称	中国邮政北京朝阳储蓄所	付款人	全 称	北京翔辉科技股份有限公司
	账 号	01053678158		账 号	01053678156
	开户银行	工行北京分行		开户银行	工行北京分行
金额	人民币（大写）	壹万捌仟元整		亿千百十万千百十元角分	¥1800000
票据种类		票据张数			
票据号码					
复核 记账				（开户银行盖章）	

中国工商银行 北京分行 2019年12月22日 转讫

此联是付款人开户银行交给付款人的回单

65 $\frac{1}{3}$

领 料 单

材料科目：原材料

领料车间（部门）：基本生产车间

用途：生产XH-H811复印机 2019 年 12 月 22 日 编号：212119

材料编号	材料名称	规格	计量单位	数量		实际成本	
				请领	实发	单价	金额
101	XH-H811复印机材料		套	220	220		
103	XH-H811复印机机壳		个	220	220		
备注							

记账： 发料：赵明 领料单位负责人： 领料：李强

65 $\frac{2}{3}$

领　料　单

材料科目：原材料
领料车间（部门）：基本生产车间
用途：生产XH-H813复印机　　2019 年 12 月 22 日　　编号：212120

材料编号	材料名称	规格	计量单位	数量		实际成本	
				请领	实发	单价	金额
102	XH-H813复印机材料		套	70	70		
104	XH-H813复印机机壳		个	70	70		
备注							

记账：　　发料：赵明　　领料单位负责人：　　领料：李强

65 $\frac{3}{3}$

领　料　单

材料科目：原材料
领料车间（部门）：基本生产车间
用途：生产复印机　　2019 年 12 月 22 日　　编号：212121

材料编号	材料名称	规格	计量单位	数量		实际成本	
				请领	实发	单价	金额
201	包装箱		个	290	290		
备注	生产XH-H811复印机领用200个；　生产XH-H813复印机领用90个						

记账：　　发料：赵明　　领料单位负责人：　　领料：李强

$66\frac{1}{5}$

托收凭证 （受理回单） 1

委托日期2019年12月23日

业务类型	委托收款（□邮划、□电划）			托收承付（□邮划、□电划）		
付款人	全称	内蒙古天山股份有限公司		收款人	全称	北京翔辉科技股份有限公司
	账号	80025316748			账号	01053678156
	地址		开户行 工行内蒙古分行		地址	开户行 工行北京分行
金额	人民币（大写）	贰仟叁佰伍拾壹万元整			亿千百十万千百十元角分	￥2 3 5 1 0 0 0 0 0 0
款项内容		托收凭据名称			附寄单证张数	
商品发运情况				合同名称号码		
备注： 复核： 记账：		委托收款日期 年 月 日			中国工商银行北京分行 2019年12月23日 受理凭证章 收款人开户银行签章 年 月 日	

此联作收款人开户银行给收款人的受理回单

$66\frac{2}{5}$

北京增值税专用发票

2100273148　　　　№ 00226815

此联不作报销、扣税凭证使用

全国统一发票监制章 北京 国家税务总局监制

开票日期：2019 年 12 月 23 日

购买方	名　　称：内蒙古天山股份有限公司 纳税人识别号：914567893253447643 地 址、电 话：内蒙古泰山路　66831285 开户行及账号：工行内蒙古分行　80025316748				密码区		
货物或应税劳务、服务名称	规格型号	单位	数量	单价	金额	税率	税额
*销售货物*复印机	XH-H811	台	330	24 000	7 920 000	13%	1 029 600
*销售货物*复印机	XH-H813	台	280	46 000	12 880 000	13%	1 674 400
合　计					￥20 800 000		￥2 704 000
价税合计（大写）	⊗贰仟叁佰伍拾万零肆仟元整					（小写）￥23 504 000. 00	
销售方	名　　称：北京翔辉科技股份有限公司 纳税人识别号：911168752361538295 地 址、电 话：北京市朝阳区胜利路23号　65876321 开户行及账号：工行北京分行　01053678156				备注	北京翔辉科技股份有限公司 911168752361538295 发票专用章	

收款人：赵　海　　复核：李　冬　　开票人：　　销售方：（章）

第一联：记账联　销售方记账凭证

$66\frac{3}{5}$

中国工商银行
转账支票存根
10201150
11569858

附加信息

出票日期　2019 年 12 月 23 日

收款人：	北京大众运输公司
金　额：	6 000.00
用　途：	代垫运杂费

单位主管　　会计 李冬

$66\frac{4}{5}$

ICBC 中国工商银行 **进账单**（回单）　**1**

2019 年 12 月 23 日　　第 136 号

收款人	全　称	北京大众运输公司	付款人	全　称	北京翔辉科技股份有限公司
	账　号	01053677632		账　号	01053678156
	开户银行	工行北京分行		开户银行	工行北京分行

			亿	千	百	十	万	千	百	十	元	角	分
金额	人民币（大写）	陆仟元整					¥	6	0	0	0	0	0

票据种类		票据张数	
票据号码			
复核　　记账		（开户银行盖章）	

中国工商银行
北京分行
2019年12月23日
转讫

此联是付款人开户银行交给付款人的回单

$66\frac{5}{5}$

产成品出库通知单

2019 年 12 月 23 日

编号	名称	规格	单位	应发数量	实发数量	单位成本	实际成本								附注
							十	万	千	百	十	元	角	分	
302	XH-H811复印机		台	330	330										
303	XH-H813复印机		台	280	280										

会计：　　　　仓库主管：周丽　　　　保管：　　　　制单：

$67\frac{1}{1}$

国家税务总局北京市税务局电子缴款凭证

税

打印日期：2019年12月24日

防伪码 A53332F115D711851244R20011339966　　　　京税电缴 No：201951673568289000

纳税人识别号 911168752361538295　　　　税务征收机关：国家税务总局北京市朝阳区税务局

纳税人全称 北京翔辉科技股份有限公司　　　　银行账号：01053678156

系统票号	税（费）种	税（品）目	所属时期（年/月/日）	实缴金额	缴款日期	备注
356789211769835678	增值税	销售货物	2019/12/01—2019/12/24	136 000.00	2019/12/2	1
356789211769835678	城建税	增值税城建税（城市）	2019/12/01—2019/12/24	9 520.00	2019/12/2	1
356789211769835678	教育费附加	增值税教育费附加	2019/12/01—2019/12/24	4 080.00	2019/12/2	1
大写（合计）金额	壹拾肆万玖仟陆佰元整		￥149 600.00			

税务机关：国家税务总局北京市税务局 电子缴款专用章

说明：1. 本缴款凭证仅作为纳税人记账核算凭证使用。需与银行对账单电子划缴记录核对一致方有效。纳税人如需汇总开具正式完税证明，请凭税务登记证或身份证明到主管税务机关开具或到电子税务局网上开具完税证明。

2. 备注中显示内容为本条记录的打印次数。

68 $\frac{1}{1}$

材料~~盘盈~~（亏）报告表

仓库：材料库　　　　　　2019年12月24日

品名	规格	计量单位	单价	数量		金额	原因
				盘盈	盘亏		
机物料		千克	156		800	124 800	管理不善
包装箱		个	200		500	100 000	
合计						224 800	

处理意见：

转作管理费用

主管：周翔　　　　会计：李冬　　　　保管：赵明

69 $\frac{1}{1}$

中国工商银行 现金进账单（回单或收账通知） 1

2019 年 12 月 24 日　　　　第　　号

收款人	全　称	北京翔辉科技股份有限公司	开户银行	工行北京分行
	账　号	01053678156	款项来源	超库存限额现金

人民币（大写）	壹万柒仟陆佰贰拾壹元叁角整	十	万	千	百	十	元	角	分
		¥	1	7	6	2	1	3	0

票面	张数	十	万	千	百	十	元	角	分	票面	张数	百	十	元	角	分	（收款银行盖章）
壹佰元	100		1	0	0	0	0	0	0	伍角	0			0	0	0	中国工商银行 北京分行 2019年12月24日 现金收讫
伍拾元	140			7	0	0	0	0	0	贰角	0			0	0	0	
拾元	60				6	0	0	0	0	壹角	3				3	0	
伍元	4					2	0	0	0	伍分	0			0	0	0	
贰元	0						0	0	0	贰分	0			0	0	0	
壹元	1						1	0	0	壹分	0			0	0	0	收银员　　复核员

此联是付款人开户银行交给付款人的回单

70 $\frac{1}{2}$

ICBC 中国工商银行 进账单（收账通知） 3

2019 年 12 月 26 日　　　　第 138 号

收款人	全　称	北京翔辉科技股份有限公司	付款人	全　称	成都东方实业有限公司
	账　号	01053678156		账　号	50084378938
	开户银行	工行北京分行		开户银行	工行成都分行

金额	人民币（大写）	壹仟玖佰捌拾玖万贰仟捌佰元整	亿	千	百	十	万	千	百	十	元	角	分
			¥	1	9	8	9	2	8	0	0	0	0

票据种类		票据张数	
票据号码			
复核　记账			中国工商银行 北京分行 2019年12月26日 转讫　（开户银行盖章）

此联是收款人开户银行交给收款人的收账通知

70 $\frac{2}{2}$

ICBC 中国工商银行 进账单（收账通知） 3

2019 年 12 月 26 日　　　　第 139 号

收款人	全　称	北京翔辉科技股份有限公司	付款人	全　称	上海禾嘉有限责任公司
	账　号	01053678156		账　号	40065765431
	开户银行	工行北京分行		开户银行	工行上海分行

金额	人民币（大写）	贰仟壹佰零贰万壹仟陆佰元整	亿	千	百	十	万	千	百	十	元	角	分
			¥	2	1	0	2	1	6	0	0	0	0

票据种类		票据张数	
票据号码			
复核　记账			中国工商银行 北京分行 2019年12月26日 转讫　（开户银行盖章）

此联是收款人开户银行交给收款人的收账通知

$71\frac{1}{2}$

中国工商银行
转账支票存根
10201150
11569859

附加信息 ______

出票日期　2019 年 12 月 26 日

收款人：	北京朝阳科技股份有限公司
金　额：	4 800 000.00
用　途：	预付货款

单位主管　　会计 李冬

$71\frac{2}{2}$

ICBC 中国工商银行 进账单（回单）　1

2019 年 12 月 26 日　　第 139 号

收款人	全　称	北京朝阳科技股份有限公司	付款人	全　称	北京翔辉科技股份有限公司
	账　号	10023658475		账　号	01053678156
	开户银行	工行北京分行		开户银行	工行北京分行

金额	人民币（大写）	亿	千	百	十	万	千	百	十	元	角	分
	肆佰捌拾万元整		¥	4	8	0	0	0	0	0	0	0

票据种类		票据张数	
票据号码			

复核　　记账

中国工商银行 北京分行 2019年12月26日 转讫

（开户银行盖章）

此联是付款人开户银行交给付款人的回单

$72\frac{1}{1}$

中国工商银行存款利息凭证

2019 年 12 月 26 日

收款单位	账　号	01053678156	付款单位	账　号	010000001
	户　名	北京翔辉科技股份有限公司		户　名	中国工商银行北京分行
	开户银行	工行北京分行		开户银行	工行北京分行
积数：		利率：0.98‰		利息：219 780.00	
＿＿＿＿户第　季度利息			科目：＿＿＿＿ 对方科目：＿＿＿＿ 复核员：　　记账员：		

中国工商银行
北京分行
2019年12月26日
转讫

$73\frac{1}{1}$

中国工商银行
现金支票存根

10201150

11568853

附加信息

北京和平实业公司销售人员

出票日期　2019 年 12 月 28 日

收款人：	张斌
金　额：	180 000.00
用　途：	付货款

单位主管　　会计 李冬

$74\frac{1}{4}$

中国工商银行
转账支票存根
10201150
11569860

附加信息

出票日期 2019 年 12 月 28 日

收款人：	北京市电信局
金　额：	8 611.00
用　途：	支付电话费

单位主管　　会计 李冬

$74\frac{2}{4}$

ICBC 中国工商银行 进账单（回单） 1

2019 年 12 月 28 日　　第 140 号

收款人	全　称	北京市电信局	付款人	全　称	北京翔辉科技股份有限公司
	账　号	1010020085		账　号	01053678156
	开户银行	工行北京分行		开户银行	工行北京分行

金额	人民币（大写）	亿	千	百	十	万	千	百	十	元	角	分
	捌仟陆佰壹拾壹元整					¥	8	6	1	1	0	0

票据种类		票据张数	
票据号码			

复核　　记账

中国工商银行
北京分行
2019年12月28日
转讫

（开户银行盖章）

此联是付款人开户银行交给付款人的回单

$74\frac{3}{4}$

北京增值税专用发票

（全国统一发票监制章 北京 国家税务总局监制）

1100275611　　　　发票联　　　　№ 11968801

开票日期：2019 年 12 月 28 日

购买方	名　　称：北京翔辉科技股份有限公司 纳税人识别号：911168752361538295 地 址、电 话：北京市朝阳区胜利路23号　65876321 开户行及账号：工行北京分行　01053678156	密码区	

货物或应税劳务、服务名称	规格型号	单位	数量	单价	金额	税率	税额
*电信服务*基础电信服务					7 900.00	9%	711.00
合　计					¥7 900.00		¥711.00
价税合计（大写）	⊗捌仟陆佰壹拾壹元整					（小写）	¥8 611.00

销售方	名　　称：北京市电信局 纳税人识别号：911336645327583878 地 址、电 话：北京市文化路11号　67568588 开户行及账号：工行北京分行　1010020085	备注	（北京市电信局 911336645327583878 发票专用章）

收款人：李　亮　　　复核：杨　振　　　开票人：　　　销售方：（章）

第三联：发票联　购买方记账凭证

$74\frac{4}{4}$

电话费统计表

2019 年 12 月　　　　单位：元

部　门	电话费
基本车间	1 200.00
机修车间	800.00
销售部门	1 100.00
管理部门	4 800.00
合　计	7 900.00

75 $\frac{1}{1}$

收 料 单

材料科目：原材料、周转材料

材料类别：辅助材料、包装物

供应单位：北京朝阳科技股份有限公司

发票号码： 2019 年 12 月 29 日 收 字第 09 号

材料编号	材料名称	规格	计量单位	入库数量	实际成本				
					买价		运杂费	其他	合计
					单价	金额			
105	机物料		千克	800					
201	包装箱		个	500					
	合计			1 300					

供应部负责人：李 勇 记账： 检验： 保管：赵 明

76 $\frac{1}{3}$

偿还贷款凭证（第一联）

2019 年 12 月 31 日

<table>
<tr><td>借款单位名称</td><td colspan="3">北京翔辉科技股份有限公司</td><td>贷款账号</td><td>01053678156</td><td>结算账号</td><td colspan="11">01053678156</td></tr>
<tr><td rowspan="2">还款金额（大写）</td><td rowspan="2" colspan="6">人民币 肆仟万元整</td><td>亿</td><td>千</td><td>百</td><td>十</td><td>万</td><td>千</td><td>百</td><td>十</td><td>元</td><td>角</td><td>分</td></tr>
<tr><td>¥</td><td>4</td><td>0</td><td>0</td><td>0</td><td>0</td><td>0</td><td>0</td><td>0</td><td>0</td><td>0</td></tr>
<tr><td>贷款种类</td><td>短期借款</td><td>借出日期</td><td>2019 年 5 月 21 日</td><td colspan="2">原约定还款日期</td><td colspan="12">2019 年 12 月 31 日</td></tr>
<tr><td colspan="4">上列款项请由本单位账号内偿还到期贷款
此致

借款单位盖章</td><td colspan="14">会计分录
收：
付：
复核员 记账</td></tr>
</table>

中国工商银行 北京分行 2019年12月31日 转讫

偿还贷款收据

76 $\frac{2}{3}$

中国工商银行北京分行贷款利息凭证

2019 年 12 月 31 日

收款单位	账　号	010000001	付款单位	账　号	01053678156
	户　名	中国工商银行北京分行		户　名	北京翔辉科技股份有限公司
	开户银行	工行北京分行		开户银行	工行北京分行
积数:		月利率: 0.375%		利息: 1 105 000.00	
______户第 4 季度利息		中国工商银行北京分行 2019年12月31日 转讫		科目: ______ 对方科目: ______ 复核员:　　记账员:	

76 $\frac{3}{3}$

北京增值税普通发票

全国统一发票监制 北京 发票联 国家税务总局监制

2100276512　　　　　　№ 002278328

开票日期: 2019 年 12 月 31 日

购买方	名　　称: 北京翔辉科技股份有限公司 纳税人识别号: 911168752361538295 地 址、电 话: 北京市朝阳区胜利路23号　65876321 开户行及账号: 工行北京分行　01053678156				密码区		
货物或应税劳务、服务名称	规格型号	单位	数量	单价	金额	税率	税额
*销售服务*金融服务*贷款服务					1 042 452.83	6%	62 547.17
合　计					¥1 042 452.83		¥62 547.17
价税合计(大写)	⊗壹佰壹拾万零伍仟元整				(小写) ¥1 105 000.00		
销售方	名　　称: 中国工商银行北京分行 纳税人识别号: 912311776618277353 地 址、电 话: 北京市朝阳路88号　68876532 开户行及账号: 工行北京分行　010000001				备注	中国工商银行北京分行 912311776618277353 发票专用章	

收款人:　　　　复核: 张　芳　　　　开票人:　　　　销售方:(章)

第三联: 发票联　购买方记账凭证

77 $\frac{1}{1}$

偿还贷款凭证（第一联）

2019 年 12 月 31 日

借款单位名称	北京翔辉科技股份有限公司	贷款账号	01053678156	结算账号	01053678156
还款金额（大写）	人民币　壹仟万元整			亿千百十万千百十元角分	¥ 1 0 0 0 0 0 0 0 0 0
贷款种类	长期借款	借出日期	2016 年 8 月 1 日	原约定还款日期	2019 年 12 月 31 日
上列款项请由本单位账号内偿还到期贷款 此致 借款单位盖章			会计分录 收： 付： 复核员　　记账		

偿还贷款收据

中国工商银行
北京分行
2019年12月31日
转讫

78 $\frac{1}{1}$

长期借款利息计算表

单位：元

借款银行	借款金额	利率（月）	本年利息
中国工商银行	50 000 000.00	0.3%	1 800 000.00

79 $\frac{1}{1}$

现金盘点报告表

2019 年 12 月 31 日

单位名称：北京翔辉科技股份有限公司

实存金额	账存金额	盈亏情况		备　注
		盘盈数	盘亏数	
80 010.00	80 000.00	10		原因：不明
处理意见：转营业外收入				

主管：　　会计：　　出纳：

80 $\frac{1}{1}$

固定资产清理完毕报告单

清理单位	清理项目	清理时间	清理完毕日期
基本生产车间	A 设备报废	2019 年 12 月	2019 年 12 月 31 日
清理单位主管签字	情况属实。　孙青		
清理人员签字	该项固定资产已经清理完毕。　陈晨		

$81\frac{1}{1}$

外购水费分配表

2019年 12月31日

产品或部门 \ 项目		耗用量（吨）	单价（元）	金额（元）	共同耗用分配		
					分配标准（工时）	分配率	金额（元）
基本生产成本	XH-H811复印机				10 080		17 538.89
	XH-H813复印机				11 760		20 461.11
	小　计	38 000	1.00	38 000	21 840	1.739 9	38 000.00
基本车间一般耗用		1 000	1.00	1 000			
机修车间耗用		16 000	1.00	16 000			
企业管理部门		500	1.00	500			
销售部门		500	1.00	500			
合　计		56 000	1.00	56 000			

$82\frac{1}{1}$

外购电费分配表

2019年12月31日

产品或部门 \ 项目		耗用量（千瓦时）	单价（元）	金额（元）	共同耗用分配		
					分配标准（工时）	分配率	金额（元）
基本生产成本	XH-H811复印机				10 080		69 230.45
	XH-H813复印机				11 760		80 769.55
	小　计	100 000	1.50	150 000	21 840	6.868 1	150 000.00
基本车间一般耗用		4 000	1.50	6 000			
机修车间耗用		10 000	1.50	15 000			
企业管理部门		3 000	1.50	4 500			
销售部门		3 000	1.50	4 500			
合　计		120 000		180 000			

$83\frac{1}{2}$

北京翔辉科技股份有限公司工资结算汇总表

2019 年 12 月 30 日　　单位：元

车间或部门	职工类别	基本工资		津　贴			奖金	缺勤应扣		应付工资	代扣款项			实发工资
		计时工资	计件工资	职务	岗位	其他		事假	迟到早退		保险	住房公积金	个人所得税	
基本生产车间	生产工人	6 205 100.00	971 200.00	0.00	60 000.00	0.00	420 000.00	2 500.00	0.00	7 653 800.00	780 687.60	918 456.00	210 080.00	5 744 576.40
	管理人员	320 720.00	0.00	3 600.00	0.00	0.00	6 000.00	0.00	0.00	330 320.00	33 692.64	39 638.40	5 280.00	251 708.96
机修车间	生产工人	334 400.00	0.00	0.00	18 400.00	0.00	24 000.00	0.00	360.00	376 440.00	38 396.88	45 172.80	7 200.00	285 670.32
	管理人员	29 800.00	0.00	1 200.00	0.00	0.00	2 000.00	0.00	0.00	33 000.00	3 366.00	3 960.00	480.00	25 194.00
管理部门	管理人员	1 677 600.00	0.00	28 000.00	0.00	0.00	170 000.00	0.00	0.00	1 875 600.00	191 311.20	225 072.00	62 160.00	1 397 056.80
销售部门	销售人员	557 600.00	0.00	0.00	2 400.00	0.00	18 000.00	0.00	0.00	578 000.00	58 956.00	69 360.00	1 960.00	447 724.00
合　计		9 125 220.00	971 200.00	32 800.00	80 800.00	0.00	640 000.00	2 500.00	360.00	10 847 160.00	1 106 410.32	1 301 659.20	287 160.00	8 151 930.48

工资分配表

2019年12月　　　　单位：元

应借科目＼项目		分配标准	分配率	工资分配金额
基本生产成本	XH-H811复印机	50 400		3 532 520.88
	XH-H813复印机	58 800		4 121 279.12
	小　计	109 200	70.089 7	7 653 800.00
制造费用				330 320.00
辅助生产				409 440.00
管理费用				1 875 600.00
销售费用				578 000.00
合　计				10 847 160.00

84 $\frac{1}{1}$

工资附加费计算表

2019 年 12 月　　　　单位：元

项目 / 应借科目		工资总额	福利费	工会经费	职工教育经费	社保（个人）	住房公积金（个人）	社保（单位交纳）	住房公积金（单位交纳）	工资附加合计
基本生产成本	XH-H811 复印机	3 532 520.88	494 552.92	70 650.42	282 601.67	360 317.13	423 902.51	1 158 666.85	423 902.51	3 214 594.01
	XH-H813 复印机	4 121 279.12	576 979.08	82 425.58	329 702.33	420 370.47	494 553.49	1 351 779.55	494 553.49	3 750 363.99
	小　计	7 653 800.00	1 071 532.00	153 076.00	612 304.00	780 687.60	918 456.00	2 510 446.40	918 456.00	6 964 958.00
制造费用		330 320.00	46 244.80	6 606.40	26 425.60	33 692.64	39 638.40	108 344.96	39 638.40	300 591.20
辅助生产		409 440.00	57 321.60	8 188.80	32 755.20	41 762.88	49 132.80	134 296.32	49 132.80	372 590.40
管理费用		1 875 600.00	262 584.00	37 512.00	150 048.00	191 311.20	225 072.00	615 196.80	225 072.00	1 706 796.00
销售费用		578 000.00	80 920.00	11 560.00	46 240.00	58 956.00	69 360.00	189 584.00	69 360.00	525 980.00
合　计		10 847 160.00	1 518 602.40	216 943.20	867 772.80	1 106 410.32	1 301 659.20	3 557 868.48	1 301 659.20	9 870 915.60

85 $\frac{1}{1}$

固定资产和投资性房产折旧计算表

2019年12月　　单位：元

项　目		管理部门本月应提折旧额	加工车间本月应提折旧额	机修车间本月应提折旧额	销售部本月应提折旧额	其他本月应提折旧额	本月应计折旧额合计
在用固定资产	房屋建筑						
	办公楼1栋	11 200.00					11 200.00
	厂房1栋		142 800.00				142 800.00
	厂房1栋			98 000.00			98 000.00
	门市1				58 800.00		58 800.00
	门市2				28 000.00		28 000.00
	机器设备						0.00
	生产流水线1条		581 000.00				581 000.00
	机器设备10台			41 500.00			41 500.00
	运输设备						0.00
	轿车5台	11 690.00					11 690.00
	工具器具						0.00
	工具750	8 350.00	13 360.00				21 710.00
未使用固定资产	机器设备						0.00
	A机器设备					24 900.00	24 900.00
投资性房产	房屋1栋					137 200.00	137 200.00
合计		31 240.00	737 160.00	139 500.00	86 800.00	162 100.00	1 156 800.00

86 $\frac{1}{1}$

三包损失费用计算表

2019年12月　　单位：元

项目 / 科目名称	计提基数	比例	应计提金额
预计负债	101 316 000.00	1%	1 013 160.00

发料凭证汇总表

2019年12月31日　　　　　　单位：元

使用部门及用途 \ 材料类别		原材料实际成本					周转材料实际成本			合计
		XH-H811复印机材料	XH-H813复印机材料	XH-H811复印机机壳	XH-H813复印机机壳	机物料	包装箱	工具	劳保用品	
基本生产车间	XH-H811复印机	15 444 270.27		1 424 276.47		48 118.05	245 276.46			17 161 941.25
	XH-H813复印机		29 669 255.48		2 804 974.41	77 609.76	223 341.17			32 775 180.82
	一般耗用					46 565.85		164 000.00	180 000.00	390 565.85
	小　计	15 444 270.27	29 669 255.48	1 424 276.47	2 804 974.41	172 293.7	468 617.63	164 000.00	180 000.00	50 327 687.92
机修车间						62 087.80				62 087.80
企业管理部门						31 043.90				31 043.90
销售机构						31 043.90				31 043.90
合　计		15 444 270.27	29 669 255.48	1 424 276.47	2 804 974.41	296 469.26	468 617.63	164 000.00	180 000.00	50 451 863.53

88 $\frac{1}{1}$

辅助生产费用分配表

2019 年 12 月

用　途	受益数量（工时）	单位成本（元）	应分配金额（元）
基本生产车间	756		712 192.74
企业管理部门	216		203 483.64
销售机构	108		101 741.82
合　　计	1 080.00	942.053 889	1 017 418.20

89 $\frac{1}{1}$

制造费用分配表

2019 年 12 月

分配对象	生产工时（工时）	分配率	应分配费用（元）
XH-H811 复印机	10 080		1 144 167.60
XH-H813 复印机	11 760		1 334 862.19
合　　计	21 840	113.508 69	2 479 029.79

90 $\frac{1}{2}$

产成品入库单

交库单位：基本生产车间　　2019年12月31日　　仓库：成品库

产品名称	规格	计量单位	交库数量	总成本	单位成本	备注
XH-H811复印机		台	550			
XH-H813复印机		台	453			

车间负责人：　　仓库管理员：周丽　　制单：

90 $\frac{2}{2}$

产成品入库汇总表

交库单位：基本生产车间　　2019年12月31日　　仓库：

产品名称	规格	计量单位	交库数量	总成本	单位成本	备注
XH-H811复印机		台	1 210	25 439 993.08	21 024.787 67	
XH-H813复印机		台	1 093	42 493 716.78	38 878.057 44	

$91\frac{1}{1}$

产品销售成本计算表

2019 年 12 月 31 日　　金额单位：元

产品名称	期初结存			本月完工			本期销售		
	数量	单位成本	金额	数量	单位成本	金额	数量	单位成本	金额
XH-H700 复印机	110	13 600	1 496 000				110	13 600	1 496 000
XH-H811 复印机	730	19 600	14 308 000	1 210	21 024.787 67	25 439 993.08	1 220	20 152.776 62	24 586 387.48
XH-H813 复印机	660	37 800	24 948 000	1 093	38 878.057 44	42 493 716.78	1 220	34 688.023 55	42 319 388.74

六、被审计单位 2019 年 12 月分录簿

被审计单位 2019 年 12 月分录簿见表 1-11。

表 1-11　2019 年 12 月分录簿

单位：元

业务序号	日期	凭证编号	摘要	会计科目	借方金额	贷方金额
1	2019/12/01	01	收到前欠货款	银行存款	14 900 000	
				应收账款——北京西圣		14 900 000
2	2019/12/01	02	商业汇票到期兑付	银行存款	9 000 000	
				应收票据——东方实业		9 000 000

续表

业务序号	日期	凭证编号	摘要	会计科目	借方金额	贷方金额
3	2019/12/01	03	购买国库券	交易性金融资产	10 000 000	
				其他货币资金		10 000 000
4	2019/12/01	04	原材料入账	原材料——机物料	78 000	
				周转材料——包装箱	342 000	
				在途物资——机物料		78 000
				在途物资——包装箱		342 000
5	2019/12/01	05	支付租金	销售费用	108 000	
				应交税费——应交增值税（进项税额）	9 720	
				银行存款		117 720
6	2019/12/01	06	收到货款	银行存款	7 620 000	
				应收账款——上海禾嘉		7 620 000
7	2019/12/01	07	购买原材料	在途物资——XH-H811	10 368 000	
				在途物资——XH-H813	19 278 000	
				应交税费——应交增值税（进项税额）	3 853 980	
				银行存款		30 339 980
				应付账款——朝阳科技		3 160 000
8	2019/12/01		领料			
9	2019/12/02	08	贷款	银行存款	5 600 000	

续表

业务序号	日期	凭证编号	摘要	会计科目	借方金额	贷方金额
				短期借款——工行		5 600 000
10	2019/12/02	09	支付货款	应付账款——北京和平	4 598 006.40	
				银行存款		4 598 006.40
11	2019/12/03	10	购买办公用品	管理费用	1 580.00	
				应交税费——应交增值税（进项税额）	205.40	
				银行存款		1 785.40
12	2019/12/03	11	差旅费	其他应收款——张东	9 000	
				银行存款		9 000
13	2019/12/03	12	支付五险一金	管理费用——社会保险	650 829.60	
				管理费用——住房公积金	542 358.00	
				银行存款		1 193 187.60
14	2019/12/03	13	购买文件夹	管理费用——办公费	80.00	
				库存现金		80.00
15	2019/12/03	14	购买原材料	原材料——机物料	121 600.00	
				周转材料——包装物	98 000.00	
				应交税费——应交增值税（进项税额）	28 548.00	
				应付账款——北京和平		248 148.00
16	2019/12/04	15	支付职工薪酬	应付职工薪酬	9 653 972.40	
				银行存款		9 316 812.40

续表

业务序号	日期	凭证编号	摘要	会计科目	借方金额	贷方金额
				应交税费——应交个人所得税		287 160.00
				其他应付款——其他销售人员		50 000.00
17	2019/12/04	16	缴税	应交税费——未交增值税	1 020 000.00	
				应交税费——城市维护建设税	71 400.00	
				应交税费——教育费附加	30 600.00	
				应交税费——应交所得税	300 000.00	
				应交税费——应交房产税	77 500.00	
				应交税费——应交个人所得税	287 160.00	
				银行存款		1 786 660.00
18	2019/12/04	17	购委托加工材料	委托加工物资——XH-H811 复印机机壳	653 400.00	
				委托加工物资——XH-H813 复印机机壳	1 604 400.00	
				应交税费——应交增值税（进项税额）	293 514.00	
				银行存款		2 551 314.00
		18	支付委托加工材料运费	委托加工物资——XH-H811 复印机机壳	630.02	
				委托加工物资——XH-H813 复印机机壳	267.28	
				应交税费——应交增值税（进项税额）	80.76	
				银行存款		978.06
19	2019/12/04	19	预收货款	银行存款	12 000 000.00	

续表

业务序号	日期	凭证编号	摘要	会计科目	借方金额	贷方金额
				预收账款——蓝宝公司		12 000 000.00
20	2019/12/05	20	原材料入库	原材料——XH-H811 复印机材料	10 368 000	
				原材料——XH-H813 复印机材料	19 278 000	
				在途物资——XH-H811 复印机材料		10 368 000
				在途物资——XH-H813 复印机材料		19 278 000
21	2019/12/06	21	支付加工费	委托加工物资——XH-H811 复印机机壳	236 000	
				委托加工物资——XH-H813 复印机机壳	354 000	
				应交税费——应交增值税（进项税额）	76 700	
				银行存款		666 700
22	2019/12/06	22	差旅费报销	管理费用	5 200	
				库存现金		5 200
23	2019/12/06		领料			
24	2019/12/06	23	购买办公用品	管理费用	847.50	
				库存现金		847.50
25	2019/12/08	24	支付水费	应付账款——自来水公司	56 000	
				应交税费——应交增值税（进项税额）	5 040	
				银行存款		61 040
26	2019/12/08	25	支付电费	应付账款——朝阳供电局	180 000	
				应交税费——应交增值税（进项税额）	23 400	

续表

业务序号	日期	凭证编号	摘要	会计科目	借方金额	贷方金额
				银行存款		203 400
27	2019/12/08	26	差旅费报销	管理费用	51 400	
				库存现金	28 600	
				其他应收款——杨平		80 000
28	2019/12/09		产品入库			
29	2019/12/09	27	债务重组	应付账款——石家庄升平贸易公司	1 300 455	
				资本公积		1 300 455
30	2019/12/09	28	支付工会经费	管理费用	9 300	
				银行存款		9 300
31	2019/12/10	29	购买设备	在建工程	5 180 000	
				应交税费——应交增值税（进项税额）	673 400	
				银行存款		5 853 400
			支付运费	在建工程	1 780.00	
				应交税费——应交增值税（进项税额）	160.20	
				银行存款		1 940.20
32	2019/12/11		领料			
33	2019/12/11	30	支付运费	委托加工物资——XH-H811 复印机机壳	150	
				委托加工物资——XH-H813 复印机机壳	150	
				应交税费——应交增值税（进项税额）	27	

续表

业务序号	日期	凭证编号	摘要	会计科目	借方金额	贷方金额
				库存现金		327
			材料入库	原材料——XH-H811 复印机机壳	1 410 180.07	
				原材料——XH-H813 复印机机壳	3 062 817.28	
				委托加工物资——XH-H811 复印机机壳		1 410 180.07
				委托加工物资——XH-H813 复印机机壳		3 062 817.28
34	2019/12/11	31	支付安装费	在建工程——KR-D 设备安装	51 382	
				银行存款		51 382
35	2019/12/11	32	销售货物	应收票据——北京强盛	16 046 800	
				主营业务收入——H811 复印机		4 080 000
				主营业务收入——H813 复印机		10 120 000
				应交税费——应交增值税（销项税额）		1 846 000
				银行存款		800
36	2019/12/12	33	销售货物	应收账款——上海禾嘉	21 021 600	
				主营业务收入——XH-H811		4 800 000
				主营业务收入——XH-H813		13 800 000
				应交税费——应交增值税（销项税额）		2 418 000
				银行存款		3 600
37	2019/12/12	34	坏账转销	坏账准备	80 000	
				应收账款——广州超强		80 000

续表

业务序号	日期	凭证编号	摘要	会计科目	借方金额	贷方金额
38	2019/12/12	35	职工福利费报销	应付职工薪酬——职工福利费（医药费）	4 280	
				库存现金		4 280
39	2019/12/12	36	按照董事会决议转让持有投资一半股权	银行存款	10 000 000	
				长期股权投资——股票投资		10 000 000
40	2019/12/12	37	销售货物	银行存款	1 939 080	
				主营业务收入		1 716 000
				应交税费——应交增值税（销项税额）		223 080
41	2019/12/13	38	报销差旅费	管理费用	29 600	
				库存现金	400	
				其他应收款——赵勇		30 000
42	2019/12/15	39	购买维修用品	生产成本——辅助生产成本	2 000	
				应交税费——应交增值税（进项税额）	260	
				银行存款		2 260
43	2019/12/15	40	购买原材料	原材料——钢材	170 000	
				应交税费——应交增值税（进项税额）	22 100	
				应付账款——北京和平		192 100
		41	支付货款	应付账款——北京和平	12 100	
				银行存款		12 100

续表

业务序号	日期	凭证编号	摘要	会计科目	借方金额	贷方金额
		42	清理管理工具	固定资产清理	180 000	
				累计折旧	656 820	
				固定资产——在用工具		836 820
			结转损失	资产处置损益	180 000	
				固定资产清理		180 000
44	2019/12/15	43	费用报销	管理费用——工本费	24	
			支付工本费	银行存款		12
			购买办公用品	库存现金		12
45	2019/12/15	44	支付前欠货款	应付账款——天津强盛	5 000 000	
				银行存款		5 000 000
46	2019/12/15	45	支付职工补助	应付职工薪酬——职工福利	1 200	
				库存现金		1 200
		46	支付过路费	管理费用——过路费	50	
				库存现金		50
47	2019/12/15	47	收到货款	银行存款	140 000	
				预收账款——西安华新		140 000
48	2019/12/15	48	固定资产清理	固定资产清理——A 设备	1 250 000	
				累计折旧	1 750 000	
				固定资产——A 设备		3 000 000

续表

业务序号	日期	凭证编号	摘要	会计科目	借方金额	贷方金额
49	2019/12/15	49	支付电视广告费	销售费用——广告费	164 000	
				应交税费——应交增值税（进项税额）	9 840	
				银行存款		173 840
50	2019/12/15	50	捐赠	营业外支出	800 000	
				银行存款		800 000
51	2019/12/15	51	设备安装费	在建工程——KR-D 设备安装	45 470. 80	
				应交税费——应交增值税（进项税额）	5 911. 20	
				应付账款——宏明实业		51 382
52	2019/12/15	52	销售货物	应收账款——北京强盛	16 046 000	
				主营业务收入——XH-H811		4 080 000
				主营业务收入——XH-H813		10 120 000
				应交税费——应交增值税（销项税额）		1 846 000
53	2019/12/16	53	销售货物	应收账款——北京永鑫	16 046 000	
				主营业务收入——XH-H811		4 080 000
				主营业务收入——XH-H813		10 120 000
				应交税费——应交增值税（销项税额）		1 846 000
54	2019/12/16		产品入库			
55	2019/12/16		领料			
56	2019/12/17	54	购买货物	在途物资——XH-H811 材料	5 184 630. 97	

续表

业务序号	日期	凭证编号	摘要	会计科目	借方金额	贷方金额
				在途物资——XH-H813 材料	11 016 630.96	
				应交税费——应交增值税（进项税额）	2 106 113.57	
				应付票据——天津强盛		18 307 375.50
57	2019/12/17	55	出售股票	银行存款	2 609 320	
				交易性金融资产——成本		2 100 000
				投资收益		509 320
58	2019/12/18	56	销售货物	应收账款——东方实业	19 892 800	
				主营业务收入——XH-H811		8 400 000
				主营业务收入——XH-H813		9 200 000
				应交税费——应交增值税（销项税额）		2 288 000
				银行存款		4 800
59	2019/12/18	57	支付资料快递费	管理费用	275.23	
				应交税费——应交增值税（进项税额）	24.77	
				库存现金		300
60	2019/12/18	58	提取备用金	其他应收款——杨平	80 000	
				银行存款		80 000
61	2019/12/18	59	差旅费报销	管理费用	45 000	
				其他应收款——童展鹏		42 000
				库存现金		3 000

续表

业务序号	日期	凭证编号	摘要	会计科目	借方金额	贷方金额
62	2019/12/21	60	贴现	银行存款	15 828 387.66	
				财务费用	218 412.34	
				应收票据——北京强盛		16 046 800
63	2019/12/22	61	财产保险	管理费用——保险费	147 169.81	
				应交税费——应交增值税（进项税额）	8 830.19	
				银行存款		156 000
64	2019/12/22	62	报纸杂志费	管理费用	16 513.76	
				应交税费——应交增值税（进项税额）	1 486.24	
				银行存款		18 000
65	2019/12/22		领料			
66	2019/12/23	63	销售货物	应收账款——内蒙古天山	23 510 000	
				主营业务收入——XH-H811		7 920 000
				主营业务收入——XH-H813		12 880 000
				应交税费——应交增值税（销项税额）		2 704 000
				银行存款		6 000
67	2019/12/24	64	交本月增值税	应交税费——应交增值税（已交税金）	136 000	
				应交税费——城市维护建设税	9 520	
				应交税费——教育费附加	4 080	
				银行存款		149 600

续表

业务序号	日期	凭证编号	摘要	会计科目	借方金额	贷方金额
68	2019/12/24	65	材料盘亏	管理费用	224 800	
				原材料——机物料		124 800
				周转材料——包装物		100 000
69	2019/12/24	66	现金存银行	银行存款	17 621. 30	
				库存现金		17 621.30
70	2019/12/26	67	收到货款	银行存款	40 914 400	
				应收账款——东方实业		19 892 800
				应收账款——上海禾嘉		21 021 600
71	2019/12/26	68	预付货款	预付账款——北京朝阳科技	4 800 000	
				银行存款		4 800 000
72	2019/12/26	69	收到利息	银行存款	219 780	
				财务费用——利息收入		219 780
73	2019/12/28	70	付货款	应付账款——北京和平	180 000	
				银行存款		180 000
74	2019/12/28	71	支付电话费	制造费用——电话费	1 200	
				生产成本——辅助生产成本	800	
				销售费用——电话费	1 100	
				管理费用——电话费	4 800	

续表

业务序号	日期	凭证编号	摘要	会计科目	借方金额	贷方金额
				应交税费——应交增值税（进项税额）	711	
				银行存款		8 611
75	2019/12/29	72	料到单未到暂估入账	原材料——机物料	124 800	
				周转材料——包装物	100 000	
				应付账款——暂估应付账款		224 800
76	2019/12/31	73	偿还银行借款本息	短期借款	40 000 000	
				财务费用	1 105 000	
				银行存款		41 105 000
77	2019/12/31	74	偿还银行长期借款本金	长期借款——本金	10 000 000	
				银行存款		10 000 000
78	2019/12/31	75	偿还银行长期借款利息	财务费用	1 800 000	
				长期借款——利息调整		1 800 000
79	2019/12/31	76	现金盘盈	库存现金	10	
				营业外收入		10
80	2019/12/31	77	结转清理完毕固定资产	营业外支出——处理资产损失	1 250 000	
				固定资产清理		1 250 000

续表

业务序号	日期	凭证编号	摘要	会计科目	借方金额	贷方金额
81	2019/12/31	78	分配水费	生产成本——XH-H811 复印机	17 538.89	
				生产成本——XH-H813 复印机	20 461.11	
				制造费用——水电费	1 000	
				生产成本——辅助生产成本	16 000	
				管理费用——水电费	500	
				销售费用——水电费	500	
				应付账款——自来水公司		56 000
82	2019/12/31	79	分配电费	生产成本——XH-H811 复印机	69 230.45	
				生产成本——XH-H813 复印机	80 769.55	
				制造费用——水电费	6 000	
				生产成本——辅助生产成本	15 000	
				管理费用——水电费	4 500	
				销售费用——水电费	4 500	
				应付账款——供电局		180 000
83	2019/12/31	80	分配工资费用	生产成本——XH-H811 复印机	3 532 520.88	
				生产成本——XH-H813 复印机	4 121 279.12	
				制造费用——工资	330 320.00	
				生产成本——辅助生产成本	409 440.00	

续表

业务序号	日期	凭证编号	摘要	会计科目	借方金额	贷方金额
				管理费用——工资	1 875 600.00	
				销售费用——工资	578 000.00	
				应付职工薪酬——工资		10 847 160.00
84	2019/12/31	81	计提工资附加	生产成本——XH-H811 复印机	3 214 594.01	
				生产成本——XH-H813 复印机	3 750 363.99	
				制造费用——福利及五险一金	300 591.20	
				生产成本——辅助生产成本（福利）	372 590.40	
				管理费用——福利及五险一金	1 706 796.00	
				销售费用——福利及五险一金	525 980.00	
				应付职工薪酬——福利费		1 518 602.40
				应付职工薪酬——工会经费		216 943.20
				应付职工薪酬——职工教育经费		867 772.80
				应付职工薪酬——市社保		4 664 278.80
				应付职工薪酬——住房公积金		2 603 318.40
85	2019/12/31	82	计提折旧	制造费用——折旧费	737 160.00	
				生产成本——辅助生产成本折旧费	139 500.00	
				管理费用——折旧费	56 140	
				销售费用——折旧费	86 800.00	

续表

业务序号	日期	凭证编号	摘要	会计科目	借方金额	贷方金额
				管理费用——折旧费	137 200.00	
				投资性房地产累计折旧		137 200.00
				累计折旧		1 019 600.00
86	2019/12/31	83	预计负债	销售费用——产品质量保证	1 013 160.00	
				预计负债——产品质量保证		1 013 160.00
87	2019/12/31	84	月末汇总发料	生产成本——XH-H811 复印机（直接材料）	17 161 941.25	
				生产成本——XH-H813 复印机（直接材料）	32 775 180.82	
				制造费用——机物料消耗	390 565.85	
				生产成本——辅助生产成本（机物料消耗）	62 087.80	
				管理费用——机物料消耗	31 043.90	
				销售费用——机物料消耗	31 043.90	
				原材料——XH-H811 复印机材料		15 444 270.27
				原材料——XH-H811 复印机机壳		1 424 276.47
				原材料——XH-H813 复印机材料		29 669 255.48
				原材料——XH-H813 复印机机壳		2 804 974.41
				周转材料——包装箱		468 617.63
				原材料——机物料		296 469.26
				周转材料——劳动保护用品		180 000.00

续表

业务序号	日期	凭证编号	摘要	会计科目	借方金额	贷方金额
				周转材料——工具		164 000.00
88	2019/12/31	85	辅助生产费用分配	制造费用——修理费	712 192.74	
				管理费用——修理费	203 483.64	
				销售费用——修理费	101 741.82	
				生产成本——辅助生产成本		1 017 418.20
89	2019/12/31	86	分配制造费用	生产成本——XH-H811 复印机	1 144 167.60	
				生产成本——XH-H813 复印机	1 334 862.19	
				制造费用		2 479 029.79
90	2019/12/31	87	产品完工入库	库存商品——XH-H811 复印机	25 439 993.08	
				库存商品——XH-H813 复印机	42 493 716.78	
				生产成本——XH-H811 复印机直接材料		17 479 480.14
				生产成本——XH-H813 复印机直接材料		33 206 441.93
				生产成本——XH-H811 复印机直接人工		6 747 114.89
				生产成本——XH-H813 复印机直接人工		7 871 643.11
				生产成本——XH-H811 复印机燃料动力		69 230.45
				生产成本——XH-H813 复印机燃料动力		80 769.55
				生产成本——XH-H811 复印机制造费用		1 144 167.60
				生产成本——XH-H813 复印机制造费用		1 334 862.19

续表

业务序号	日期	凭证编号	摘要	会计科目	借方金额	贷方金额
91	2019/12/31	88	结转产品销售成本	主营业务成本——XH-H700 复印机	1 496 000.00	
				主营业务成本——XH-H811 复印机	24 586 387.48	
				主营业务成本——XH-H813 复印机	42 319 388.74	
				库存商品——XH-H700 复印机		1 496 000.00
				库存商品——XH-H811 复印机		24 586 387.48
				库存商品——XH-H813 复印机		42 319 388.74
92	2019/12/31	89	结转损益	主营业务收入	101 316 000.00	
				投资收益	509 320.00	
				营业外收入	10.00	
				主营业务成本		68 401 776.22
				销售费用		2 614 825.72
				管理费用		5 745 091.44
				财务费用		2 903 632.34
				营业外支出		2 050 000.00
				资产处置损益		180 000.00
				本年利润		19 930 004.28
		90	转出未交增值税	应交税费——应交增值税（转出未交增值税）	5 915 027.67	
				应交税费——未交增值税		5 915 027.67

续表

业务序号	日期	凭证编号	摘要	会计科目	借方金额	贷方金额
		91	计算所得税	所得税费用	4 982 501.07	
				应交税费——应交所得税		4 982 501.07
		92	结转所得税	本年利润	4 982 501.07	
				所得税费用		4 982 501.07
		93	结转本年利润	本年利润	53 299 026.81	
				利润分配——未分配利润		53 299 026.81
		94	计提盈余公积	利润分配——提取盈余公积	5 329 902.68	
				盈余公积		5 329 902.68
		95	投资者分利	利润分配——应付股利	29 229 513.41	
				应付股利——星辉公司		17 537 708.05
				应付股利——大鹏公司		8 768 854.02
				应付股利——大明公司		2 922 951.34
		96	结平利润分配各明细	利润分配——未分配利润	34 559 416.09	
				利润分配——提取盈余公积		5 329 902.68
				利润分配——应付股利		29 229 513.41

备注：以上凭证制单人：李冬，审核人：周翔，记账人：李冬，出纳：赵海。

七、被审计单位2019年主要账表资料

（一）2019年12月库存现金日记账（见表1–12）

表1-12　库存现金日记账

单位：元

月	日	凭证号数	摘要	对方科目	借方	贷方	方向	余额
12	01		月初余额		0.00	0.00	借	83 917.80
12	03	记-0013	购买办公用品	6602	0.00	80.00	借	83 837.80
12	03		本日合计		0.00	80.00	借	83 837.80
12	06	记-0022	差旅费报销	6602	0.00	5 200.00	借	78 637.80
12	06	记-0023	购买办公用品	6602	0.00	847.50	借	77 790.30
12	06		本日合计		0.00	6 047.50	借	77 790.30
12	08	记-0026	报销差旅费	1221	28 600.00	0.00	借	106 390.30
12	08		本日合计		28 600.00	0.00	借	106 390.30
12	11	记-0030	支付运费	140801，140802等	0.00	327.00	借	106 063.30
12	11		本日合计		0.00	327.00	借	106 063.30
12	12	记-0035	职工福利费报销	221102	0.00	4 280.00	借	101 783.30
12	12		本日合计		0.00	4 280.00	借	101 783.30
12	13	记-0038	报销差旅费	1221	400.00	0.00	借	102 183.30
12	13		本日合计		400.00	0.00	借	102 183.30
12	15	记-0043	购买办公用品	6602	0.00	12.00	借	102 171.30
12	15	记-0045	支付职工补助	221102	0.00	1 200.00	借	100 971.30
12	15	记-0046	支付年检费	6602	0.00	50.00	借	100 921.30

续表

月	日	凭证号数	摘要	对方科目	借方	贷方	方向	余额
12	15		本日合计		0.00	1 262.00	借	100 921.30
12	18	记 -0057	支付快递费	6602，22210101	0.00	300.00	借	100 621.30
12	18	记 -0059	差旅费报销	6602	0.00	3 000.00	借	97 621.30
12	18		本日合计		0.00	3 300.00	借	97 621.30
12	24	记 -0066	现金存银行	100201	0.00	17 621.30	借	80 000.00
12	24		本日合计		0.00	17 621.30	借	80 000.00
12	31	记 -0076	现金盘盈	6301	10.00	0.00	借	80 010.00
12	31		本日合计		10.00	0.00	借	80 010.00
12			当前累计		29 010.00	32 917.80	借	80 010.00

（二）2019 年 12 月银行存款日记账——工行存款日记账（见表 1–13）

表 1–13　银行存款日记账

单位：元

月	日	凭证号数	摘要	对方科目	借方	贷方	方向	余额
			月初余额		0.00	0.00	借	23 299 499.15
12	01	记 -0001	收款单	1122	14 900 000.00	0.00	借	38 199 499.15
12	01	记 -0002	收款单	1121	9 000 000.00	0.00	借	47 199 499.15
12	01	记 -0005	支付租金	6601，22210101	0.00	117 720.00	借	47 081 779.15
12	01	记 -0006	收款单	1122	7 620 000.00	0.00	借	54 701 779.15
12	01	记 -0007	购材料单	22210101，140201 等	0.00	30 339 980.00	借	24 361 799.15
12	01	记 -0009	付款单	2202	0.00	4 598 006.40	借	19 763 792.75

续表

月	日	凭证号数	摘要	对方科目	借方	贷方	方向	余额
12	01		本日合计		31 520 000.00	35 055 706.40	借	19 763 792.75
12	02	记 -0008	贷款	200101	5 600 000.00	0.00	借	25 363 792.75
12	02		本日合计		5 600 000.00	0.00	借	25 363 792.75
12	03	记 -0010	购买办公用品	6602，22210101	0.00	1 785.40	借	25 362 007.35
12	03	记 -0011	差旅费	1221	0.00	9 000.00	借	25 353 007.35
12	03	记 -0012	支付五险一金	6602	0.00	1 193 187.60	借	24 159 819.75
12	03		本日合计		0.00	1 203 973.00	借	24 159 819.75
12	04	记 -0015	支付职工薪酬	221101	0.00	9 316 812.40	借	14 843 007.35
12	04	记 -0016	缴税	222102，222104 等	0.00	1 786 660.00	借	13 056 347.35
12	04	记 -0017	购买原材料	140801，140802 等	0.00	2 551 314.00	借	10 505 033.35
12	04	记 -0018	支付委托加工材料运费	140801，140802 等	0.00	978.06	借	10 504 055.29
12	04	记 -0019	预收货款	2203	12 000 000.00	0.00	借	22 504 055.29
12	04		本日合计		12 000 000.00	13 655 764.46	借	22 504 055.29
12	06	记 -0021	支付加工费	140801，140802 等	0.00	666 700.00	借	21 837 355.29
12	06		本日合计		0.00	666 700.00	借	21 837 355.29
12	08	记 -0024	外购水	2202，22210101	0.00	61 040.00	借	21 776 315.29
12	08	记 -0025	外购电	2202，22210101	0.00	203 400.00	借	21 572 915.29
12	08		本日合计		0.00	264 440.00	借	21 572 915.29
12	09	记 -0028	支付工会经费	6602	0.00	9 300.00	借	21 563 615.29
12	09		本日合计		0.00	9 300.00	借	21 563 615.29
12	10	记 -0029	购买设备	1604，22210101	0.00	5 853 400.00	借	15 710 215.29

续表

月	日	凭证号数	摘要	对方科目	借方	贷方	方向	余额
12	10	记 -0029	支付运费	1604，22210101	0.00	1 940.20	借	15 708 275.09
12	10		本日合计		0.00	5 855 340.20	借	15 708 275.09
12	11	记 -0031	支付安装费	1604	0.00	51 382.00	借	15 656 893.09
12	11	记 -0032	销售货物代垫运费	1121	0.00	800.00	借	15 656 093.09
12	11		本日合计		0.00	52 182.00	借	15 656 093.09
12	12	记 -0033	销售货物	1122	0.00	3 600.00	借	15 652 493.09
12	12	记 -0036	转让持有投资一半股权	151101	10 000 000.00	0.00	借	25 652 493.09
12	12	记 -0037	销售货物	6001，22210104	1 939 080.00	0.00	借	27 591 573.09
12	12		本日合计		11 939 080.00	3 600.00	借	27 591 573.09
12	15	记 -0039	购买维修用品	500102，22210101	0.00	2 260.00	借	27 589 313.09
12	15	记 -0041	支付购料款	2202	0.00	12 100.00	借	27 577 213.09
12	15	记 -0043	支付工本费	6602	0.00	12.00	借	27 577 201.09
12	15	记 -0044	支付前欠货款	2202	0.00	5 000 000.00	借	22 577 201.09
12	15	记 -0047	收到货款	2203	140 000.00	0.00	借	22 717 201.09
12	15	记 -0049	支付电视广告费	6601，22210101	0.00	173 840.00	借	22 543 361.09
12	15	记 -0050	捐赠	6711	0.00	800 000.00	借	21 743 361.09
12	15		本日合计		140 000.00	5 988 212.00	借	21 743 361.09
12	17	记 -0055	出售股票	110101，6111	2 609 320.00	0.00	借	24 352 681.09
12	17		本日合计		2 609 320.00	0.00	借	24 352 681.09
12	18	记 -0056	销售货物	1122	0.00	4 800.00	借	24 347 881.09
12	18	记 -0058	提取备用金	1221	0.00	80 000.00	借	24 267 881.09

续表

月	日	凭证号数	摘要	对方科目	借方	贷方	方向	余额
12	18		本日合计		0.00	84 800.00	借	24 267 881.09
12	21	记 -0060	贴现	1121，6603	15 828 387.66	0.00	借	40 096 268.75
12	21		本日合计		15 828 387.66	0.00	借	40 096 268.75
12	22	记 -0061	财产保险	6602，22210101	0.00	156 000.00	借	39 940 268.75
12	22	记 -0062	报纸杂志费	6602，22210101	0.00	18 000.00	借	39 922 268.75
12	22		本日合计		0.00	174 000.00	借	39 922 268.75
12	23	记 -0063	销售货物	1122	0.00	6 000.00	借	39 916 268.75
12	23		本日合计		0.00	6 000.00	借	39 916 268.75
12	24	记 -0064	交本月增值税	22210102，222104	0.00	149 600.00	借	39 766 668.75
12	24	记 -0066	现金存银行	1001	17 621.30	0.00	借	39 784 290.05
12	24		本日合计		17 621.30	149 600.00	借	39 784 290.05
12	26	记 -0067	收到货款	1122	40 914 400.00	0.00	借	80 698 690.05
12	26	记 -0068	预付货款	1123	0.00	4 800 000.00	借	75 898 690.05
12	26	记 -0069	收到利息	6603	219 780.00	0.00	借	76 118 470.05
12	26		本日合计		41 134 180.00	4 800 000.00	借	76 118 470.05
12	28	记 -0070	付货款	2202	0.00	180 000.00	借	75 938 470.05
12	28	记 -0071	支付电话费	5101，500102，6601	0.00	8 611.00	借	75 929 859.05
12	28		本日合计		0.00	188 611.00	借	75 929 859.05
12	31	记 -0073	偿还银行借款本息	200101，6603	0.00	41 105 000.00	借	34 824 859.05
12	31	记 -0074	偿还长期借款本金	250101	0.00	10 000 000.00	借	24 824 859.05
12	31		本日合计		0.00	51 105 000.00	借	24 824 859.05

（三）2019 年 12 月 31 日资产负债表（见表 1-14）

表 1-14　资产负债表

会企 01 表

编制单位：北京翔辉科技股份有限公司　　2019 年 12 月 31 日　　单位：元

项目	期末余额	期初余额	项目	期末余额	期初余额
流动资产：			流动负债：		
货币资金	26 128 746.81	34 607 294.71	短期借款	18 900 000.00	53 300 000.00
交易性金融资产	12 100 000.00	4 200 000.00	交易性金融负债		
衍生金融资产			衍生金融负债		
应收票据	0.00	9 000 000.00	应付票据	21 333 874.10	3 026 498.60
应收账款	57 436 000.00	24 354 000.00	应付账款	26 520 170.00	33 734 301.40
预付款项	7 960 000.00	3 160 000.00	预收款项	13 500 000.00	1 360 000.00
其他应收款	169 000.00	232 000.00	合同负债		
存货	72 985 929.35	75 530 800.00	应付职工薪酬	26 597 810.80	15 539 187.60
合同资产			应交税费	11 171 088.74	1 786 660.00
持有待售资产			其他应付款	29 829 513.41	550 000.00
一年内到期的非流动资产			持有待售负债		
其他流动资产			一年内到期的非流动负债		
流动资产合计	176 779 676.16	151 084 094.71	其他流动负债		
非流动资产：			流动负债合计	147 852 457.05	109 296 647.60
债权投资			非流动负债：		
其他债权投资			长期借款	41 800 000.00	50 000 000.00
长期应收款			应付债券		

续表

项目	期末余额	期初余额	项目	期末余额	期初余额
长期股权投资	3 000 000.00	13 000 000.00	其中：优先股		
其他权益性工具投资			永续债		
其他非流动金融资产			长期应付款	21 000 000.00	21 000 000.00
投资性房地产	40 905 200.00	41 042 400.00	预计负债	3 611 771.11	2 598 611.11
固定资产	161 595 500.00	164 045 100.00	递延收益		
在建工程	5 278 632.80		递延所得税负债		
生产性生物资产			其他非流动负债		
油气资产			非流动负债合计	66 411 771.11	73 598 611.11
无形资产	5 000 000.00	5 000 000.00	负债合计	214 264 228.16	182 895 258.71
开发支出			所有者权益（或股东权益）		
商誉			实收资本（或股本）	120 000 000.00	120 000 000.00
长期待摊费用	3 042 000.00	3 042 000.00	其他权益工具		
递延所得税资产			其中：优先股		
其他非流动资产			永续债		
非流动资产合计	218 821 332.80	226 129 500.00	资本公积	3 560 455.00	2 260 000.00
			减：库存股		
			其他综合收益		
			盈余公积	33 876 715.08	28 546 812.40
			未分配利润	23 899 610.72	43 511 523.60
			所有者权益（或股东权益）合计	181 336 780.80	194 318 336.00
资产总计	395 601 008.96	377 213 594.71	负债和所有者权益（或股东权益）总计	395 601 008.96	377 213 594.71

（四）2019 年 12 月发生额及余额表（见表 1-15）

表 1-15　发生额及余额表

单位：元

会计年度	会计期间	科目编码	科目名称	期初借方	期初贷方	本期发生借方	本期发生贷方	期末借方	期末贷方
2019 年	12 月	1001	库存现金	83 917.80	0.00	29 010.00	32 917.80	80 010.00	0.00
2019 年	12 月	1002	银行存款	23 299 499.15	0.00	120 788 588.96	119 263 229.06	24 824 859.05	0.00
2019 年	12 月	1012	其他货币资金	11 223 877.76	0.00	0.00	10 000 000.00	1 223 877.76	0.00
2019 年	12 月	1101	交易性金融资产	4 200 000.00	0.00	10 000 000.00	2 100 000.00	12 100 000.00	0.00
2019 年	12 月	1121	应收票据	9 000 000.00	0.00	16 046 800.00	25 046 800.00	0.00	0.00
2019 年	12 月	1122	应收账款	24 600 000.00	0.00	96 516 400.00	63 514 400.00	57 602 000.00	0.00
2019 年	12 月	1123	预付账款	3 160 000.00	0.00	4 800 000.00	0.00	7 960 000.00	0.00
2019 年	12 月	1221	其他应收款	232 000.00	0.00	89 000.00	152 000.00	169 000.00	0.00
2019 年	12 月	1231	坏账准备	0.00	246 000.00	80 000.00	0.00	0.00	166 000.00
2019 年	12 月	1402	在途物资	420 000.00	0.00	45 847 261.93	30 066 000.00	16 201 261.93	0.00
2019 年	12 月	1403	原材料	30 192 800.00	0.00	34 613 397.30	49 764 045.89	15 042 151.41	0.00
2019 年	12 月	1405	库存商品	40 752 000.00	0.00	67 933 709.86	68 401 776.22	40 283 933.64	0.00
2019 年	12 月	1408	委托加工物资	1 624 000.00	0.00	2 848 997.30	4 472 997.30	0.00	0.00
2019 年	12 月	1411	周转材料	678 000.00	0.00	540 000.00	912 617.63	305 382.37	0.00
2019 年	12 月	1511	长期股权投资	13 000 000.00	0.00	0.00	10 000 000.00	3 000 000.00	0.00
2019 年	12 月	1521	投资性房地产	49 000 000.00	0.00	0.00	0.00	49 000 000.00	0.00
2019 年	12 月	1522	投资性房地产累计折旧	0.00	7 957 600.00	0.00	137 200.00	0.00	8 094 800.00
2019 年	12 月	1601	固定资产	201 000 000.00	0.00	0.00	3 836 820.00	197 163 180.00	0.00

续表

会计年度	会计期间	科目编码	科目名称	期初借方	期初贷方	本期发生借方	本期发生贷方	期末借方	期末贷方
2019年	12月	1602	累计折旧	0.00	36 954 900.00	2 406 820.00	1 019 600.00	0.00	35 567 680.00
2019年	12月	1604	在建工程	0.00	0.00	5 278 632.80	0.00	5 278 632.80	0.00
2019年	12月	1606	固定资产清理	0.00	0.00	1 430 000.00	1 430 000.00	0.00	0.00
2019年	12月	1701	无形资产	7 200 000.00	0.00	0.00	0.00	7 200 000.00	0.00
2019年	12月	1702	累计摊销	0.00	2 200 000.00	0.00	0.00	0.00	2 200 000.00
2019年	12月	1801	长期待摊费用	3 042 000.00	0.00	0.00	0.00	3 042 000.00	0.00
2019年	12月	资产小计		422 708 094.71	47 358 500.00	409 248 618.15	390 150 403.90	440 476 288.96	46 028 480.00
2019年	12月	2001	短期借款	0.00	53 300 000.00	40 000 000.00	5 600 000.00	0.00	18 900 000.00
2019年	12月	2201	应付票据	0.00	3 026 498.60	0.00	18 307 375.50	0.00	21 333 874.10
2019年	12月	2202	应付账款	0.00	33 734 301.40	11 326 561.40	4 112 430.00	0.00	26 520 170.00
2019年	12月	2203	预收账款	0.00	1 360 000.00	0.00	12 140 000.00	0.00	13 500 000.00
2019年	12月	2211	应付职工薪酬	0.00	15 539 187.60	9 659 452.40	20 718 075.60	0.00	26 597 810.80
2019年	12月	2221	应交税费	0.00	1 786 660.00	14 971 340.00	24 355 768.74	0.00	11 171 088.74
2019年	12月	2232	应付股利	0.00	0.00	0.00	29 229 513.41	0.00	29 229 513.41
2019年	12月	2241	其他应付款	0.00	550 000.00	0.00	50 000.00	0.00	600 000.00
2019年	12月	2501	长期借款	0.00	50 000 000.00	10 000 000.00	1 800 000.00	0.00	41 800 000.00
2019年	12月	2701	长期应付款	0.00	21 000 000.00	0.00	0.00	0.00	21 000 000.00
2019年	12月	2801	预计负债	0.00	2 598 611.11	0.00	1 013 160.00	0.00	3 611 771.11
2019年	12月	负债小计		0.00	182 895 258.71	85 957 353.80	117 326 323.25	0.00	214 264 228.16
2019年	12月	4001	实收资本	0.00	120 000 000.00	0.00	0.00	0.00	120 000 000.00
2019年	12月	4002	资本公积	0.00	2 260 000.00	0.00	1 300 455.00	0.00	3 560 455.00

续表

会计年度	会计期间	科目编码	科目名称	期初借方	期初贷方	本期发生借方	本期发生贷方	期末借方	期末贷方
2019年	12月	4101	盈余公积	0.00	28 546 812.40	0.00	5 329 902.68	0.00	33 876 715.08
2019年	12月	4103	本年利润	0.00	38 351 523.60	58 281 527.88	19 930 004.28	0.00	0.00
2019年	12月	4104	利润分配	0.00	5 160 000.00	69 118 832.18	87 858 442.90	0.00	23 899 610.72
2019年	12月	权益小计		0.00	194 318 336.00	127 400 360.06	114 418 804.86	0.00	181 336 780.80
2019年	12月	5001	生产成本	1 864 000.00	0.00	68 240 328.06	68 951 128.06	1 153 200.00	0.00
2019年	12月	5101	制造费用	0.00	0.00	2 479 029.79	2 479 029.79	0.00	0.00
2019年	12月	成本小计		1 864 000.00	0.00	70 719 357.85	71 430 157.85	1 153 200.00	0.00
2019年	12月	6001	主营业务收入	0.00	0.00	101 316 000.00	101 316 000.00	0.00	0.00
2019年	12月	6111	投资收益	0.00	0.00	509 320.00	509 320.00	0.00	0.00
2019年	12月	6301	营业外收入	0.00	0.00	10.00	10.00	0.00	0.00
2019年	12月	6401	主营业务成本	0.00	0.00	68 401 776.22	68 401 776.22	0.00	0.00
2019年	12月	6601	销售费用	0.00	0.00	2 614 825.72	2 614 825.72	0.00	0.00
2019年	12月	6602	管理费用	0.00	0.00	5 745 091.44	5 745 091.44	0.00	0.00
2019年	12月	6603	财务费用	0.00	0.00	2 903 632.34	2 903 632.34	0.00	0.00
2019年	12月	6711	营业外支出	0.00	0.00	2 050 000.00	2 050 000.00	0.00	0.00
2019年	12月	6712	资产处置损益	0.00	0.00	180 000.00	180 000.00	0.00	0.00
2019年	12月	6801	所得税费用	0.00	0.00	4 982 501.07	4 982 501.07	0.00	0.00
2019年	12月	损益小计		0.00	0.00	188 704 524.45	188 704 524.45	0.00	0.00
2019年	12月	合计		424 572 094.71	424 572 094.71	882 028 846.65	882 028 846.65	441 629 488.96	441 629 488.96

（五）2019 年 12 月利润表（见表 1–16）

表 1-16　利　润　表

会企 02 表

编制单位：北京翔辉科技股份有限公司　　2019 年 12 月　　单位：元

项　目	本月数	上期数（2018 年 12 月）
一、营业收入	101 316 000.00	85 132 666.67
减：营业成本	68 401 776.22	68 401 776.22
税金及附加		1 339 856.67
销售费用	2 614 825.72	2 435 615.00
管理费用	5 745 091.44	5 667 376.00
研发费用		
财务费用	2 903 632.34	2 903 632.30
其中：利息费用	3 123 412.34	3 122 632.30
利息收入	219 780.00	219 000.00
加：其他收益		
投资收益（损失以“-”号填列）	509 320.00	510 000.00
其中：对联营企业和合营企业的投资收益		
净敞口套期收益（损失以“-”号填列）		
公允价值变动收益（损失以“-”号填列）		
信用减值损失（损失以“-”号填列）		-32 000.00
资产减值损失（损失以“-”号填列）		
资产处置收益（损失以“-”号填列）	-180 000.00	
二、营业利润（亏损以“-”号填列）	21 979 994.28	4 862 410.48
加：营业外收入	10.00	10.00
减：营业外支出	2 050 000.00	1 965 000.00
三、利润总额（亏损总额以“-”号填列）	19 930 004.28	2 897 420.48
减：所得税费用	4 982 501.07	724 355.12
四、净利润（净亏损以“-”号填列）	14 947 503.21	2 173 065.36
（一）持续经营净利润（净亏损以“-”号填列）		

续表

项　　目	本月数	上期数（2018 年 12 月）
（二）终止经营净利润（净亏损以"-"号填列）		
五、其他综合收益的税后净额		
六、综合收益总额	14 947 503. 21	2 173 065. 36
七、每股收益：		
（一）基本每股收益		
（二）稀释每股收益		

（六）2019 年 12 月现金流量表（见表 1–17）

表 1–17　现金流量表

编报单位：北京翔辉科技股份有限公司　　　2019 年 12 月　　　单位：元

项目	金额
一、经营活动产生的现金流量：	
销售商品、提供劳务收到的现金	102 341 867. 66
收到的税费返还	
收到的其他与经营活动有关的现金	10
经营活动现金流入小计	102 341 877. 66
购买商品、接受劳务支付的现金	48 412 552. 40
支付给职工以及为职工支付的现金	10 510 000. 00
支付的各项税费	1 936 260. 00
支付的其他与经营活动有关的现金	1 159 210. 96
经营活动现金流出小计	62 018 023. 36
经营活动产生的现金流量净额	40 323 854. 30
二、投资活动产生的现金流量：	
收回投资所收到的现金	12 100 000. 00
取得投资收益收到的现金	509 320. 00
处置固定资产、无形资产和其他长期资产收回的现金净额	

续表

项目	金额
处置子公司及其他营业单位收到的现金净额	
收到其他与投资活动有关的现金	
投资活动现金流入小计	12 609 320.00
购建固定资产、无形资产和其他长期资产所支付的现金	5 906 722.20
投资支付的现金	10 000 000.00
取得子公司及其他营业单位支付的现金净额	
支付其他与投资活动有关的现金	
投资活动现金流出小计	15 906 722.20
投资活动产生的现金流量净额	-3 297 402.20
三、筹资活动产生的现金流量：	
吸收投资收到的现金	
取得借款收到的现金	5 600 000.00
收到其他与筹资活动有关的现金	
筹资活动现金流入小计	5 600 000.00
偿还债务支付的现金	51 105 000.00
分配股利、利润或偿付利息支付的现金	
其中：子公司支付给少数股东的股利、利润	
支付其他与筹资活动有关的现金	
筹资活动现金流出小计	51 105 000.00
筹资活动产生的现金流量净额	-45 505 000.00
四、汇率变动对现金及现金等价物的影响	
五、现金及现金等价物净增加额	-8 478 547.90
加：期初现金及现金等价物余额	34 607 294.71
六、期末现金及现金等价物余额	26 128 746.81

（七）2019 年账簿资料

1. XH-H811 成本核算明细账（见表 1-18）

表 1-18 XH-H811 成本核算明细账

单位：元

月	日	凭证号数	科目编码	科目名称	摘要	借方	贷方	方向	余额
			50010101	直接材料	期初余额	0.00	0.00	借	600 000.00
12	31	记 -0078	50010101	直接材料	分配水费	17 538.89	0.00	借	617 538.89
12	31	记 -0084	50010101	直接材料	月末汇总发料	17 161 941.25	0.00	借	17 779 480.14
12	31	记 -0087	50010101	直接材料	产品完工入库	0.00	17 479 480.14	借	300 000.00
12					当前合计	17 179 480.14	17 479 480.14	借	300 000.00
12					当前累计	17 179 480.14	17 479 480.14	借	300 000.00
12	31	记 -0080	50010102	直接人工	分配工资	3 532 520.88	0.00	借	3 532 520.88
12	31	记 -0081	50010102	直接人工	计提工资附加	3 214 594.01	0.00	借	6 747 114.89
12	31	记 -0087	50010102	直接人工	产品完工入库	0.00	6 747 114.89	平	0.00
12					当前合计	6 747 114.89	6 747 114.89	平	0.00
12					当前累计	6 747 114.89	6 747 114.89	平	0.00
12	31	记 -0079	50010103	燃料动力	分配电费	69 230.45	0.00	借	69 230.45
12	31	记 -0087	50010103	燃料动力	产品完工入库	0.00	69 230.45	平	0.00
12					当前合计	69 230.45	69 230.45	平	0.00
12					当前累计	69 230.45	69 230.45	平	0.00
12	31	记 -0086	50010104	制造费用	分配制造费用	1 144 167.60	0.00	借	1 144 167.60
12	31	记 -0087	50010104	制造费用	产品完工入库	0.00	1 144 167.60	平	0.00
12					当前合计	1 144 167.60	1 144 167.60	平	0.00
12					当前累计	1 144 167.60	1 144 167.60	平	0.00
					合计	25 139 993.08	25 439 993.08	借	300 000.00

2. XH-H813 成本核算明细账（见表 1-19）

表 1-19　XH-H813 成本核算明细账

单位：元

月	日	凭证号数	科目编码	科目名称	摘要	借方	贷方	方向	余额
			50010101	直接材料	期初余额	0.00	0.00	借	1 264 000.00
12	31	记 -0078	50010101	直接材料	分配水费	20 461.11	0.00	借	1 284 461.11
12	31	记 -0084	50010101	直接材料	月末汇总发料	32 775 180.82	0.00	借	34 059 641.93
12	31	记 -0087	50010101	直接材料	产品完工入库	0.00	33 206 441.93	借	853 200.00
12					当前合计	32 795 641.93	33 206 441.93	借	853 200.00
12					当前累计	32 795 641.93	33 206 441.93	借	853 200.00
12	31	记 -0080	50010102	直接人工	分配工资	4 121 279.12	0.00	借	4 121 279.12
12	31	记 -0081	50010102	直接人工	计提工资附加	3 750 363.99	0.00	借	7 871 643.11
12	31	记 -0087	50010102	直接人工	产品完工入库	0.00	7 871 643.11	平	0.00
12					当前合计	7 871 643.11	7 871 643.11	平	0.00
12					当前累计	7 871 643.11	7 871 643.11	平	0.00
12	31	记 -0079	50010103	燃料动力	分配电费	80 769.55	0.00	借	80 769.55
12	31	记 -0087	50010103	燃料动力	产品完工入库	0.00	80 769.55	平	0.00
12					当前合计	80 769.55	80 769.55	平	0.00
12					当前累计	80 769.55	80 769.55	平	0.00
12	31	记 -0086	50010104	制造费用	分配制造费用	1 334 862.19	0.00	借	1 334 862.19
12	31	记 -0087	50010104	制造费用	产品完工入库	0.00	1 334 862.19	平	0.00
12					当前合计	1 334 862.19	1 334 862.19	平	0.00
12					当前累计	1 334 862.19	1 334 862.19	平	0.00
					合计	42 082 916.78	42 493 716.78	借	853 200.00

3. 2019 年 12 月供应商往来明细账（见表 1-20）

表 1-20　供应商往来明细账

单位：元

月	日	凭证号	科目编号	科目名称	供应商编号	供应商名称	摘要	借方本币	贷方本币	方向	余额本币
			1123	预付账款	01	朝阳科技	期初余额	0.00	0.00	借	3 160 000.00
12	26	记 -0068	1123	预付账款	01	朝阳科技	预付货款	4 800 000.00	0.00	借	7 960 000.00
			1123	预付账款	01	朝阳科技	小计	4 800 000.00	0.00	借	7 960 000.00
			2201	应付票据	02	天津强盛	期初余额	0.00	0.00	贷	3 026 498.60
12	17	记 -0054	2201	应付票据	02	天津强盛	购材料	0.00	18 307 375.50	贷	21 333 874.10
			2201	应付票据	02	天津强盛	小计	0.00	18 307 375.50	贷	21 333 874.10
12	01	记 -0007	2202	应付账款	01	朝阳科技	购材料	0.00	3 160 000.00	贷	3 160 000.00
			2202	应付账款	01	朝阳科技	小计	0.00	3 160 000.00	贷	3 160 000.00
			2202	应付账款	02	天津强盛	期初余额	0.00	0.00	贷	5 175 040.00
12	15	记 -0044	2202	应付账款	02	天津强盛	支付前欠货款	5 000 000.00	0.00	贷	175 040.00
			2202	应付账款	02	天津强盛	小计	5 000 000.00	0.00	贷	175 040.00
			2202	应付账款	03	北京和平	期初余额	0.00	0.00	贷	4 598 006.40
12	01	记 -0009	2202	应付账款	03	北京和平	付款单	4 598 006.40	0.00	平	0.00
12	01	记 -0014	2202	应付账款	03	北京和平	购材料	0.00	248 148.00	贷	248 148.00
12	15	记 -0040	2202	应付账款	03	北京和平	购材料	0.00	192 100.00	贷	440 248.00
12	15	记 -0041	2202	应付账款	03	北京和平	补付钢材款	12 100.00	0.00	贷	428 148.00
12	28	记 -0070	2202	应付账款	03	北京和平	付货款	180 000.00	0.00	贷	248 148.00

续表

月	日	凭证号	科目编号	科目名称	供应商编号	供应商名称	摘要	借方本币	贷方本币	方向	余额本币
			2202	应付账款	03	北京和平	小计	4 790 106.40	440 248.00	贷	248 148.00
			2202	应付账款	04	供电局	期初余额	0.00	0.00	贷	180 000.00
12	08	记 -0025	2202	应付账款	04	供电局	外购电	180 000.00	0.00	平	0.00
12	31	记 -0079	2202	应付账款	04	供电局	分配电费	0.00	180 000.00	贷	180 000.00
			2202	应付账款	04	供电局	小计	180 000.00	180 000.00	贷	180 000.00
			2202	应付账款	05	自来水公司	期初余额	0.00	0.00	贷	56 000.00
12	08	记 -0024	2202	应付账款	05	自来水公司	外购水	56 000.00	0.00	平	0.00
12	31	记 -0078	2202	应付账款	05	自来水公司	分配水费	0.00	56 000.00	贷	56 000.00
			2202	应付账款	05	自来水公司	小计	56 000.00	56 000.00	贷	56 000.00
			2202	应付账款	06	升平贸易	期初余额	0.00	0.00	贷	1 300 455.00
12	09	记 -0027	2202	应付账款	06	升平贸易	付款单	1 300 455.00	0.00	平	0.00
			2202	应付账款	06	升平贸易	小计	1 300 455.00	0.00	平	0.00
			2202	应付账款	07	宏明实业	期初余额	0.00	0.00	贷	5 000 000.00
12	15	记 -0051	2202	应付账款	07	宏明实业	设备安装费	0.00	51 382.00	贷	5 051 382.00
			2202	应付账款	07	宏明实业	小计	0.00	51 382.00	贷	5 051 382.00
			2202	应付账款	08	天津朝阳	期初余额	0.00	0.00	贷	17 200 000.00
			2202	应付账款	09	暂估应付账款	期初余额	0.00	0.00	贷	224 800.00
12	29	记 -0072	2202	应付账款	09	暂估应付账款	月末暂估入账	0.00	224 800.00	贷	449 600.00
			2202	应付账款	09	暂估应付账款	小计	0.00	224 800.00	贷	449 600.00
							合计	16 126 561.40	22 419 805.50	贷	39 894 044.10

4. 2019 年 12 月客户往来明细账（见表 1-21）

表 1-21　客户往来明细账

单位：元

月	日	凭证号	科目编号	科目名称	客户编号	客户名称	摘要	借方本币	贷方本币	方向	余额本币
			1121	应收票据	01	东方实业	期初余额	0.00	0.00	借	9 000 000.00
12	01	记 -0002	1121	应收票据	01	东方实业	收款单	0.00	9 000 000.00	平	0.00
			1121	应收票据	01	东方实业	小计	0.00	9 000 000.00	平	0.00
12	11	记 -0032	1121	应收票据	02	北京强盛	销售商品	16 046 800.00	0.00	借	16 046 800.00
12	21	记 -0060	1121	应收票据	02	北京强盛	贴现	0.00	16 046 800.00	平	0.00
			1121	应收票据	02	北京强盛	小计	16 046 800.00	16 046 800.00	平	0.00
12	18	记 -0056	1122	应收账款	01	东方实业	销售货物	19 892 800.00	0.00	借	19 892 800.00
12	26	记 -0067	1122	应收账款	01	东方实业	收到货款	0.00	19 892 800.00	平	0.00
			1122	应收账款	01	东方实业	小计	19 892 800.00	19 892 800.00	平	0.00
12	16	记 -0052	1122	应收账款	02	北京强盛	销售货物	16 046 000.00	0.00	借	16 046 000.00
			1122	应收账款	02	北京强盛	小计	16 046 000.00	0.00	借	16 046 000.00
			1122	应收账款	03	北京西圣	期初余额	0.00	0.00	借	14 900 000.00
12	01	记 -0001	1122	应收账款	03	北京西圣	收款单	0.00	14 900 000.00	平	0.00
			1122	应收账款	03	北京西圣	小计	0.00	14 900 000.00	平	0.00
			1122	应收账款	04	上海禾嘉	期初余额	0.00	0.00	借	7 620 000.00
12	01	记 -0006	1122	应收账款	04	上海禾嘉	收款单	0.00	7 620 000.00	平	0.00

续表

月	日	凭证号	科目编号	科目名称	客户编号	客户名称	摘要	借方本币	贷方本币	方向	余额本币
12	12	记 -0033	1122	应收账款	04	上海禾嘉	销售商品	21 021 600.00	0.00	借	21 021 600.00
12	26	记 -0067	1122	应收账款	04	上海禾嘉	收到货款	0.00	21 021 600.00	平	0.00
			1122	应收账款	04	上海禾嘉	小计	21 021 600.00	28 641 600.00	平	0.00
			1122	应收账款	05	广州超强	期初余额	0.00	0.00	借	80 000.00
12	12	记 -0034	1122	应收账款	05	广州超强	坏账发生	0.00	80 000.00	平	0.00
			1122	应收账款	05	广州超强	小计	0.00	80 000.00	平	0.00
			1122	应收账款	07	内蒙古天山	期初余额	0.00	0.00	借	2 000 000.00
12	23	记 -0063	1122	应收账款	07	内蒙古天山	销售货物	23 510 000.00	0.00	借	25 510 000.00
			1122	应收账款	07	内蒙古天山	小计	23 510 000.00	0.00	借	25 510 000.00
12	16	记 -0053	1122	应收账款	08	北京永鑫	销售货物	16 046 000.00	0.00	借	16 046 000.00
			1122	应收账款	08	北京永鑫	小计	16 046 000.00	0.00	借	16 046 000.00
12	15	记 -0047	2203	预收账款	06	西安华新	收到货款	0.00	140 000.00	贷	140 000.00
			2203	预收账款	06	西安华新	小计	0.00	140 000.00	贷	140 000.00
			2203	预收账款	08	北京永鑫	期初余额	0.00	0.00	贷	1 360 000.00
12	04	记 -0019	2203	预收账款	09	蓝宝公司	预收货款	0.00	12 000 000.00	贷	12 000 000.00
			2203	预收账款	09	蓝宝公司	小计	0.00	12 000 000.00	贷	12 000 000.00
							合计	112 563 200.00	100 701 200.00	借	44 102 000.00

5. 2019 年 12 月其他账户账簿资料（见表 1-22）

表 1-22 其他账户账簿资料

单位：元

月	日	凭证号数	科目编码	科目名称	摘要	单价	借方数量	借方金额	贷方数量	贷方金额	方向	余额数量	余额单价	余额金额
			1012	其他货币资金	期初余额						借			11 223 877.76
12	01	记 -0003	101201	存出投资款	购买国库券					10 000 000.00	借			1 223 877.76
12					当前合计					10 000 000.00	借			1 223 877.76
12					当前累计					10 000 000.00	借			1 223 877.76
			101201	存出投资款	期初余额						借			11 223 877.76
12	01	记 -0003	101201	存出投资款	购买国库券					10 000 000.00	借			1 223 877.76
12					当前合计					10 000 000.00	借			1 223 877.76
12					当前累计					10 000 000.00	借			1 223 877.76
			1101	交易性金融资产	期初余额						借			4 200 000.00
12	01	记 -0003	110102	债权投资	购买国库券			10 000 000.00			借			14 200 000.00
12	17	记 -0055	110101	股票投资	卖出交易性金融资产					2 100 000.00	借			12 100 000.00
12					当前合计			10 000 000.00		2 100 000.00	借			12 100 000.00
12					当前累计			10 000 000.00		2 100 000.00	借			12 100 000.00
			1121	应收票据	期初余额						借			9 000 000.00
12	01	记 -0002	1121	应收票据	东方实业					9 000 000.00	平			
12	11	记 -0032	1121	应收票据	北京强盛			16 046 800.00			借			16 046 800.00
12	21	记 -0060	1121	应收票据	北京强盛					16 046 800.00	平			

续表

月	日	凭证号数	科目编码	科目名称	摘要	单价	借方数量	借方金额	贷方数量	贷方金额	方向	余额数量	余额单价	余额金额
12					当前合计			16 046 800.00		25 046 800.00	平			
12					当前累计			16 046 800.00		25 046 800.00	平			
			1122	应收账款	期初余额						借			24 600 000.00
12	01	记 -0001	1122	应收账款	北京西圣					14 900 000.00	借			9 700 000.00
12	01	记 -0006	1122	应收账款	上海禾嘉					7 620 000.00	借			2 080 000.00
12	12	记 -0033	1122	应收账款	上海禾嘉			21 021 600.00			借			23 101 600.00
12	12	记 -0034	1122	应收账款	广州超强					80 000.00	借			23 021 600.00
12	16	记 -0052	1122	应收账款	北京强盛			16 046 000.00			借			39 067 600.00
12	16	记 -0053	1122	应收账款	北京永鑫			16 046 000.00			借			55 113 600.00
12	18	记 -0056	1122	应收账款	东方实业			19 892 800.00			借			75 006 400.00
12	23	记 -0063	1122	应收账款	内蒙古天山			23 510 000.00			借			98 516 400.00
12	26	记 -0067	1122	应收账款	东方实业					19 892 800.00	借			78 623 600.00
12	26	记 -0067	1122	应收账款	上海禾嘉					21 021 600.00	借			57 602 000.00
12					当前合计			96 516 400.00		63 514 400.00	借			57 602 000.00
12					当前累计			96 516 400.00		63 514 400.00	借			57 602 000.00
			1123	预付账款	期初余额						借			3 160 000.00
12	26	记 -0068	1123	预付账款	朝阳科技			4 800 000.00			借			7 960 000.00
12					当前合计			4 800 000.00			借			7 960 000.00
12					当前累计			4 800 000.00			借			7 960 000.00
			1221	其他应收款	期初余额						借			232 000.00

续表

月	日	凭证号数	科目编码	科目名称	摘要	单价	借方数量	借方金额	贷方数量	贷方金额	方向	余额数量	余额单价	余额金额
12	03	记 -0011	1221	其他应收款	张东			9 000.00			借			241 000.00
12	08	记 -0026	1221	其他应收款	杨平					80 000.00	借			161 000.00
12	13	记 -0038	1221	其他应收款	赵勇					30 000.00	借			131 000.00
12	18	记 -0058	1221	其他应收款	提取备用金（杨平）			80 000.00			借			211 000.00
12	18	记 -0059	1221	其他应收款	童展鹏					42 000.00	借			169 000.00
12					当前合计			89 000.00		152 000.00	借			169 000.00
12					当前累计			89 000.00		152 000.00	借			169 000.00
			1231	坏账准备	期初余额						贷			246 000.00
12	12	记 -0034	1231	坏账准备	坏账发生			80 000.00			贷			166 000.00
12					当前合计			80 000.00			贷			166 000.00
12					当前累计			80 000.00			贷			166 000.00
			1402	在途物资	期初余额						借	2 210		420 000.00
12	01	记 -0004	140204	机物料	购材料	156			500	78 000.00	借	1 710		342 000.00
12	01	记 -0004	140203	包装箱	购材料	200			1 710	342 000.00	平			
12	01	记 -0007	140201	XH-H811 复印机材料	购材料	12 960	800	10 368 000.00			借	800		10 368 000.00
12	01	记 -0007	140202	XH-H813 复印机材料	购材料	27 540	700	19 278 000.00			借	1 500		29 646 000.00
12	05	记 -0020	140201	XH-H811 复印机材料	原材料入库	12 960			800	10 368 000.00	借	700		19 278 000.00

续表

月	日	凭证号数	科目编码	科目名称	摘要	单价	借方数量	借方金额	贷方数量	贷方金额	方向	余额数量	余额单价	余额金额
12	05	记 -0020	140202	XH-H813 复印机材料	原材料入库	27 540			700	19 278 000.00	平			
12	17	记 -0054	140201	XH-H811 复印机材料	购材料	12 961.58	400	5 184 630.97			借	400		5 184 630.97
12	17	记 -0054	140202	XH-H813 复印机材料	购材料	27 541.58	400	11 016 630.96			借	800		16 201 261.93
12					当前合计			45 847 261.93		30 066 000.00	借			16 201 261.93
12					当前累计			45 847 261.93		30 066 000.00	借			16 201 261.93
12	01	记 -0007	140201	XH-H811 复印机材料	购材料	12 960	800	10 368 000.00			借	800		10 368 000.00
12	05	记 -0020	140201	XH-H811 复印机材料	原材料入库	12 960			800	10 368 000.00	平			
12	17	记 -0054	140201	XH-H811 复印机材料	购材料	12 961.58	400	5 184 630.97			借	400		5 184 630.97
12					当前合计		1 200	15 552 630.97	800	10 368 000.00	借	400	12 961.58	5 184 630.97
12					当前累计		1 200	15 552 630.97	800	10 368 000.00	借	400	12 961.58	5 184 630.97
12	01	记 -0007	140202	XH-H813 复印机材料	购材料	27 540	700	19 278 000.00			借	700		19 278 000.00
12	05	记 -0020	140202	XH-H813 复印机材料	原材料入库	27 540			700	19 278 000.00	平			
12	17	记 -0054	140202	XH-H813 复印机材料	购材料	27 541.58	400	11 016 630.96			借	400		11 016 630.96

续表

月	日	凭证号数	科目编码	科目名称	摘要	单价	借方数量	借方金额	贷方数量	贷方金额	方向	余额数量	余额单价	余额金额
12					当前合计		1 100	30 294 630.96	700	19 278 000.00	借	400	27 541.58	11 016 630.96
12					当前累计		1 100	30 294 630.96	700	19 278 000.00	借	400	27 541.58	11 016 630.96
			140203	包装箱	期初余额						借	1 710	200	342 000.00
12	01	记 -0004	140203	包装箱	购材料	200			1 710	342 000.00	平			
12					当前合计				1 710	342 000.00	平			
12					当前累计				1 710	342 000.00	平			
			140204	机物料	期初余额						借	500	156	78 000.00
12	01	记 -0004	140204	机物料	购材料	156			500	78 000.00	平			
12					当前合计				500	78 000.00	平			
12					当前累计				500	78 000.00	平			
			1403	原材料	期初余额						借	5 500		30 192 800.00
12	01	记 -0004	140305	机物料	购材料	156	500	78 000.00			借	6 000		30 270 800.00
12	01	记 -0014	140305	机物料	购材料	152	800	121 600.00			借	6 800		30 392 400.00
12	05	记 -0020	140301	XH-H811 复印机材料	原材料入库	12 960	800	10 368 000.00			借	7 600		40 760 400.00
12	05	记 -0020	140302	XH-H813 复印机材料	原材料入库	27 540	700	19 278 000.00			借	8 300		60 038 400.00
12	11	记 -0030	140303	XH-H811 复印机机壳	完工入库	1 195.068	1 180	1 410 180.02			借	9 480		61 448 580.02
12	11	记 -0030	140304	XH-H813 复印机机壳	完工入库	2 595.608	1 180	3 062 817.28			借	10 660		64 511 397.30

续表

月	日	凭证号数	科目编码	科目名称	摘要	单价	借方数量	借方金额	贷方数量	贷方金额	方向	余额数量	余额单价	余额金额
12	15	记 -0040	140306	钢材	购材料	5 000	34	170 000.00			借	10 694		64 681 397.30
12	24	记 -0065	140305	机物料	材料盘亏	156			800	124 800.00	借	9 894		64 556 597.30
12	29	记 -0072	140305	机物料	月末暂估入账	156	800	124 800.00			借	10 694		64 681 397.30
12	31	记 -0084	140301	XH-H811 复印机材料	月末汇总发料	12 978.38			1 190	15 444 270.27	借	9 504		49 237 127.03
12	31	记 -0084	140303	XH-H811 复印机机壳	月末汇总发料	1 196.871			1 190	1 424 276.47	借	8 314		47 812 850.56
12	31	记 -0084	140302	XH-H813 复印机材料	月末汇总发料	27 471.53			1 080	29 669 255.48	借	7 234		18 143 595.08
12	31	记 -0084	140304	XH-H813 复印机机壳	月末汇总发料	2 597.199			1 080	2 804 974.41	借	6 154		15 338 620.67
12	31	记 -0084	140305	机物料	月末汇总发料	155.219 5			1 910	296 469.26	借	4 244		15 042 151.41
12					当前合计			34 613 397.30		49 764 045.89	借			15 042 151.41
12					当前累计			34 613 397.30		49 764 045.89	借			15 042 151.41
			140301	XH-H811 复印机材料	期初余额						借	680	13 000	8 840 000.00
12	05	记 -0020	140301	XH-H811 复印机材料	原材料入库	12 960	800	10 368 000.00			借	1 480		19 208 000.00
12	31	记 -0084	140301	XH-H811 复印机材料	月末汇总发料	12 978.38			1 190	15 444 270.27	借	290		3 763 729.73
12					当前合计		800	10 368 000.00	1 190	15 444 270.27	借	290	12 978.38	3 763 729.73
12					当前累计		800	10 368 000.00	1 190	15 444 270.27	借	290	12 978.38	3 763 729.73

续表

月	日	凭证号数	科目编码	科目名称	摘要	单价	借方数量	借方金额	贷方数量	贷方金额	方向	余额数量	余额单价	余额金额
			140302	XH-H813 复印机材料	期初余额						借	670	27 400	18 358 000.00
12	05	记 -0020	140302	XH-H813 复印机材料	原材料入库	27 540	700	19 278 000.00			借	1 370		37 636 000.00
12	31	记 -0084	140302	XH-H813 复印机材料	月末汇总发料	27 471.53			1 080	29 669 255.48	借	290		7 966 744.52
12					当前合计		700	19 278 000.00	1 080	29 669 255.48	借	290	27 471.53	7 966 744.52
12					当前累计		700	19 278 000.00	1 080	29 669 255.48	借	290	27 471.53	7 966 744.52
			140303	XH-H811 复印机机壳	期初余额						借	680	1 200	816 000.00
12	11	记 -0030	140303	XH-H811 复印机机壳	完工入库	1 195.068	1 180	1 410 180.02			借	1 860		2 226 180.02
12	31	记 -0084	140303	XH-H811 复印机机壳	月末汇总发料	1 196.871			1 190	1 424 276.47	借	670		801 903.55
12					当前合计		1 180	1 410 180.02	1 190	1 424 276.47	借	670	1 196.871	801 903.55
12					当前累计		1 180	1 410 180.02	1 190	1 424 276.47	借	670	1 196.871	801 903.55
			140304	XH-H813 复印机机壳	期初余额						借	670	2 600	1 742 000.00
12	11	记 -0030	140304	XH-H813 复印机机壳	完工入库	2 595.608	1 180	3 062 817.28			借	1 850		4 804 817.28
12	31	记 -0084	140304	XH-H813 复印机机壳	月末汇总发料	2 597.199			1 080	2 804 974.41	借	770		1 999 842.87

续表

月	日	凭证号数	科目编码	科目名称	摘要	单价	借方数量	借方金额	贷方数量	贷方金额	方向	余额数量	余额单价	余额金额
12					当前合计		1 180	3 062 817.28	1 080	2 804 974.41	借	770	2 597.199	1 999 842.87
12					当前累计		1 180	3 062 817.28	1 080	2 804 974.41	借	770	2 597.199	1 999 842.87
			140305	机物料	期初余额						借	2 800	156	436 800.00
12	01	记 -0004	140305	机物料	购材料	156	500	78 000.00			借	3 300		514 800.00
12	01	记 -0014	140305	机物料	购材料	152	800	121 600.00			借	4 100		636 400.00
12	24	记 -0065	140305	机物料	材料盘亏	156			800	124 800.00	借	3 300		511 600.00
12	29	记 -0072	140305	机物料	月末暂估入账	156	800	124 800.00			借	4 100		636 400.00
12	31	记 -0084	140305	机物料	月末汇总发料	155.219 5			1 910	296 469.26	借	2 190		339 930.74
12					当前合计		2 100	324 400.00	2 710	421 269.26	借	2 190	155.219 5	339 930.74
12					当前累计		2 100	324 400.00	2 710	421 269.26	借	2 190	155.219 5	339 930.74
12	15	记 -0040	140306	钢材	购材料	5 000	34	170 000.00			借	34	5 000	170 000.00
12					当前合计			170 000.00			借			170 000.00
12					当前累计			170 000.00			借			170 000.00
			1405	库存商品	期初余额						借	1 500		40 752 000.00
12	31	记 -0087	140501	XH-H811复印机	产品完工入库	21 024.79	1 210	25 439 993.08			借	2 710		66 191 993.08
12	31	记 -0087	140502	XH-H813复印机	产品完工入库	38 878.06	1 093	42 493 716.78			借	3 803		108 685 709.86
12	31	记 -0088	140503	XH-H700复印机	结转产品销售成本	13 600			110	1 496 000.00	借	3 693		107 189 709.86

续表

月	日	凭证号数	科目编码	科目名称	摘要	单价	借方数量	借方金额	贷方数量	贷方金额	方向	余额数量	余额单价	余额金额
12	31	记 -0088	140501	XH-H811 复印机	结转产品销售成本	20 488.66			1 220	24 586 387.48	借	2 473		82 603 322.38
12	31	记 -0088	140502	XH-H813 复印机	结转产品销售成本	38 472.17			1 220	42 319 388.74	借	1 253		40 283 933.64
12					当前合计			67 933 709.86		68 401 776.22	借			40 283 933.64
12					当前累计			67 933 709.86		68 401 776.22	借			40 283 933.64
			140501	XH-H811 复印机	期初余额						借	730	19 600	14 308 000.00
12	31	记 -0087	140501	XH-H811 复印机	产品完工入库	21 024.79	1 210	25 439 993.08			借	1 940		39 747 993.08
12	31	记 -0088	140501	XH-H811 复印机	结转产品销售成本	20 488.66			1 220	24 586 387.48	借	720		15 161 605.60
12					当前合计		1 210	25 439 993.08	1 220	24 586 387.48	借	720	20 488.66	15 161 605.60
12					当前累计		1 210	25 439 993.08	1 220	24 586 387.48	借	720	20 488.66	15 161 605.60
			140502	XH-H813 复印机	期初余额						借	660	37 800	24 948 000.00
12	31	记 -0087	140502	XH-H813 复印机	产品完工入库	38 878.06	1 093	42 493 716.78			借	1 753		67 441 716.78
12	31	记 -0088	140502	XH-H813 复印机	结转产品销售成本	38 472.17			1 220	42 319 388.74	借	533		25 122 328.04
12					当前合计		1 093	42 493 716.78	1 220	42 319 388.74	借	533	38 472.17	25 122 328.04
12					当前累计		1 093	42 493 716.78	1 220	42 319 388.74	借	533	38 472.17	25 122 328.04

续表

月	日	凭证号数	科目编码	科目名称	摘要	单价	借方数量	借方金额	贷方数量	贷方金额	方向	余额数量	余额单价	余额金额
			140503	XH-H700复印机	期初余额						借	110	13 600	1 496 000.00
12	31	记 -0088	140503	XH-H700复印机	结转产品销售成本	13 600			110	1 496 000.00	平			
12					当前合计				110	1 496 000.00	平			
12					当前累计				110	1 496 000.00	平			
			1408	委托加工物资	期初余额						借	1 000		1 624 000.00
12	04	记 -0017	140801	XH-H811 复印机机壳	购买原材料	990	660	653 400.00			借	1 660		2 277 400.00
12	04	记 -0017	140802	XH-H813 复印机机壳	购买原材料	2 292	700	1 604 400.00			借	2 360		3 881 800.00
12	04	记 -0018	140801	XH-H811 复印机机壳	购委托加工材料运费			630.02			借	2 360		3 882 430.02
12	04	记 -0018	140802	XH-H813 复印机机壳	购委托加工材料运费			267.28			借	2 360		3 882 697.30
12	06	记 -0021	140801	XH-H811 复印机机壳	支付加工费			236 000.00			借	2 360		4 118 697.30
12	06	记 -0021	140802	XH-H813 复印机机壳	支付加工费			354 000.00			借	2 360		4 472 697.30
12	11	记 -0030	140801	XH-H811 复印机机壳	支付运费			150.00			借	2 360		4 472 847.30
12	11	记 -0030	140802	XH-H813 复印机机壳	支付运费			150.00			借	2 360		4 472 997.30

续表

月	日	凭证号数	科目编码	科目名称	摘要	单价	借方数量	借方金额	贷方数量	贷方金额	方向	余额数量	余额单价	余额金额
12	11	记 -0030	140801	XH-H811 复印机机壳	完工入库	1 195.068			1 180	1 410 180.02	借	1 180		3 062 817.28
12	11	记 -0030	140802	XH-H813 复印机机壳	完工入库	2 595.608			1 180	3 062 817.28	平			
12					当前合计			2 848 997.30		4 472 997.30	平			
12					当前累计			2 848 997.30		4 472 997.30	平			
			140801	XH-H811 复印机机壳	期初余额						借	520	1 000	520 000.00
12	04	记 -0017	140801	XH-H811 复印机机壳	购买原材料	990	660	653 400.00			借	1 180		1 173 400.00
12	04	记 -0018	140801	XH-H811 复印机机壳	购委托加工材料运费			630.02			借	1 180		1 174 030.02
12	06	记 -0021	140801	XH-H811 复印机机壳	支付加工费			236 000.00			借	1 180		1 410 030.02
12	11	记 -0030	140801	XH-H811 复印机机壳	支付运费			150.00			借	1 180		1 410 180.02
12	11	记 -0030	140801	XH-H811 复印机机壳	完工入库	1 195.068			1 180	1 410 180.02	平			
12					当前合计		660	890 180.02	1 180	1 410 180.02	平			
12					当前累计		660	890 180.02	1 180	1 410 180.02	平			
			140802	XH-H813 复印机机壳	期初余额						借	480	2 300	1 104 000.00

续表

月	日	凭证号数	科目编码	科目名称	摘要	单价	借方数量	借方金额	贷方数量	贷方金额	方向	余额数量	余额单价	余额金额
12	04	记 -0017	140802	XH-H813 复印机机壳	购买原材料	2 292	700	1 604 400.00			借	1 180		2 708 400.00
12	04	记 -0018	140802	XH-H813 复印机机壳	购委托加工材料运费			267.28			借	1 180		2 708 667.28
12	06	记 -0021	140802	XH-H813 复印机机壳	支付加工费			354 000.00			借	1 180		3 062 667.28
12	11	记 -0030	140802	XH-H813 复印机机壳	支付运费			150.00			借	1 180		3 062 817.28
12	11	记 -0030	140802	XH-H813 复印机机壳	完工入库	2 595.608			1 180	3 062 817.28	平			
12					当前合计		700	1 958 817.28	1 180	3 062 817.28	平			
12					当前累计		700	1 958 817.28	1 180	3 062 817.28	平			
			1411	周转材料	期初余额						借	1 480	458.108 1	678 000.00
12	01	记 -0004	141101	包装箱	购材料	200	1 710	342 000.00			借	3 190		1 020 000.00
12	01	记 -0014	141101	包装箱	购材料	196	500	98 000.00			借	3 690		1 118 000.00
12	24	记 -0065	141101	包装箱	材料盘亏	200			500	100 000.00	借	3 190		1 018 000.00
12	29	记 -0072	141101	包装箱	月末暂估入账	200	500	100 000.00			借	3 690		1 118 000.00
12	31	记 -0084	141101	包装箱	月末汇总发料	199.411 8			2 350	468 617.63	借	1 340		649 382.37
12	31	记 -0084	141103	劳动保护用品	月末汇总发料	6 000			30	180 000.00	借	1 310		469 382.37
12	31	记 -0084	141102	工具	月末汇总发料	1 000			164	164 000.00	借	1 146		305 382.37
12					当前合计		2 710	540 000.00	3 044	912 617.63	借	1 146	266.476 8	305 382.37

月	日	凭证号数	科目编码	科目名称	摘要	单价	借方数量	借方金额	贷方数量	贷方金额	方向	余额数量	余额单价	余额金额
12					当前累计		2 710	540 000.00	3 044	912 617.63	借	1 146	266.476 8	305 382.37
			141101	包装箱	期初余额						借	1 190	200	238 000.00
12	01	记 -0004	141101	包装箱	购材料	200	1 710	342 000.00			借	2 900		580 000.00
12	01	记 -0014	141101	包装箱	购材料	196	500	98 000.00			借	3 400		678 000.00
12	24	记 -0065	141101	包装箱	材料盘亏	200			500	100 000.00	借	2 900		578 000.00
12	29	记 -0072	141101	包装箱	月末暂估入账	200	500	100 000.00			借	3 400		678 000.00
12	31	记 -0084	141101	包装箱	月末汇总发料	199.411 8			2 350	468 617.63	借	1 050		209 382.37
12					当前合计		2 710	540 000.00	2 850	568 617.63	借	1 050	199.411 8	209 382.37
12					当前累计		2 710	540 000.00	2 850	568 617.63	借	1 050	199.411 8	209 382.37
			141102	工具	期初余额						借	260	1 000	260 000.00
12	31	记 -0084	141102	工具	月末汇总发料	1 000			164	164 000.00	借	96		96 000.00
12					当前合计				164	164 000.00	借	96	1 000	96 000.00
12					当前累计				164	164 000.00	借	96	1 000	96 000.00
			141103	劳动保护用品	期初余额						借	30	6 000	180 000.00
12	31	记 -0084	141103	劳动保护用品	月末汇总发料	6 000			30	180 000.00	平			
12					当前合计				30	180 000.00	平			
12					当前累计				30	180 000.00	平			
			1511	长期股权投资	期初余额						借			13 000 000.00
12	12	记 -0036	151101	北京长胜股份公司	转让持有投资一半股权					10 000 000.00	借			3 000 000.00

续表

月	日	凭证号数	科目编码	科目名称	摘要	单价	借方数量	借方金额	贷方数量	贷方金额	方向	余额数量	余额单价	余额金额
12					当前合计					10 000 000.00	借			3 000 000.00
12					当前累计					10 000 000.00	借			3 000 000.00
			151101	北京长胜股份公司	期初余额						借			13 000 000.00
12	12	记 -0036	151101	北京长胜股份公司	转让持有投资一半股权					10 000 000.00	借			3 000 000.00
12					当前合计					10 000 000.00	借			3 000 000.00
12					当前累计					10 000 000.00	借			3 000 000.00
			1521	投资性房地产	期初余额						借			49 000 000.00
			152101	出租用固定资产	期初余额						借			49 000 000.00
			1522	投资性房地产累计折旧	期初余额						贷			7 957 600.00
12	31	记 -0082	1522	投资性房地产累计折旧	计提折旧					137 200.00	贷			8 094 800.00
12					当前合计					137 200.00	贷			8 094 800.00
12					当前累计					137 200.00	贷			8 094 800.00
			1601	固定资产	期初余额						借			201 000 000.00
12	15	记 -0042	160103	在用运输设备及工具	清理管理工具并结转损失					836 820.00	借			200 163 180.00
12	15	记 -0048	160104	未使用固定资产	固定资产清理					3 000 000.00	借			197 163 180.00

续表

月	日	凭证号数	科目编码	科目名称	摘要	单价	借方数量	借方金额	贷方数量	贷方金额	方向	余额数量	余额单价	余额金额
12					当前合计					3 836 820.00	借			197 163 180.00
12					当前累计					3 836 820.00	借			197 163 180.00
			160101	在用房屋建筑物	期初余额						借			121 000 000.00
			160102	在用机器设备	期初余额						借			75 000 000.00
			160103	在用运输设备及工具	期初余额						借			2 000 000.00
12	15	记 -0042	160103	在用运输设备及工具	清理管理工具并结转损失					836 820.00	借			1 163 180.00
12					当前合计					836 820.00	借			1 163 180.00
12					当前累计					836 820.00	借			1 163 180.00
			160104	未使用固定资产	期初余额						借			3 000 000.00
12	15	记 -0048	160104	未使用固定资产	固定资产清理					3 000 000.00	平			
12					当前合计					3 000 000.00	平			
12					当前累计					3 000 000.00	平			
			1602	累计折旧	期初余额						贷			36 954 900.00
12	15	记 -0042	1602	累计折旧	清理管理工具并结转损失			656 820.00			贷			36 298 080.00
12	15	记 -0048	1602	累计折旧	固定资产清理			1 750 000.00			贷			34 548 080.00
12	31	记 -0082	1602	累计折旧	计提折旧					1 019 600.00	贷			35 567 680.00

续表

月	日	凭证号数	科目编码	科目名称	摘要	单价	借方数量	借方金额	贷方数量	贷方金额	方向	余额数量	余额单价	余额金额
12					当前合计			2 406 820.00		1 019 600.00	贷			35 567 680.00
12					当前累计			2 406 820.00		1 019 600.00	贷			35 567 680.00
12	10	记 -0029	1604	在建工程	购买设备			5 180 000.00			借			5 180 000.00
12	10	记 -0029	1604	在建工程	支付运费			1 780.00			借			5 181 780.00
12	11	记 -0031	1604	在建工程	支付安装费			51 382.00			借			5 233 162.00
12	15	记 -0051	1604	在建工程	设备安装费			45 470.80			借			5 278 632.80
12					当前合计			5 278 632.80			借			5 278 632.80
12					当前累计			5 278 632.80			借			5 278 632.80
12	15	记 -0042	1606	固定资产清理	清理管理工具并结转损失			180 000.00			借			180 000.00
12	15	记 -0042	1606	固定资产清理	清理管理工具并结转损失					180 000.00	平			
12	15	记 -0048	1606	固定资产清理	固定资产清理			1 250 000.00			借			1 250 000.00
12	31	记 -0077	1606	固定资产清理	结转清理完毕固定资产					1 250 000.00	平			
12					当前合计			1 430 000.00		1 430 000.00	平			
12					当前累计			1 430 000.00		1 430 000.00	平			
			1701	无形资产	期初余额						借			7 200 000.00
			170101	专利权	期初余额						借			5 184 000.00
			17010101	甲专利权	期初余额						借			1 728 000.00
			17010102	乙专利权	期初余额						借			3 456 000.00

续表

月	日	凭证号数	科目编码	科目名称	摘要	单价	借方数量	借方金额	贷方数量	贷方金额	方向	余额数量	余额单价	余额金额
			170102	商标权	期初余额						借			2 016 000. 00
			1702	累计摊销	期初余额						贷			2 200 000. 00
			170201	专利权	期初余额						贷			1 584 000. 00
			17020101	甲专利权	期初余额						贷			1 056 000. 00
			17020102	乙专利权	期初余额						贷			528 000. 00
			170202	商标权	期初余额						贷			616 000. 00
			1801	长期待摊费用	期初余额						借			3 042 000. 00
			180101	租入固定资产改良	期初余额						借			3 042 000. 00
			2001	短期借款	期初余额						贷			53 300 000. 00
12	02	记 -0008	200101	工商银行借款	贷款					5 600 000. 00	贷			58 900 000. 00
12	31	记 -0073	200101	工商银行借款	偿还银行借款本息			40 000 000. 00			贷			18 900 000. 00
12					当前合计			40 000 000. 00		5 600 000. 00	贷			18 900 000. 00
12					当前累计			40 000 000. 00		5 600 000. 00	贷			18 900 000. 00
			200101	工商银行借款	期初余额						贷			53 300 000. 00
12	02	记 -0008	200101	工商银行借款	贷款					5 600 000. 00	贷			58 900 000. 00
12	31	记 -0073	200101	工商银行借款	偿还银行借款本息			40 000 000. 00			贷			18 900 000. 00
12					当前合计			40 000 000. 00		5 600 000. 00	贷			18 900 000. 00
12					当前累计			40 000 000. 00		5 600 000. 00	贷			18 900 000. 00

续表

月	日	凭证号数	科目编码	科目名称	摘要	单价	借方数量	借方金额	贷方数量	贷方金额	方向	余额数量	余额单价	余额金额
			2201	应付票据	期初余额						贷			3 026 498.60
12	17	记 -0054	2201	应付票据	购材料——天津强盛					18 307 375.50	贷			21 333 874.10
12					当前合计					18 307 375.50	贷			21 333 874.10
12					当前累计					18 307 375.50	贷			21 333 874.10
			2202	应付账款	期初余额						贷			33 734 301.40
12	01	记 -0007	2202	应付账款	购材料——朝阳科技					3 160 000.00	贷			36 894 301.40
12	01	记 -0009	2202	应付账款	付款单——北京和平			4 598 006.40			贷			32 296 295.00
12	01	记 -0014	2202	应付账款	购材料——北京和平					248 148.00	贷			32 544 443.00
12	08	记 -0024	2202	应付账款	外购水——自来水公司			56 000.00			贷			32 488 443.00
12	08	记 -0025	2202	应付账款	外购电——供电局			180 000.00			贷			32 308 443.00
12	09	记 -0027	2202	应付账款	付款单——升平贸易			1 300 455.00			贷			31 007 988.00
12	15	记 -0040	2202	应付账款	购材料——北京和平					192 100.00	贷			31 200 088.00
12	15	记 -0041	2202	应付账款	补付钢材款——北京和平			12 100.00			贷			31 187 988.00

续表

月	日	凭证号数	科目编码	科目名称	摘要	单价	借方数量	借方金额	贷方数量	贷方金额	方向	余额数量	余额单价	余额金额
12	15	记 -0044	2202	应付账款	支付前欠货款——天津强盛			5 000 000.00			贷			26 187 988.00
12	15	记 -0051	2202	应付账款	设备安装费——宏明实业					51 382.00	贷			26 239 370.00
12	28	记 -0070	2202	应付账款	付货款——北京和平			180 000.00			贷			26 059 370.00
12	29	记 -0072	2202	应付账款	月末暂估入账——暂估应付账款					224 800.00	贷			26 284 170.00
12	31	记 -0078	2202	应付账款	分配水费——自来水公司					56 000.00	贷			26 340 170.00
12	31	记 -0079	2202	应付账款	分配电费——供电局					180 000.00	贷			26 520 170.00
12					当前合计			11 326 561.40		4 112 430.00	贷			26 520 170.00
12					当前累计			11 326 561.40		4 112 430.00	贷			26 520 170.00
			2203	预收账款	期初余额						贷			1 360 000.00
12	04	记 -0019	2203	预收账款	预收货款——蓝宝公司					12 000 000.00	贷			13 360 000.00
12	15	记 -0047	2203	预收账款	收到货款——西安华新					140 000.00	贷			13 500 000.00
12					当前合计					12 140 000.00	贷			13 500 000.00
12					当前累计					12 140 000.00	贷			13 500 000.00

续表

月	日	凭证号数	科目编码	科目名称	摘要	单价	借方数量	借方金额	贷方数量	贷方金额	方向	余额数量	余额单价	余额金额
			2211	应付职工薪酬	期初余额						贷			15 539 187.60
12	04	记 -0015	221101	工资	支付职工薪酬			9 653 972.40			贷			5 885 215.20
12	12	记 -0035	221102	福利费	职工福利费报销			4 280.00			贷			5 880 935.20
12	15	记 -0045	221102	福利费	支付职工补助			1 200.00			贷			5 879 735.20
12	31	记 -0080	221101	工资	分配工资					10 847 160.00	贷			16 726 895.20
12	31	记 -0081	221102	福利费	计提工资附加					1 518 602.40	贷			18 245 497.60
12	31	记 -0081	221103	工会经费	计提工资附加					216 943.20	贷			18 462 440.80
12	31	记 -0081	221104	职工教育经费	计提工资附加					867 772.80	贷			19 330 213.60
12	31	记 -0081	221105	市社保	计提工资附加					4 664 278.80	贷			23 994 492.40
12	31	记 -0081	221106	住房公积金	计提工资附加					2 603 318.40	贷			26 597 810.80
12					当前合计			9 659 452.40		20 718 075.60	贷			26 597 810.80
12					当前累计			9 659 452.40		20 718 075.60	贷			26 597 810.80
			221101	工资	期初余额						贷			10 847 160.00
12	04	记 -0015	221101	工资	支付职工薪酬			9 653 972.40			贷			1 193 187.60
12	31	记 -0080	221101	工资	分配工资					10 847 160.00	贷			12 040 347.60
12					当前合计			9 653 972.40		10 847 160.00	贷			12 040 347.60
12					当前累计			9 653 972.40		10 847 160.00	贷			12 040 347.60
			221102	福利费	期初余额						贷			2 552 840.00
12	12	记 -0035	221102	福利费	职工福利费报销			4 280.00			贷			2 548 560.00

续表

月	日	凭证号数	科目编码	科目名称	摘要	单价	借方数量	借方金额	贷方数量	贷方金额	方向	余额数量	余额单价	余额金额
12	15	记 -0045	221102	福利费	支付职工补助			1 200.00			贷			2 547 360.00
12	31	记 -0081	221102	福利费	计提工资附加					1 518 602.40	贷			4 065 962.40
12					当前合计			5 480.00		1 518 602.40	贷			4 065 962.40
12					当前累计			5 480.00		1 518 602.40	贷			4 065 962.40
			221103	工会经费	期初余额						贷			186 000.00
12	31	记 -0081	221103	工会经费	计提工资附加					216 943.20	贷			402 943.20
12					当前合计					216 943.20	贷			402 943.20
12					当前累计					216 943.20	贷			402 943.20
			221104	职工教育经费	期初余额						贷			760 000.00
12	31	记 -0081	221104	职工教育经费	计提工资附加					867 772.80	贷			1 627 772.80
12					当前合计					867 772.80	贷			1 627 772.80
12					当前累计					867 772.80	贷			1 627 772.80
			221105	市社保	期初余额						贷			650 829.60
12	31	记 -0081	221105	市社保	计提工资附加					4 664 278.80	贷			5 315 108.40
12					当前合计					4 664 278.80	贷			5 315 108.40
12					当前累计					4 664 278.80	贷			5 315 108.40
			221106	住房公积金	期初余额						贷			542 358.00
12	31	记 -0081	221106	住房公积金	计提工资附加					2 603 318.40	贷			3 145 676.40
12					当前合计					2 603 318.40	贷			3 145 676.40
12					当前累计					2 603 318.40	贷			3 145 676.40

续表

月	日	凭证号数	科目编码	科目名称	摘要	单价	借方数量	借方金额	贷方数量	贷方金额	方向	余额数量	余额单价	余额金额
			2221	应交税费	期初余额						贷			1 786 660.00
12	01	记 -0005	22210101	进项税额	支付租金			9 720.00			贷			1 776 940.00
12	01	记 -0007	22210101	进项税额	其他应付单			3 853 980.00			借			2 077 040.00
12	01	记 -0014	22210101	进项税额	购材料			28 548.00			借			2 105 588.00
12	03	记 -0010	22210101	进项税额	购买办公用品			205.40			借			2 105 793.40
12	04	记 -0015	222107	应交个人所得税	支付职工薪酬					287 160.00	借			1 818 633.40
12	04	记 -0016	222102	未交增值税	缴税			1 020 000.00			借			2 838 633.40
12	04	记 -0016	222104	应交城建税	缴税			71 400.00			借			2 910 033.40
12	04	记 -0016	222108	应交教育费附加	缴税			30 600.00			借			2 940 633.40
12	04	记 -0016	222106	应交所得税	缴税			300 000.00			借			3 240 633.40
12	04	记 -0016	222105	应交房产税	缴税			77 500.00			借			3 318 133.40
12	04	记 -0016	222107	应交个人所得税	缴税			287 160.00			借			3 605 293.40
12	04	记 -0017	22210101	进项税额	购买原材料			293 514.00			借			3 898 807.40
12	04	记 -0018	22210101	进项税额	购委托加工材料运费			80.76			借			3 898 888.16
12	06	记 -0021	22210101	进项税额	支付加工费			76 700.00			借			3 975 588.16
12	08	记 -0024	22210101	进项税额	外购水			5 040.00			借			3 980 628.16
12	08	记 -0025	22210101	进项税额	外购电			23 400.00			借			4 004 028.16

续表

月	日	凭证号数	科目编码	科目名称	摘要	单价	借方数量	借方金额	贷方数量	贷方金额	方向	余额数量	余额单价	余额金额
12	10	记-0029	22210101	进项税额	购买设备			673 400.00			借			4 677 428.16
12	10	记-0029	22210101	进项税额	支付运费			160.20			借			4 677 588.36
12	11	记-0030	22210101	进项税额	支付运费			27.00			借			4 677 615.36
12	11	记-0032	22210104	销项税额	销售商品					1 846 000.00	借			2 831 615.36
12	12	记-0033	22210104	销项税额	销售商品					2 418 000.00	借			413 615.36
12	12	记-0037	22210104	销项税额	销售货物					223 080.00	借			190 535.36
12	15	记-0039	22210101	进项税额	购买维修用品			260.00			借			190 795.36
12	15	记-0040	22210101	进项税额	购材料			22 100.00			借			212 895.36
12	15	记-0049	22210101	进项税额	支付电视广告费			9 840.00			借			222 735.36
12	15	记-0051	22210101	进项税额	设备安装费			5 911.20			借			228 646.56
12	16	记-0052	22210104	销项税额	销售货物					1 846 000.00	贷			1 617 353.44
12	16	记-0053	22210104	销项税额	销售货物					1 846 000.00	贷			3 463 353.44
12	17	记-0054	22210101	进项税额	购材料			2 106 113.57			贷			1 357 239.87
12	18	记-0056	22210104	销项税额	销售货物					2 288 000.00	贷			3 645 239.87
12	18	记-0057	22210101	进项税额	支付快递费			24.77			贷			3 645 215.10
12	22	记-0061	22210101	进项税额	财产保险			8 830.19			贷			3 636 384.91
12	22	记-0062	22210101	进项税额	报纸杂志费			1 486.24			贷			3 634 898.67
12	23	记-0063	22210104	销项税额	销售货物					2 704 000.00	贷			6 338 898.67
12	24	记-0064	22210102	已交税金	交本月增值税			136 000.00			贷			6 202 898.67

续表

月	日	凭证号数	科目编码	科目名称	摘要	单价	借方数量	借方金额	贷方数量	贷方金额	方向	余额数量	余额单价	余额金额
12	24	记 -0064	222104	应交城建税	交本月增值税			9 520.00			贷			6 193 378.67
12	24	记 -0064	222108	应交教育费附加	交本月增值税			4 080.00			贷			6 189 298.67
12	28	记 -0071	22210101	进项税额	税金			711.00			贷			6 188 587.67
12	31	记 -0090	22210103	转出未交增值税	转出未交增值税			5 915 027.67			贷			273 560.00
12	31	记 -0090	222102	未交增值税	转出未交增值税					5 915 027.67	贷			6 188 587.67
12	31	记 -0091	222106	应交所得税	计算所得税					4 982 501.07	贷			11 171 088.74
12					当前合计			14 971 340.00		24 355 768.74	贷			11 171 088.74
12					当前累计			14 971 340.00		24 355 768.74	贷			11 171 088.74
12	01	记 -0005	22210101	进项税额	支付租金			9 720.00			借			9 720.00
12	01	记 -0007	22210101	进项税额	其他应付单			3 853 980.00			借			3 863 700.00
12	01	记 -0014	22210101	进项税额	购材料			28 548.00			借			3 892 248.00
12	03	记 -0010	22210101	进项税额	购买办公用品			205.40			借			3 892 453.40
12	04	记 -0017	22210101	进项税额	购买原材料			293 514.00			借			4 185 967.40
12	04	记 -0018	22210101	进项税额	购委托加工材料运费			80.76			借			4 186 048.16
12	06	记 -0021	22210101	进项税额	支付加工费			76 700.00			借			4 262 748.16
12	08	记 -0024	22210101	进项税额	外购水			5 040.00			借			4 267 788.16
12	08	记 -0025	22210101	进项税额	外购电			23 400.00			借			4 291 188.16

续表

月	日	凭证号数	科目编码	科目名称	摘要	单价	借方数量	借方金额	贷方数量	贷方金额	方向	余额数量	余额单价	余额金额
12	10	记 -0029	22210101	进项税额	购买设备			673 400.00			借			4 964 588.16
12	10	记 -0029	22210101	进项税额	支付运费			160.20			借			4 964 748.36
12	11	记 -0030	22210101	进项税额	支付运费			27.00			借			4 964 775.36
12	11	记 -0032	22210104	销项税额	销售商品					1 846 000.00	借			3 118 775.36
12	12	记 -0033	22210104	销项税额	销售商品					2 418 000.00	借			700 775.36
12	12	记 -0037	22210104	销项税额	销售货物					223 080.00	借			477 695.36
12	15	记 -0039	22210101	进项税额	购买维修用品			260.00			借			477 955.36
12	15	记 -0040	22210101	进项税额	购材料			22 100.00			借			500 055.36
12	15	记 -0049	22210101	进项税额	支付电视广告费			9 840.00			借			509 895.36
12	15	记 -0051	22210101	进项税额	设备安装费			5 911.20			借			515 806.56
12	16	记 -0052	22210104	销项税额	销售货物					1 846 000.00	贷			1 330 193.44
12	16	记 -0053	22210104	销项税额	销售货物					1 846 000.00	贷			3 176 193.44
12	17	记 -0054	22210101	进项税额	购材料			2 106 113.57			贷			1 070 079.87
12	18	记 -0056	22210104	销项税额	销售货物					2 288 000.00	贷			3 358 079.87
12	18	记 -0057	22210101	进项税额	支付快递费			24.77			贷			3 358 055.10
12	22	记 -0061	22210101	进项税额	财产保险			8 830.19			贷			3 349 224.91
12	22	记 -0062	22210101	进项税额	报纸杂志费			1 486.24			贷			3 347 738.67
12	23	记 -0063	22210104	销项税额	销售货物					2 704 000.00	贷			6 051 738.67
12	24	记 -0064	22210102	已交税金	交本月增值税			136 000.00			贷			5 915 738.67

续表

月	日	凭证号数	科目编码	科目名称	摘要	单价	借方数量	借方金额	贷方数量	贷方金额	方向	余额数量	余额单价	余额金额
12	28	记 -0071	22210101	进项税额	税金			711.00			贷			5 915 027.67
12	31	记 -0090	22210103	转出未交增值税	转出未交增值税			5 915 027.67			平			
12					当前合计			13 171 080.00		13 171 080.00	平			
12					当前累计			13 171 080.00		13 171 080.00	平			
			22210101	进项税额	期初余额						借			92 025 244.00
12	01	记 -0005	22210101	进项税额	支付租金			9 720.00			借			92 034 964.00
12	01	记 -0007	22210101	进项税额	其他应付单			3 853 980.00			借			95 888 944.00
12	01	记 -0014	22210101	进项税额	购材料			28 548.00			借			95 917 492.00
12	03	记 -0010	22210101	进项税额	购买办公用品			205.40			借			95 917 697.40
12	04	记 -0017	22210101	进项税额	购买原材料			293 514.00			借			96 211 211.40
12	04	记 -0018	22210101	进项税额	购委托加工材料运费			80.76			借			96 211 292.16
12	06	记 -0021	22210101	进项税额	支付加工费			76 700.00			借			96 287 992.16
12	08	记 -0024	22210101	进项税额	外购水			5 040.00			借			96 293 032.16
12	08	记 -0025	22210101	进项税额	外购电			23 400.00			借			96 316 432.16
12	10	记 -0029	22210101	进项税额	购买设备			673 400.00			借			96 989 832.16
12	10	记 -0029	22210101	进项税额	支付运费			160.20			借			96 989 992.36
12	11	记 -0030	22210101	进项税额	支付运费			27.00			借			96 990 019.36
12	15	记 -0039	22210101	进项税额	购买维修用品			260.00			借			96 990 279.36

续表

月	日	凭证号数	科目编码	科目名称	摘要	单价	借方数量	借方金额	贷方数量	贷方金额	方向	余额数量	余额单价	余额金额
12	15	记 -0040	22210101	进项税额	购材料			22 100.00			借			97 012 379.36
12	15	记 -0049	22210101	进项税额	支付电视广告费			9 840.00			借			97 022 219.36
12	15	记 -0051	22210101	进项税额	设备安装费			5 911.20			借			97 028 130.56
12	17	记 -0054	22210101	进项税额	购材料			2 106 113.57			借			99 134 244.13
12	18	记 -0057	22210101	进项税额	支付快递费			24.77			借			99 134 268.90
12	22	记 -0061	22210101	进项税额	财产保险			8 830.19			借			99 143 099.09
12	22	记 -0062	22210101	进项税额	报纸杂志费			1 486.24			借			99 144 585.33
12	28	记 -0071	22210101	进项税额	税金			711.00			借			99 145 296.33
12					当前合计			7 120 052.33			借			99 145 296.33
12					当前累计			7 120 052.33			借			99 145 296.33
			22210102	已交税金	期初余额						借			28 650 720.00
12	24	记 -0064	22210102	已交税金	交本月增值税			136 000.00			借			28 786 720.00
12					当前合计			136 000.00			借			28 786 720.00
12					当前累计			136 000.00			借			28 786 720.00
			22210103	转出未交增值税	期初余额						借			20 520 936.00
12	31	记 -0090	22210103	转出未交增值税	转出未交增值税			5 915 027.67			借			26 435 963.67
12					当前合计			5 915 027.67			借			26 435 963.67
12					当前累计			5 915 027.67			借			26 435 963.67

续表

月	日	凭证号数	科目编码	科目名称	摘要	单价	借方数量	借方金额	贷方数量	贷方金额	方向	余额数量	余额单价	余额金额
			22210104	销项税额	期初余额						贷			141 196 900.00
12	11	记 -0032	22210104	销项税额	销售商品					1 846 000.00	贷			143 042 900.00
12	12	记 -0033	22210104	销项税额	销售商品					2 418 000.00	贷			145 460 900.00
12	12	记 -0037	22210104	销项税额	销售货物					223 080.00	贷			145 683 980.00
12	16	记 -0052	22210104	销项税额	销售货物					1 846 000.00	贷			147 529 980.00
12	16	记 -0053	22210104	销项税额	销售货物					1 846 000.00	贷			149 375 980.00
12	18	记 -0056	22210104	销项税额	销售货物					2 288 000.00	贷			151 663 980.00
12	23	记 -0063	22210104	销项税额	销售货物					2 704 000.00	贷			154 367 980.00
12					当前合计					13 171 080.00	贷			154 367 980.00
12					当前累计					13 171 080.00	贷			154 367 980.00
			222102	未交增值税	期初余额						贷			1 020 000.00
12	04	记 -0016	222102	未交增值税	缴税			1 020 000.00			平			
12	31	记 -0090	222102	未交增值税	转出未交增值税					5 915 027.67	贷			5 915 027.67
12					当前合计			1 020 000.00		5 915 027.67	贷			5 915 027.67
12					当前累计			1 020 000.00		5 915 027.67	贷			5 915 027.67
			222104	应交城建税	期初余额						贷			71 400.00
12	04	记 -0016	222104	应交城建税	缴税			71 400.00			平			
12	24	记 -0064	222104	应交城建税	交本月增值税			9 520.00			借			9 520.00
12					当前合计			80 920.00			借			9 520.00

续表

月	日	凭证号数	科目编码	科目名称	摘要	单价	借方数量	借方金额	贷方数量	贷方金额	方向	余额数量	余额单价	余额金额
12					当前累计			80 920.00			借			9 520.00
			222105	应交房产税	期初余额						贷			77 500.00
12	04	记 -0016	222105	应交房产税	缴税			77 500.00			平			
12					当前合计			77 500.00			平			
12					当前累计			77 500.00			平			
			222106	应交所得税	期初余额						贷			300 000.00
12	04	记 -0016	222106	应交所得税	缴税			300 000.00			平			
12	31	记 -0091	222106	应交所得税	计算所得税					4 982 501.07	贷			4 982 501.07
12					当前合计			300 000.00		4 982 501.07	贷			4 982 501.07
12					当前累计			300 000.00		4 982 501.07	贷			4 982 501.07
			222107	应交个人所得税	期初余额						贷			287 160.00
12	04	记 -0015	222107	应交个人所得税	支付职工薪酬					287 160.00	贷			574 320.00
12	04	记 -0016	222107	应交个人所得税	缴税			287 160.00			贷			287 160.00
12					当前合计			287 160.00		287 160.00	贷			287 160.00
12					当前累计			287 160.00		287 160.00	贷			287 160.00
			222108	应交教育费附加	期初余额						贷			30 600.00

续表

月	日	凭证号数	科目编码	科目名称	摘要	单价	借方数量	借方金额	贷方数量	贷方金额	方向	余额数量	余额单价	余额金额
12	04	记 -0016	222108	应交教育费附加	缴税			30 600.00			平			
12	24	记 -0064	222108	应交教育费附加	交本月增值税			4 080.00			借			4 080.00
12					当前合计			34 680.00			借			4 080.00
12					当前累计			34 680.00			借			4 080.00
12	31	记 -0095	2232	应付股利	投资者分利					17 537 708.05	贷			17 537 708.05
12	31	记 -0095	2232	应付股利	投资者分利					8 768 854.02	贷			26 306 562.07
12	31	记 -0095	2232	应付股利	投资者分利					2 922 951.34	贷			29 229 513.41
12					当前合计					29 229 513.41	贷			29 229 513.41
12					当前累计					29 229 513.41	贷			29 229 513.41
12	31	记 -0095	223201	星辉公司	投资者分利					17 537 708.05	贷			17 537 708.05
12					当前合计					17 537 708.05	贷			17 537 708.05
12					当前累计					17 537 708.05	贷			17 537 708.05
12	31	记 -0095	223202	大鹏公司	投资者分利					8 768 854.02	贷			8 768 854.02
12					当前合计					8 768 854.02	贷			8 768 854.02
12					当前累计					8 768 854.02	贷			8 768 854.02
12	31	记 -0095	223203	大明公司	投资者分利					2 922 951.34	贷			2 922 951.34
12					当前合计					2 922 951.34	贷			2 922 951.34
12					当前累计					2 922 951.34	贷			2 922 951.34

续表

月	日	凭证号数	科目编码	科目名称	摘要	单价	借方数量	借方金额	贷方数量	贷方金额	方向	余额数量	余额单价	余额金额
			2241	其他应付款	期初余额						贷			550 000.00
12	04	记 -0015	224101	其他销售人员	支付职工薪酬					50 000.00	贷			600 000.00
12					当前合计					50 000.00	贷			600 000.00
12					当前累计					50 000.00	贷			600 000.00
			224101	其他销售人员	期初余额						贷			550 000.00
12	04	记 -0015	224101	其他销售人员	支付职工薪酬					50 000.00	贷			600 000.00
12					当前合计					50 000.00	贷			600 000.00
12					当前累计					50 000.00	贷			600 000.00
			2501	长期借款	期初余额						贷			50 000 000.00
12	31	记 -0074	250101	工行借款——本金	偿还长期借款本金			10 000 000.00			贷			40 000 000.00
12	31	记 -0075	250102	工行借款——利息调整	偿还银行长期借款利息					1 800 000.00	贷			41 800 000.00
12					当前合计			10 000 000.00		1 800 000.00	贷			41 800 000.00
12					当前累计			10 000 000.00		1 800 000.00	贷			41 800 000.00
			250101	工行借款——本金	期初余额						贷			50 000 000.00
12	31	记 -0074	250101	工行借款——本金	偿还长期借款本金			10 000 000.00			贷			40 000 000.00
12					当前合计			10 000 000.00			贷			40 000 000.00
12					当前累计			10 000 000.00			贷			40 000 000.00

续表

月	日	凭证号数	科目编码	科目名称	摘要	单价	借方数量	借方金额	贷方数量	贷方金额	方向	余额数量	余额单价	余额金额
12	31	记-0075	250102	工行借款——利息调整	偿还银行长期借款利息					1 800 000.00	贷			1 800 000.00
12					当前合计					1 800 000.00	贷			1 800 000.00
12					当前累计					1 800 000.00	贷			1 800 000.00
			2701	长期应付款	期初余额						贷			21 000 000.00
			270101	大发公司（租入固定资产）	期初余额						贷			21 000 000.00
			2801	预计负债	期初余额						贷			2 598 611.11
12	31	记-0083	280101	产品质量保证	预计负债					1 013 160.00	贷			3 611 771.11
12					当前合计					1 013 160.00	贷			3 611 771.11
12					当前累计					1 013 160.00	贷			3 611 771.11
			280101	产品质量保证	期初余额						贷			2 598 611.11
12	31	记-0083	280101	产品质量保证	预计负债					1 013 160.00	贷			3 611 771.11
12					当前合计					1 013 160.00	贷			3 611 771.11
12					当前累计					1 013 160.00	贷			3 611 771.11
			4001	实收资本	期初余额						贷			120 000 000.00
			400101	星辉股本	期初余额						贷			72 000 000.00
			400102	大鹏股本	期初余额						贷			36 000 000.00
			400103	大明股本	期初余额						贷			12 000 000.00
			4002	资本公积	期初余额						贷			2 260 000.00

续表

月	日	凭证号数	科目编码	科目名称	摘要	单价	借方数量	借方金额	贷方数量	贷方金额	方向	余额数量	余额单价	余额金额
12	09	记-0027	400201	其他资本公积	付款单					1 300 455.00	贷			3 560 455.00
12					当前合计					1 300 455.00	贷			3 560 455.00
12					当前累计					1 300 455.00	贷			3 560 455.00
			400201	其他资本公积	期初余额						贷			2 260 000.00
12	09	记-0027	400201	其他资本公积	付款单					1 300 455.00	贷			3 560 455.00
12					当前合计					1 300 455.00	贷			3 560 455.00
12					当前累计					1 300 455.00	贷			3 560 455.00
			4101	盈余公积	期初余额						贷			28 546 812.40
12	31	记-0094	410101	提取盈余公积	计提盈余公积					5 329 902.68	贷			33 876 715.08
12					当前合计					5 329 902.68	贷			33 876 715.08
12					当前累计					5 329 902.68	贷			33 876 715.08
			410101	提取盈余公积	期初余额						贷			28 546 812.40
12	31	记-0094	410101	提取盈余公积	计提盈余公积					5 329 902.68	贷			33 876 715.08
12					当前合计					5 329 902.68	贷			33 876 715.08
12					当前累计					5 329 902.68	贷			33 876 715.08
			4103	本年利润	期初余额						贷			38 351 523.60
12	01	记-0089	4103	本年利润	期间损益结转					19 930 004.28	贷			58 281 527.88
12	31	记-0092	4103	本年利润	结转所得税			4 982 501.07			贷			53 299 026.81
12	31	记-0093	4103	本年利润	结转本年利润			53 299 026.81			平			
12					当前合计			58 281 527.88		19 930 004.28	平			

续表

月	日	凭证号数	科目编码	科目名称	摘要	单价	借方数量	借方金额	贷方数量	贷方金额	方向	余额数量	余额单价	余额金额
12					当前累计			58 281 527.88		19 930 004.28	平			
			4104	利润分配	期初余额						贷			5 160 000.00
12	31	记 -0093	410401	未分配利润	结转本年利润					53 299 026.81	贷			58 459 026.81
12	31	记 -0094	410402	提取盈余公积	计提盈余公积			5 329 902.68			贷			53 129 124.13
12	31	记 -0095	410403	应付股利	投资者分利			29 229 513.41			贷			23 899 610.72
12	31	记 -0096	410401	未分配利润	结平利润分配各明细			34 559 416.09			借			10 659 805.37
12	31	记 -0096	410402	提取盈余公积	结平利润分配各明细					5 329 902.68	借			5 329 902.69
12	31	记 -0096	410403	应付股利	结平利润分配各明细					29 229 513.41	贷			23 899 610.72
12					当前合计			69 118 832.18		87 858 442.90	贷			23 899 610.72
12					当前累计			69 118 832.18		87 858 442.90	贷			23 899 610.72
			410401	未分配利润	期初余额						贷			5 160 000.00
12	31	记 -0093	410401	未分配利润	结转本年利润					53 299 026.81	贷			58 459 026.81
12	31	记 -0096	410401	未分配利润	结平利润分配各明细			34 559 416.09			贷			23 899 610.72
12					当前合计			34 559 416.09		53 299 026.81	贷			23 899 610.72
12					当前累计			34 559 416.09		53 299 026.81	贷			23 899 610.72
12	31	记 -0094	410402	提取盈余公积	计提盈余公积			5 329 902.68			借			5 329 902.68

续表

月	日	凭证号数	科目编码	科目名称	摘要	单价	借方数量	借方金额	贷方数量	贷方金额	方向	余额数量	余额单价	余额金额
12	31	记 -0096	410402	提取盈余公积	结平利润分配各明细					5 329 902. 68	平			
12					当前合计			5 329 902. 68		5 329 902. 68	平			
12					当前累计			5 329 902. 68		5 329 902. 68	平			
12	31	记 -0095	410403	应付股利	投资者分利			29 229 513. 41			借			29 229 513. 41
12	31	记 -0096	410403	应付股利	结平利润分配各明细					29 229 513. 41	平			
12					当前合计			29 229 513. 41		29 229 513. 41	平			
12					当前累计			29 229 513. 41		29 229 513. 41	平			
			5001	生产成本	期初余额						借			1 864 000. 00
12	15	记 -0039	500102	辅助生产成本	购买维修用品			2 000. 00			借			1 866 000. 00
12	28	记 -0071	500102	辅助生产成本	支付电话费			800. 00			借			1 866 800. 00
12	31	记 -0078	50010101	直接材料	分配水费——XH-H811复印机			17 538. 89			借			1 884 338. 89
12	31	记 -0078	50010101	直接材料	分配水费——XH-H813复印机			20 461. 11			借			1 904 800. 00
12	31	记 -0078	500102	辅助生产成本	分配水费			16 000. 00			借			1 920 800. 00
12	31	记 -0079	50010103	燃料动力	分配电费——XH-H811复印机			69 230. 45			借			1 990 030. 45

续表

月	日	凭证号数	科目编码	科目名称	摘要	单价	借方数量	借方金额	贷方数量	贷方金额	方向	余额数量	余额单价	余额金额
12	31	记 -0079	50010103	燃料动力	分配电费——XH-H813复印机			80 769.55			借			2 070 800.00
12	31	记 -0079	500102	辅助生产成本	分配电费			15 000.00			借			2 085 800.00
12	31	记 -0080	50010102	直接人工	分配工资——XH-H811复印机			3 532 520.88			借			5 618 320.88
12	31	记 -0080	50010102	直接人工	分配工资——XH-H813复印机			4 121 279.12			借			9 739 600.00
12	31	记 -0080	500102	辅助生产成本	分配工资			409 440.00			借			10 149 040.00
12	31	记 -0081	50010102	直接人工	计提工资附加——XH-H811复印机			3 214 594.01			借			13 363 634.01
12	31	记 -0081	50010102	直接人工	计提工资附加——XH-H813复印机			3 750 363.99			借			17 113 998.00
12	31	记 -0081	500102	辅助生产成本	计提工资附加			372 590.40			借			17 486 588.40
12	31	记 -0082	500102	辅助生产成本	计提折旧			139 500.00			借			17 626 088.40
12	31	记 -0084	50010101	直接材料	月末汇总发料——XH-H811复印机			17 161 941.25			借			34 788 029.65

续表

月	日	凭证号数	科目编码	科目名称	摘要	单价	借方数量	借方金额	贷方数量	贷方金额	方向	余额数量	余额单价	余额金额
12	31	记 -0084	50010101	直接材料	月末汇总发料——XH-H813复印机			32 775 180. 82			借			67 563 210. 47
12	31	记 -0084	500102	辅助生产成本	月末汇总发料			62 087. 80			借			67 625 298. 27
12	31	记 -0085	500102	辅助生产成本	辅助生产费用分配					1 017 418. 20	借			66 607 880. 07
12	31	记 -0086	50010104	制造费用	分配制造费用——XH-H811复印机			1 144 167. 60			借			67 752 047. 67
12	31	记 -0086	50010104	制造费用	分配制造费用——XH-H813复印机			1 334 862. 19			借			69 086 909. 86
12	31	记 -0087	50010101	直接材料	产品完工入库——XH-H811复印机					17 479 480. 14	借			51 607 429. 72
12	31	记 -0087	50010101	直接材料	产品完工入库——XH-H813复印机					33 206 441. 93	借			18 400 987. 79
12	31	记 -0087	50010102	直接人工	产品完工入库——XH-H811复印机					6 747 114. 89	借			11 653 872. 90
12	31	记 -0087	50010102	直接人工	产品完工入库——XH-H813复印机					7 871 643. 11	借			3 782 229. 79

续表

月	日	凭证号数	科目编码	科目名称	摘要	单价	借方数量	借方金额	贷方数量	贷方金额	方向	余额数量	余额单价	余额金额
12	31	记 -0087	50010103	燃料动力	产品完工入库——XH-H811复印机					69 230.45	借			3 712 999.34
12	31	记 -0087	50010103	燃料动力	产品完工入库——XH-H813复印机					80 769.55	借			3 632 229.79
12	31	记 -0087	50010104	制造费用	产品完工入库——XH-H811复印机					1 144 167.60	借			2 488 062.19
12	31	记 -0087	50010104	制造费用	产品完工入库——XH-H813复印机					1 334 862.19	借			1 153 200.00
12					当前合计			68 240 328.06		68 951 128.06	借			1 153 200.00
12					当前累计			68 240 328.06		68 951 128.06	借			1 153 200.00
			500101	基本生产成本	期初余额						借			1 864 000.00
12	31	记 -0078	50010101	直接材料	分配水费——XH-H811复印机			17 538.89			借			1 881 538.89
12	31	记 -0078	50010101	直接材料	分配水费——XH-H813复印机			20 461.11			借			1 902 000.00
12	31	记 -0079	50010103	燃料动力	分配电费——XH-H811复印机			69 230.45			借			1 971 230.45

续表

月	日	凭证号数	科目编码	科目名称	摘要	单价	借方数量	借方金额	贷方数量	贷方金额	方向	余额数量	余额单价	余额金额
12	31	记 -0079	50010103	燃料动力	分配电费——XH-H813 复印机			80 769.55			借			2 052 000.00
12	31	记 -0080	50010102	直接人工	分配工资——XH-H811 复印机			3 532 520.88			借			5 584 520.88
12	31	记 -0080	50010102	直接人工	分配工资——XH-H813 复印机			4 121 279.12			借			9 705 800.00
12	31	记 -0081	50010102	直接人工	计提工资附加——XH-H811 复印机			3 214 594.01			借			12 920 394.01
12	31	记 -0081	50010102	直接人工	计提工资附加——XH-H813 复印机			3 750 363.99			借			16 670 758.00
12	31	记 -0084	50010101	直接材料	月末汇总发料——XH-H811 复印机			17 161 941.25			借			33 832 699.25
12	31	记 -0084	50010101	直接材料	月末汇总发料——XH-H813 复印机			32 775 180.82			借			66 607 880.07
12	31	记 -0086	50010104	制造费用	分配制造费用——XH-H811 复印机			1 144 167.60			借			67 752 047.67

续表

月	日	凭证号数	科目编码	科目名称	摘要	单价	借方数量	借方金额	贷方数量	贷方金额	方向	余额数量	余额单价	余额金额
12	31	记 -0086	50010104	制造费用	分配制造费用——XH-H813复印机			1 334 862. 19			借			69 086 909. 86
12	31	记 -0087	50010101	直接材料	产品完工入库——XH-H811复印机					17 479 480. 14	借			51 607 429. 72
12	31	记 -0087	50010101	直接材料	产品完工入库——XH-H813复印机					33 206 441. 93	借			18 400 987. 79
12	31	记 -0087	50010102	直接人工	产品完工入库——XH-H811复印机					6 747 114. 89	借			11 653 872. 90
12	31	记 -0087	50010102	直接人工	产品完工入库——XH-H813复印机					7 871 643. 11	借			3 782 229. 79
12	31	记 -0087	50010103	燃料动力	产品完工入库——XH-H811复印机					69 230. 45	借			3 712 999. 34
12	31	记 -0087	50010103	燃料动力	产品完工入库——XH-H813复印机					80 769. 55	借			3 632 229. 79
12	31	记 -0087	50010104	制造费用	产品完工入库——XH-H811复印机					1 144 167. 60	借			2 488 062. 19

续表

月	日	凭证号数	科目编码	科目名称	摘要	单价	借方数量	借方金额	贷方数量	贷方金额	方向	余额数量	余额单价	余额金额
12	31	记 -0087	50010104	制造费用	产品完工入库——XH-H813复印机					1 334 862.19	借			1 153 200.00
12					当前合计			67 222 909.86		67 933 709.86	借			1 153 200.00
12					当前累计			67 222 909.86		67 933 709.86	借			1 153 200.00
			50010101	直接材料	期初余额						借			1 864 000.00
12	31	记 -0078	50010101	直接材料	分配水费——XH-H811复印机			17 538.89			借			1 881 538.89
12	31	记 -0078	50010101	直接材料	分配水费——XH-H813复印机			20 461.11			借			1 902 000.00
12	31	记 -0084	50010101	直接材料	月末汇总发料——XH-H811复印机			17 161 941.25			借			19 063 941.25
12	31	记 -0084	50010101	直接材料	月末汇总发料——XH-H813复印机			32 775 180.82			借			51 839 122.07
12	31	记 -0087	50010101	直接材料	产品完工入库——XH-H811复印机					17 479 480.14	借			34 359 641.93
12	31	记 -0087	50010101	直接材料	产品完工入库——XH-H813复印机					33 206 441.93	借			1 153 200.00

续表

月	日	凭证号数	科目编码	科目名称	摘要	单价	借方数量	借方金额	贷方数量	贷方金额	方向	余额数量	余额单价	余额金额
12					当前合计			49 975 122.07		50 685 922.07	借			1 153 200.00
12					当前累计			49 975 122.07		50 685 922.07	借			1 153 200.00
12	31	记 -0080	50010102	直接人工	分配工资——XH-H811复印机			3 532 520.88			借			3 532 520.88
12	31	记 -0080	50010102	直接人工	分配工资——XH-H813复印机			4 121 279.12			借			7 653 800.00
12	31	记 -0081	50010102	直接人工	计提工资附加——XH-H811复印机			3 214 594.01			借			10 868 394.01
12	31	记 -0081	50010102	直接人工	计提工资附加——XH-H813复印机			3 750 363.99			借			14 618 758.00
12	31	记 -0087	50010102	直接人工	产品完工入库——XH-H811复印机					6 747 114.89	借			7 871 643.11
12	31	记 -0087	50010102	直接人工	产品完工入库——XH-H813复印机					7 871 643.11	平			
12					当前合计			14 618 758.00		14 618 758.00	平			
12					当前累计			14 618 758.00		14 618 758.00	平			
12	31	记 -0079	50010103	燃料动力	分配电费——XH-H811复印机			69 230.45			借			69 230.45

续表

月	日	凭证号数	科目编码	科目名称	摘要	单价	借方数量	借方金额	贷方数量	贷方金额	方向	余额数量	余额单价	余额金额
12	31	记-0079	50010103	燃料动力	分配电费——XH-H813复印机			80 769.55			借			150 000.00
12	31	记-0087	50010103	燃料动力	产品完工入库——XH-H811复印机					69 230.45	借			80 769.55
12	31	记-0087	50010103	燃料动力	产品完工入库——XH-H813复印机					80 769.55	平			
12					当前合计			150 000.00		150 000.00	平			
12					当前累计			150 000.00		150 000.00	平			
12	31	记-0086	50010104	制造费用	分配制造费用——XH-H811复印机			1 144 167.60			借			1 144 167.60
12	31	记-0086	50010104	制造费用	分配制造费用——XH-H813复印机			1 334 862.19			借			2 479 029.79
12	31	记-0087	50010104	制造费用	产品完工入库——XH-H811复印机					1 144 167.60	借			1 334 862.19
12	31	记-0087	50010104	制造费用	产品完工入库——XH-H813复印机					1 334 862.19	平			
12					当前合计			2 479 029.79		2 479 029.79	平			

续表

月	日	凭证号数	科目编码	科目名称	摘要	单价	借方数量	借方金额	贷方数量	贷方金额	方向	余额数量	余额单价	余额金额
12					当前累计			2 479 029.79		2 479 029.79	平			
12	15	记 -0039	500102	辅助生产成本	购买维修用品			2 000.00			借			2 000.00
12	28	记 -0071	500102	辅助生产成本	支付电话费			800.00			借			2 800.00
12	31	记 -0078	500102	辅助生产成本	分配水费			16 000.00			借			18 800.00
12	31	记 -0079	500102	辅助生产成本	分配电费			15 000.00			借			33 800.00
12	31	记 -0080	500102	辅助生产成本	分配工资			409 440.00			借			443 240.00
12	31	记 -0081	500102	辅助生产成本	计提工资附加			372 590.40			借			815 830.40
12	31	记 -0082	500102	辅助生产成本	计提折旧			139 500.00			借			955 330.40
12	31	记 -0084	500102	辅助生产成本	月末汇总发料			62 087.80			借			1 017 418.20
12	31	记 -0085	500102	辅助生产成本	辅助生产费用分配					1 017 418.20	平			
12					当前合计			1 017 418.20		1 017 418.20	平			
12					当前累计			1 017 418.20		1 017 418.20	平			
12	28	记 -0071	5101	制造费用	支付电话费			1 200.00			借			1 200.00
12	31	记 -0078	5101	制造费用	分配水费			1 000.00			借			2 200.00
12	31	记 -0079	5101	制造费用	分配电费			6 000.00			借			8 200.00
12	31	记 -0080	5101	制造费用	分配工资			330 320.00			借			338 520.00
12	31	记 -0081	5101	制造费用	计提工资附加			300 591.20			借			639 111.20
12	31	记 -0082	5101	制造费用	计提折旧			737 160.00			借			1 376 271.20
12	31	记 -0084	5101	制造费用	月末汇总发料			390 565.85			借			1 766 837.05

续表

月	日	凭证号数	科目编码	科目名称	摘要	单价	借方数量	借方金额	贷方数量	贷方金额	方向	余额数量	余额单价	余额金额
12	31	记 -0085	5101	制造费用	辅助生产费用分配			712 192.74			借			2 479 029.79
12	31	记 -0086	5101	制造费用	分配制造费用					2 479 029.79	平			
12					当前合计			2 479 029.79		2 479 029.79	平			
12					当前累计			2 479 029.79		2 479 029.79	平			
12	11	记 -0032	6001	主营业务收入	销售货物					14 200 000.00	贷			14 200 000.00
12	12	记 -0033	6001	主营业务收入	销售货物					18 600 000.00	贷			32 800 000.00
12	12	记 -0037	6001	主营业务收入	销售货物					1 716 000.00	贷			34 516 000.00
12	16	记 -0052	6001	主营业务收入	销售货物					14 200 000.00	贷			48 716 000.00
12	16	记 -0053	6001	主营业务收入	销售货物					14 200 000.00	贷			62 916 000.00
12	18	记 -0056	6001	主营业务收入	销售货物					17 600 000.00	贷			80 516 000.00
12	23	记 -0063	6001	主营业务收入	销售货物					20 800 000.00	贷			101 316 000.00
12	1	记 -0089	6001	主营业务收入	期间损益结转			101 316 000.00			平			
12					当前合计			101 316 000.00		101 316 000.00	平			
12					当前累计			101 316 000.00		101 316 000.00	平			
12	17	记 -0055	6111	投资收益	出售股票					509 320.00	贷			509 320.00
12	31	记 -0089	6111	投资收益	期间损益结转			509 320.00			平			
12					当前合计			509 320.00		509 320.00	平			
12					当前累计			509 320.00		509 320.00	平			
12	31	记 -0076	6301	营业外收入	现金盘盈					10.00	贷			10.00

续表

月	日	凭证号数	科目编码	科目名称	摘要	单价	借方数量	借方金额	贷方数量	贷方金额	方向	余额数量	余额单价	余额金额
12	01	记 -0089	6301	营业外收入	期间损益结转			10.00			平			
12					当前合计			10.00		10.00	平			
12					当前累计			10.00		10.00	平			
12	31	记 -0088	6401	主营业务成本	结转产品销售成本			1 496 000.00			借			1 496 000.00
12	31	记 -0088	6401	主营业务成本	结转产品销售成本			24 586 387.48			借			26 082 387.48
12	31	记 -0088	6401	主营业务成本	结转产品销售成本			42 319 388.74			借			68 401 776.22
12	31	记 -0089	6401	主营业务成本	期间损益结转					68 401 776.22	平			
12					当前合计			68 401 776.22		68 401 776.22	平			
12					当前累计			68 401 776.22		68 401 776.22	平			
12	1	记 -0005	6601	销售费用	支付租金			108 000.00			借			108 000.00
12	15	记 -0049	6601	销售费用	支付电视广告费			164 000.00			借			272 000.00
12	28	记 -0071	6601	销售费用	支付电话费			1 100.00			借			273 100.00
12	31	记 -0078	6601	销售费用	分配水费			500.00			借			273 600.00
12	31	记 -0079	6601	销售费用	分配电费			4 500.00			借			278 100.00
12	31	记 -0080	6601	销售费用	分配工资			578 000.00			借			856 100.00
12	31	记 -0081	6601	销售费用	计提工资附加			525 980.00			借			1 382 080.00
12	31	记 -0082	6601	销售费用	计提折旧			86 800.00			借			1 468 880.00

续表

月	日	凭证号数	科目编码	科目名称	摘要	单价	借方数量	借方金额	贷方数量	贷方金额	方向	余额数量	余额单价	余额金额
12	31	记-0083	6601	销售费用	预计负债			1 013 160.00			借			2 482 040.00
12	31	记-0084	6601	销售费用	月末汇总发料			31 043.90			借			2 513 083.90
12	31	记-0085	6601	销售费用	辅助生产费用分配			101 741.82			借			2 614 825.72
12	31	记-0089	6601	销售费用	期间损益结转					2 614 825.72	平			
12					当前合计			2 614 825.72		2 614 825.72	平			
12					当前累计			2 614 825.72		2 614 825.72	平			
12	3	记-0010	6602	管理费用	购买办公用品			1 580.00			借			1 580.00
12	3	记-0012	6602	管理费用	支付五险一金			650 829.60			借			652 409.60
12	3	记-0012	6602	管理费用	支付五险一金			542 358.00			借			1 194 767.60
12	3	记-0013	6602	管理费用	购买办公用品			80.00			借			1 194 847.60
12	6	记-0022	6602	管理费用	差旅费报销			5 200.00			借			1 200 047.60
12	6	记-0023	6602	管理费用	购买办公用品			847.50			借			1 200 895.10
12	8	记-0026	6602	管理费用	报销差旅费			51 400.00			借			1 252 295.10
12	9	记-0028	6602	管理费用	支付工会经费			9 300.00			借			1 261 595.10
12	13	记-0038	6602	管理费用	报销差旅费			29 600.00			借			1 291 195.10
12	15	记-0043	6602	管理费用	购买办公用品			24.00			借			1 291 219.10
12	15	记-0046	6602	管理费用	支付年检费			50.00			借			1 291 269.10
12	18	记-0057	6602	管理费用	支付快递费			275.23			借			1 291 544.33
12	18	记-0059	6602	管理费用	差旅费报销			45 000.00			借			1 336 544.33

续表

月	日	凭证号数	科目编码	科目名称	摘要	单价	借方数量	借方金额	贷方数量	贷方金额	方向	余额数量	余额单价	余额金额
12	22	记 -0061	6602	管理费用	财产保险			147 169.81			借			1 483 714.14
12	22	记 -0062	6602	管理费用	报纸杂志费			16 513.76			借			1 500 227.90
12	24	记 -0065	6602	管理费用	材料盘亏			224 800.00			借			1 725 027.90
12	28	记 -0071	6602	管理费用	支付电话费			4 800.00			借			1 729 827.90
12	31	记 -0078	6602	管理费用	分配水费			500.00			借			1 730 327.90
12	31	记 -0079	6602	管理费用	分配电费			4 500.00			借			1 734 827.90
12	31	记 -0080	6602	管理费用	分配工资			1 875 600.00			借			3 610 427.90
12	31	记 -0081	6602	管理费用	计提工资附加			1 706 796.00			借			5 317 223.90
12	31	记 -0082	6602	管理费用	计提折旧			56 140.00			借			5 373 363.90
12	31	记 -0082	6602	管理费用	计提折旧			137 200.00			借			5 510 563.90
12	31	记 -0084	6602	管理费用	月末汇总发料			31 043.90			借			5 541 607.80
12	31	记 -0085	6602	管理费用	辅助生产费用分配			203 483.64			借			5 745 091.44
12	31	记 -0089	6602	管理费用	期间损益结转					5 745 091.44	平			
12					当前合计			5 745 091.44		5 745 091.44	平			
12					当前累计			5 745 091.44		5 745 091.44	平			
12	21	记 -0060	6603	财务费用	贴现			218 412.34			借			218 412.34
12	26	记 -0069	6603	财务费用	收到利息			-219 780.00			借			-1 367.66
12	31	记 -0073	6603	财务费用	偿还银行借款本息			1 105 000.00			借			1 103 632.34

续表

月	日	凭证号数	科目编码	科目名称	摘要	单价	借方数量	借方金额	贷方数量	贷方金额	方向	余额数量	余额单价	余额金额
12	31	记 -0075	6603	财务费用	偿还银行长期借款利息			1 800 000.00			借			2 903 632.34
12	31	记 -0089	6603	财务费用	期间损益结转					2 903 632.34	平			2 903 632.34
12					当前合计			2 903 632.34		2 903 632.34	平			
12					当前累计			2 903 632.34		2 903 632.34	平			
12	15	记 -0050	6711	营业外支出	捐赠			800 000.00			借			800 000.00
12	31	记 -0077	6711	营业外支出	结转清理完毕固定资产			1 250 000.00			借			2 050 000.00
12	31	记 -0089	6711	营业外支出	期间损益结转					2 050 000.00	平			2 050 000.00
12					当前合计			2 050 000.00		2 050 000.00	平			
12					当前累计			2 050 000.00		2 050 000.00	平			
12	15	记 -0042	6712	资产处置损益	清理管理工具并结转损失			180 000.00			借			180 000.00
12	31	记 -0089	6712	资产处置损益	期间损益结转					180 000.00	平			
12					当前合计			180 000.00		180 000.00	平			
12					当前累计			180 000.00		180 000.00	平			
12	31	记 -0091	6801	所得税费用	计算所得税			4 982 501.07			借			4 982 501.07
12	31	记 -0092	6801	所得税费用	结转所得税					4 982 501.07	平			
12					当前合计			4 982 501.07		4 982 501.07	平			
12					当前累计			4 982 501.07		4 982 501.07	平			

（八）其他资料（见表 1-23）

表 1-23　2018 年管理费用及销售费用明细项目表

单位：元

管理费用项目	2018 年 12 月	销售费用项目	2018 年 12 月
办公费	132 800	支付租金	100 000
财产保险费	147 169.81	产品质量保证	935 160
报纸杂志费	18 000	折旧费	28 000
机物料消耗	137 700	电话费	1 100
电话费	4 800	水电费	5 000
水电费	5 000	工资	528 000
工资	1 875 600	福利及五险一金	397 664
福利及五险一金	1 290 412.8	修理费	98 000
折旧费	56 140	机物料消耗	30 500
无形资产摊销	100 000	摊销长期待摊费用（租入固定资产改良支出）	63 375
修理费	196 000		
工会经费	37 512		
职工教育经费	150 048		
其他	1 516 193.39	其他	248 816
合计	5 667 376	合计	2 435 615

八、实训要求

本实训分组进行。每组为一个审计项目组，一个审计项目组建议由 4 人组成。每组确定一名组长，组长为审计项目负责人。

（一）非审计专业手工审计及借助审计辅助软件审计要求

（1）要求每组实训前熟悉实训资料并编制项目组工作方案，见表 1-24。

表 1-24　项目组工作方案

<table>
<tr><td rowspan="2">项目</td><td rowspan="2"></td><td>制定人：</td></tr>
<tr><td>制定日期：</td></tr>
<tr><td>项目组成员</td><td colspan="2"></td></tr>
<tr><td>审计工作思路</td><td colspan="2"></td></tr>
<tr><td>人员分工</td><td colspan="2"></td></tr>
<tr><td>说明</td><td colspan="2"></td></tr>
<tr><td colspan="2">复核人意见及签名：</td><td></td></tr>
</table>

（2）完成手工审计工作。非审计专业手工审计要求完成 2019 年 12 月财务报表鉴证业务工作并完成所给全部纸质审计工作底稿的编制。（注：实施分析程序时，假定 12 月期初资料已经审计无误。）

（3）有条件的学校在完成手工实训后可利用审计辅助软件完成审计实训。

（4）完成项目组自评表（见表 1-25）、项目组互评表（见表 1-26）。

表 1-25 项目组自评表

项目：　　　　　　　　　　　　　　　　　项目组：

姓名	项目组自评							总分
	专业技能（50 分）			职业核心能力（50 分）				
	任务完成（25 分）	正确性（15 分）	效率性（10 分）	工作作风（10 分）	团队合作（10 分）	礼仪沟通（10 分）	解决问题及创新（20 分）	

表 1-26 项目组互评表

项目：　　　　　　　　　　　　　　　　被评项目组：

组别	项目组互评							总分
	专业技能（50 分）			职业核心能力（50 分）				
	任务完成（25 分）	正确性（15 分）	效率性（10 分）	工作作风（10 分）	团队合作（10 分）	礼仪沟通（10 分）	解决问题及创新（20 分）	

存在的问题及改进意见：

评价人：

（5）展示工作成果。

（6）教师评价并填制评价表，评价表见表 1-27。

表 1-27　教师（实践专家）评价表

组别：						汇报序号：				
学生号	序号	学生姓名	专业技能（50 分）			职业核心能力（50 分）				合计
			任务完成（25 分）	正确性（15 分）	效率性（10 分）	工作作风（10 分）	团队协作（10 分）	礼仪沟通（10 分）	解决问题及创新能力（20 分）	

评价人：

（7）项目组修订并复核工作成果。

（8）提交工作成果。

（二）审计专业手工审计及借助审计辅助软件审计要求

审计专业要求分别按照八个审计项目完成下列工作。

（1）熟悉实训资料并按照每一实训项目编制电子项目组工作方案。

（2）完成项目手工审计。

审计专业要求按照项目完成手工审计并编制全套电子审计工作底稿，完成全套电子底稿时，在不违背所给基础资料的基础上，可以自行完善、补充相关资料。

（3）利用审计辅助软件完成本项目审计工作。

（4）完成电子自评、互评表。

（5）展示工作成果。

（6）教师评价。

（7）项目组修订并复核工作成果。

（8）全部工作结束时将全部工作成果提交至教师邮箱。

注意：① 在课程完成后有条件的学校建议聘请实践专家参与最后综合评价。

② 审计专业要求提交教师的所有资料必须是电子资料，所需的所有电子资料可从高等教育出版社产品检索系统平台下载。

③ 审计辅助软件可根据学校实际情况选用。

第二部分　工作任务及操作指导

项目一　计划审计工作

工作任务

- 任务 1：建立审计机构、客户及审计项目。
- 任务 2：对北京翔辉科技股份有限公司 2019 年 12 月备份数据进行采集、转换、上传，并完成数据初始化工作。
- 任务 3：签订审计业务约定书。
- 任务 4：实施分析程序，确定审计重点。
- 任务 5：编制总体审计策略。
- 任务 6：编制具体审计计划。

工作步骤

- 步骤 1：在审计辅助软件中构建审计人信息，即输入审计机构和审计人员信息。
- 步骤 2：审计人和被审计人签订审计业务约定书。
- 步骤 3：在审计辅助软件中创建客户信息，即被审计单位“北京翔辉科技股份有限公司”信息；
- 步骤 4：创建审计项目，即创建北京翔辉科技股份有限公司 2019 年 12 月财务报表鉴证业务项目，组建审计小组，并对小组成员进行分工。
- 步骤 5：导入北京翔辉科技股份有限公司业务数据。
- 步骤 6：对被审计单位资产负债表和利润表实施分析程序。
- 步骤 7：编制总体审计策略和具体审计计划。

注意：审计辅助软件可根据学校实际情况选用。

重点指导

（1）由默认系统管理员 admin 在审计辅助软件中构建审计人（会计师事务所）信息及用户信息，并录入客户（北京翔辉科技股份有限公司）信息，建立审计项目。

（2）利用数据采集工具对北京翔辉科技股份有限公司备份数据进行采集、转换、上传，并完成数据初始化工作。

（3）熟悉审计业务约定书的基本内容。在实际工作中，作为一个助理审计人员，是很难接触到审计业务约定书的，但审计业务约定书属于格式条款，其中的基本内容又是审计人员必须知晓并认真执行的，所以作为一个审计专业人员必须在学校熟悉审计业务约定书的内容。本任务要求两个小组共同完成，一组扮演事务所，一组扮演被审计单位，共同研读审计业务约定书，并在所给资料的基础上完成审计业务约定书的签约工作。

（4）对被审计单位资产负债表和利润表实施分析程序，目的是发现异常情况，确定重点项目和风险项目，为编制总体审计策略和具体审计计划做准备。

（5）总体审计策略和具体审计计划在实际工作中一般由项目负责人编制，所以实训中由小组组长负责，其他成员予以协助完成本任务。总体审计策略重要性水平计算参考 2018 年资料确定。

项目二　对被审计单位进行控制测试

工作任务

- 实施采购与付款循环控制测试。

工作步骤

- 步骤 1：了解被审计单位采购与付款循环的控制活动，确定拟进行测试的控制活动。
- 步骤 2：测试控制运行的有效性，记录测试过程和结论。具体包括：
  （1）实施采购与付款循环控制测试程序；
  （2）记录采购与付款循环控制测试过程。
- 步骤 3：根据测试结论，确定对实质性程序及计划风险评估水平的影响。

重点指导

由于各循环控制测试的方法和底稿格式都是一样的，不同的是需要测试的各循环内部控制的内容。因此，本项目将重点指导采购与付款循环控制测试程序及控制测试过程。

1. 实施采购与付款循环测试程序并编制底稿

实施采购与付款循环测试程序是通过完成“采购与付款循环测试程序表”中规定的审计工作进行的。程序表中控制测试目标和被审计单位控制测试活动是直接根据需要测试的被审计单位内部控制制度抄写的；控制程序是审计人员根据被审计单位的内控，凭借专业判断设计的需要下一步进行测试的程序；执行控制的频率是根据被审计单位执行这项内控的频率实际情况填写的；所测试的项目数量是审计人员以被审计单位执行控制的频率为依据，确定控制测试样本数量。索引号是按照前面的测试程序抽取样本检查的工作底稿——控制测试过程表的索引号。

在编制该工作底稿时值得注意的是：

（1）控制测试程序包括询问、观察、检查以及重新执行。需要强调的是，询问本身并不足以测试控制运行的有效性，审计人员应当将询问与其他审计程序结合使用，以获取有关控制运行有效性的审计证据。

（2）资料所给与的被审计单位采购与付款循环内部控制，并不一定是所有被审计单位内部控制，在审计实务中，审计人员应运用职业判断，结合被审计单位的实际情况设计和执行控制测试。

2. 采购与付款循环过程实施和底稿的编制

采购与付款循环过程实施底稿是按照程序底稿中设计的程序和抽取的样本进行检查的记录，是记录具体测试过程的底稿。采购与付款循环过程实施即是对抽取的样本按照测试内容逐一测试并记载工作底稿的过程。

3. 采购与付款循环控制测试汇总表

“了解内部控制的初步结论”一栏应根据了解本循环控制的设计并评估其执行情况所获取的审计证据填写。审计人员对控制的评价结论可能是：① 控制设计合理，并得到执行；② 控制设计合理，未得到执行；③ 控制设计无效或缺乏必要的控制。

“控制测试结论”一栏是记录审计人员测试的控制活动汇总及结论。应根据控制测试程序表和控制测试实施底稿及审计人员的专业判断填列。

值得注意的是：

（1）如果审计人员不准备对与某些控制目标相关的控制活动实施控制测试，则应直接执行实质性程序，对相关交易和账户余额的认定进行测试，以获取足够的保证程度。

（2）如果控制测试的结论不能支持项目负责人在总体审计策略中所估计的计划风险评估水平，则应提请项目负责人重新修订计划风险水平及审计计划。

（3）本实训项目通过控制测试可以发现，该公司内部控制基本没有执行，因此，控制测试结论不能支持项目负责人计划风险水平。由于本项目工作量不大，因此项目负责人决定不再对其他项目进行控制测试，直接转为实质性工作，审计方法调整为以详细审计为主。

项目三　实施货币资金实质性程序

工作任务

- 任务 1：实施库存现金实质性程序并编制相关工作底稿。
- 任务 2：实施银行存款实质性程序并编制相关工作底稿。
- 任务 3：编制货币资金审定表。

工作步骤

- 步骤 1：编制货币资金审定表（上期数、未审数等，实施简单分析程序）。
- 步骤 2：逐一实施货币资金审计程序表中库存现金的审计程序，执行完成以后在“执行者签名”栏签名并注明执行该程序底稿索引号。
- 步骤 3：完成程序表中程序 1 并编制库存现金明细表。
- 步骤 4：完成程序表中程序 2 并编制库存现金盘点表。
- 步骤 5：完成程序表中程序 3 并编制现金截止性测试表。

- 步骤6：完成程序表中程序4并编制大额现金收支抽查表。
- 步骤7：逐一实施货币资金审计程序表中银行存款的审计程序，执行完成以后在“执行者签名”栏签名并注明执行该程序底稿索引号。
- 步骤8：完成程序表中程序6并编制银行存款明细表。
- 步骤9：完成程序表中程序7并编制银行存款余额调节表。
- 步骤10：完成程序表中程序8、9并对银行存款进行函证及编制银行函证结果汇总表。
- 步骤11：完成程序表中程序10并编制银行存款收支检查表。
- 步骤12：完成程序表中程序11并编制银行存款截止性测试表。
- 步骤13：编制其他货币资金相关底稿（略）。
- 步骤14：确定货币资金审定表调整数和审定数。
- 步骤15：得出审计结论并填写货币资金审定表审计结论。

重点指导

在货币资金审计中，重点应注意货币资金相关工作底稿的编制以及各工作底稿之间的逻辑关系。

1. 货币资金审定表的编制

货币资金审计应该从货币资金审定表开始。审定表是一张主引导表，每一个项目的审计都是从它开始，最后结束于该工作底稿。审计开始应在该工作底稿中进行分析程序，了解该项目审计年度的变化情况，以便确定下一步审计工作的方向、实施的审计程序及抽样规模等。

2. 货币资金审计程序表的编制

在编制货币资金审计程序表时应注意截止日是某年某月某日，如2019年12月31日，并注意所有资产负债表项目截止日都应如此填列，以后不再提示。将工作底稿上相关要素编制齐全后，逐一实施具体审计程序。例如，实施程序1：获取或编制库存现金明细表，先在该实施程序针对的财务报表认定栏“计价和分摊”列画钩。然后编制库存现金明细表，并做相关核对。做完之后返回本底稿，在程序1“执行者签名”处签上自己的名字，并将库存现金明细表的索引号填入程序1“工作底稿索引”栏内。至此，程序1编制完毕，继续做程序2。以此类推，直到做完本底稿。

3. 库存现金明细表的编制

将工作底稿上相关要素填写齐全，注意索引号的编制。一般情况下如果货币资金审计程序表索引号为A1-1，那么库存现金明细表索引号编为A1-2。再根据现金日记账分币种填制期初余额、本期增加、本期减少和期末余额，并加计合计数。然后进行总账、明细账的核对，并用审计标志列示，之后在“审计说明”中对审计标志进行说明。值得注意的是，底稿中“实盘数”和“长（短）款”及“原因”等栏目待“库存现金监盘表”编制完成后根据此表填列。

4. 库存现金监盘表的编制

库存现金监盘表由五部分组成：第一部分为审计工作底稿基本要素。第二部分为清点实有现金，直接列示盘点现金的张数和金额即可。第三部分为核对及追溯记录。“盘点日上一日现金账面余额”应根据现金日记账填列，但填列应注意盘点时间若为下午下班后进行，那么该项目应填列盘点当天日记账余额；加减收支未记账数应注意不应该包括白条；盘点日现金账面余额应等于盘点日上一日现金账面余额加减收支未记账数的结果；盘点日现金实有数额应根据第二部分结果填列；差异为盘点日现金账面余额减去盘点日现金实有数额。差异原因分析首先列示白条抵库数，然后再计算长短款。第四部分追溯调整应根据盘点日现金实有数额加上报表日至盘点日累计支出数减去报表日至盘点日累计收入数得出，即为报表日库存现金审定数。第五部分为签字及审计说明。签字应注意“企业会计主管人员”和“出纳”必须由被审计单位的会计主管和出纳亲自签字。审计说明主要是对库存现金监盘的详细时间、地点及盘点情况、存在的问题进行说明。该底稿完成后返回完成库存现金明细表。

5. 现金收入检查表和现金支出检查表的编制

编制检查表应重点注意：

（1）样本选择标准与规模。应清楚列示样本的总规模是多大，用什么方法选取样本（统计抽样还是判断抽样），如果是判断抽样应清楚列示抽样标准，如果采用统计抽样应列示抽样方法。

（2）测试应清楚列示抽取了多少样本，占总规模比例多大，具体测试什么。

（3）一般情况下，抽样根据明细账（或日记账）抽样较好，对所抽凭证进行核对，并在核对内容下画钩或者叉注明。

（4）审计说明在没有发现问题的情况下可以写“所抽查凭证未见异常”等。如果发现问题就应对发现的问题进行说明。

6. 现金截止性测试工作底稿的编制

截止性测试工作底稿一般分成两部分。上部分实施审计年度凭证测试，核心工作是检查审计年度凭证是否归属审计年度。如是，在“审计年度”栏画钩；如不是，则在“以后年度”处画钩。下半部分实施以后年度年初所抽凭证测试，核心工作是检查以后年度凭证是否归属以后年度。如是，在“以后年度”栏画钩；如不是，则在“审计年度”处画钩。本审计项目由于没有给出被审计单位 2019 年 1 月资料，所以只要求对审计年度部分进行测试。

7. 银行存款余额调节表的编制

审计工作底稿的“银行存款余额调节表”与会计工作中此表的编制是有区别的：在会计工作中如果调节表平了，就认为没有问题了。但在审计工作中，如果调节表平了，也并不能认为该企业就没有问题了，应该进一步检查未达账项等。因此在银行存款余额调节表审计底稿中应详细列示每一笔未达账项的时间、内容和金额，以便进一步分析企业是否存在出租、出借账户和挪用资金等情况。另外，该工作底稿和库存现金监盘表一样，需要被审计单位的经办会计和会计主管在底稿上签字。

8. 函证程序及相关底稿的编制

（1）函证程序的控制。首先，函证信由审计人员以被审计单位名义亲自制作，之后交被审计单位盖章（过程监控），再由审计人员亲自寄出，回函也应直接寄给会计师事务所。

（2）对收到回函的，应编制银行存款函证结果汇总表；没有收到回函的，则可再次复函。如果还是没有回函，则应实施替代审计程序。对于回函结果不符事项，应进一步查明原因。

9. 完成货币资金审定表

该项目审计结束时应将该项目审计调整数列示于该工作底稿，确定该项目的审定数并填写审计结论：“可以确认”“经调整后可以确认”等。

项目四　实施采购与付款循环实质性程序

工作任务

- 任务 1：完成固定资产实质性程序。
- 任务 2：完成应付账款实质性程序。
- 任务 3：完成管理费用实质性程序。

工作步骤

- 步骤 1：编制固定资产、累计折旧及减值准备审定表（上期数、未审数等，实施简单分析程序）。
- 步骤 2：逐一实施固定资产审计程序表审计程序，执行完成以后在“执行者签名”栏签名并注明执行该程序底稿索引号。
- 步骤 3：完成程序表中程序 1 并编制固定资产、累计折旧及减值准备明细表。
- 步骤 4：完成程序表中程序 2、5、6 并编制固定资产增加情况测试表。
- 步骤 5：完成程序表中程序 3、5 并编制固定资产减少情况测试表。
- 步骤 6：完成程序表中程序 4、5、6 并编制租出、租入固定资产检查表。
- 步骤 7：完成程序表中程序 7 并编制固定资产、累计折旧及减值准备审定表（调整数、审定数等）。
- 步骤 8：编制应付账款审定表（上期数、未审数等，实施简单分析程序）。
- 步骤 9：逐一实施应付账款审计程序表审计程序，执行完成以后在“执行者签名”栏签名并注明执行该程序底稿索引号。
- 步骤 10：完成程序表中程序 1 并编制应付账款明细表。
- 步骤 11：完成程序表中程序 2、4 并编制应付账款核对表。
- 步骤 12：完成程序表中程序 5、6、7、8 并编制应付账款细节测试及凭证抽查表。
- 步骤 13：完成程序表中程序 9 并编制应付账款审定表（调整数、审定数等）。
- 步骤 14：编制管理费用审定表（上期数、未审数等，实施简单分析程序）。
- 步骤 15：逐一实施管理费用审计程序表审计程序，执行完成以后在“执行者签名”栏签名并注明执行该程序底稿索引号。
- 步骤 16：完成程序表中程序 1 并编制管理费用明细表。
- 步骤 17：完成程序表中程序 2 并编制管理费用分析性程序表。
- 步骤 18：完成程序表中程序 3、4 并编制管理费用凭证抽查表。
- 步骤 19：完成程序表中程序 5 并编制管理费用审定表（调整数、审定数等）。

重点指导

在采购与付款审计中，重点应训练审计方法在各项目审计中的运用，所以该循环的重点是选择恰当的审计方法对固定资产、应付账款、管理费用实施实质性程序，发现该循环存在的问题，并针对不同的问题进行相应的处理。

1. 实施固定资产实质性程序指导

固定资产部分企业出现问题比较多的是固定资产增减变化的处理及折旧的计提，因此本项目审计应重点掌握检查和重新计算这两种审计方法。

（1）固定资产增减变化本项目应重点关注第 43 笔、第 48 笔和第 80 笔业务。特别是第 48 笔业务残值收入的去处。经审计，审计人员在该单位保险柜中发现了如下发票和一张银行卡，卡里有存款 1 200 000 元。

（2）审计固定资产折旧计算是否正确，主要审计其计算基数、折旧率以及折旧计算是否正确。本项目重点关注第 85 笔业务。

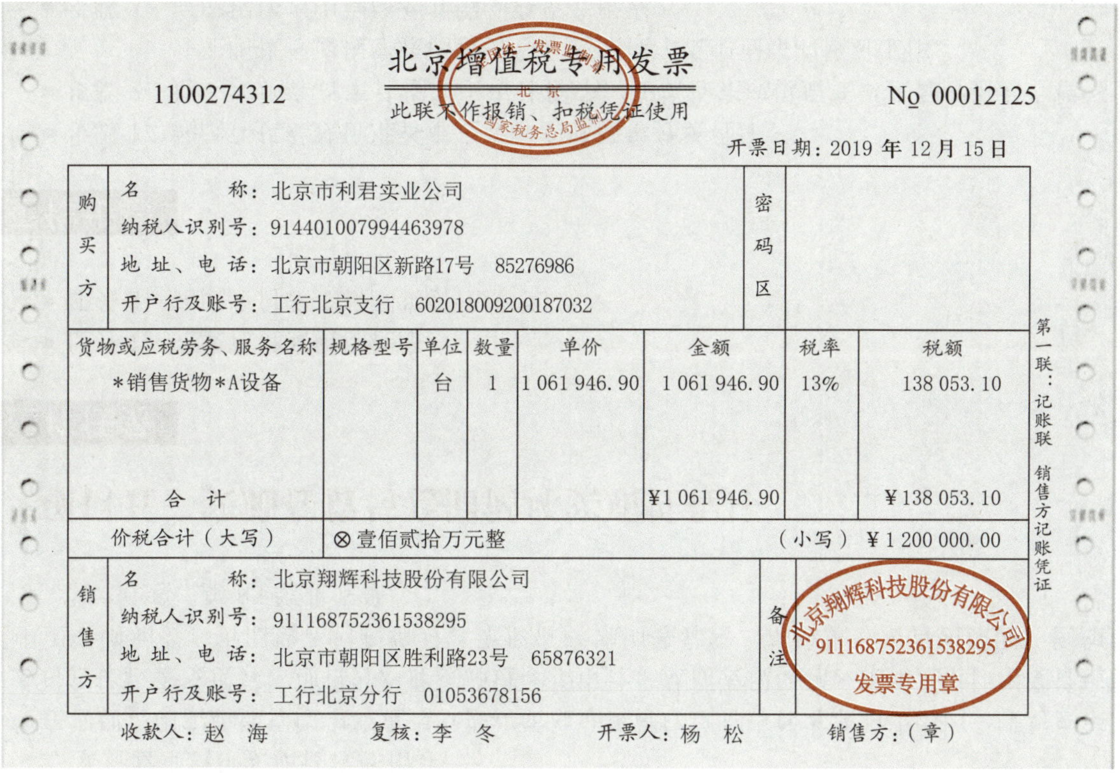

北京增值税专用发票

1100274312　　此联不作报销、扣税凭证使用　　№ 00012125

开票日期：2019 年 12 月 15 日

购买方	名　　称：北京市利君实业公司 纳税人识别号：914401007994463978 地 址、电 话：北京市朝阳区新路17号　85276986 开户行及账号：工行北京支行　602018009200187032				密码区		
货物或应税劳务、服务名称	规格型号	单位	数量	单价	金额	税率	税额
*销售货物*A设备		台	1	1 061 946.90	1 061 946.90	13%	138 053.10
合　计					¥1 061 946.90		¥138 053.10
价税合计（大写）	⊗壹佰贰拾万元整					（小写）	¥1 200 000.00
销售方	名　　称：北京翔辉科技股份有限公司 纳税人识别号：911168752361538295 地 址、电 话：北京市朝阳区胜利路23号　65876321 开户行及账号：工行北京分行　01053678156				备注	北京翔辉科技股份有限公司 911168752361538295 发票专用章	

收款人：赵　海　　复核：李　冬　　开票人：杨　松　　销售方：（章）

第一联：记账联　销售方记账凭证

此外，还应关注资料中告知的该公司有在建工程 B 工程没有入账的情况，以及投资性房地产租金收入是否入账、固定资产和投资性房地产划分是否正确、租入固定资产装修支出（长期待摊费用）是否摊销、无形资产是否摊销、经营租入和融资租入的界定是否正确等问题。

2. 实施应付账款实质性程序指导

应付账款属于往来款项。在审计实务中，舞弊企业常常喜欢将自己账内小金库隐匿在往来款项中。因此，对往来款项一定要重点关注。应付账款一般会出现下列问题：

（1）企业已经预付货款，在收到所购商品时不冲销预付款，而是全部增加应付账款，因此造成同时虚增资产和负债。比如本项目第 7 笔业务。

（2）企业将多计的成本费用隐匿应付账款中，比如本项目第 15 笔业务（上月已暂估入账的材料本月月初没有用红字冲）、第 43 笔、第 73 笔。此外，已经豁免的债务是否及时处理，比如第 45 笔业务。

（3）应付账款明细账中出现大量借方余额时，在列示应付账款报表项目时仍然直接根据应付账款总账填列。

对于出现的第（1）种和第（2）种问题需要做账项调整，对于出现的第（3）种问题则需要对其进行重分类调整。

3. 实施管理费用实质性程序指导

在管理费用实质性程序中应重点掌握实质性分析程序这种审计方法的运用。一般与去年已审数进行比较去发现异常项目并对此实施进一步审计，从而发现问题。比如，审计年度管理费用中工资附加费、折旧费、材料盘亏、无形资产摊销等异常，都应进一步查明原因。例如第 13 笔、第 30 笔、第 85 笔业务等。

项目五　实施存货与仓储循环实质性程序

工作任务

- 任务 1：完成存货实质性程序。
- 任务 2：完成应付职工薪酬实质性程序。

工作步骤

- 步骤 1：编制存货及跌价准备审定表并实施简单分析程序。
- 步骤 2：逐一实施存货审计程序表审计程序，在执行完成以后在“执行者签名”栏签名并注明执行该程序底稿索引号。完成程序表中程序的核对工作。
- 步骤 3：完成程序表中程序 2 并编制存货分析表。
- 步骤 4：完成程序表中程序 3 并编制存货明细账与盘点报告（记录）核对表。
- 步骤 5：完成程序表中程序 3 并编制存货盘点汇总表。
- 步骤 6：完成程序表中程序 3 并编制存货盘点倒轧表。
- 步骤 7：完成程序表中程序 4 并编制存货截止性测试——入库表和存货截止性测试——出库表。
- 步骤 8：完成程序表中程序 5 并编制存货计价方法测试表。
- 步骤 9：完成程序表中程序 6 并编制生产成本检查表。
- 步骤 10：完成程序表中程序 6 并编制生产成本计算单测试表。
- 步骤 11：完成程序表中程序 6 并编制直接材料成本情况检查表。
- 步骤 12：完成程序表中程序 6 并编制直接人工成本情况检查表。
- 步骤 13：完成程序表中程序 6 并编制制造费用情况检查表。

- 步骤 14：完成程序表中程序 7 并编制委托加工物资核查表。
- 步骤 15：完成程序表中程序 8 并编制存货跌价准备测试表。
- 步骤 16：完成程序表中程序 9 并编制存货及跌价准备审定表（调整数、审定数等）。
- 步骤 17：编制应付职工薪酬审定表。
- 步骤 18：逐一实施应付职工薪酬审计程序表审计程序，执行完成以后在“执行者签名”栏签名并注明执行该程序底稿索引号。
- 步骤 19：完成程序表中程序 1 并编制应付职工薪酬明细表。
- 步骤 20：完成程序表中程序 3、4 并编制应付职工薪酬分配情况检查表。
- 步骤 21：完成程序表中程序 5、6、7 并编制应付职工薪酬细节测试及凭证抽查表。
- 步骤 22：完成程序表中程序 8 并编制应付职工薪酬审定表（调整数、审定数等）。

重点指导

在存货与仓储循环审计中，重点实训审计方法在审计实务中的运用，所以该循环的重点是选择恰当的审计方法对存货、应付职工薪酬实施审计，发现该循环存在的问题，并针对不同的问题进行相应的处理。

1. 实施存货实质性程序指导

实施存货实质性程序是一个比较复杂和困难的问题，在本项目中需要将审计方法进行综合运用，包括检查、观察、询问、重新计算、实质性分析程序等。

（1）可以用 T 形账户对存货做个简单的分析程序，了解存货整体是否合理。

（2）对于存货监盘，本项目要求审计人员根据给出资料编制监盘表。

（3）存货计价检查应重点检查存货收、发计价是否正确。一般应采用重新计算的审计方法进行检查。

（4）关注上月暂估入账的存货本月月初是否冲销。

（5）委托加工物资应重点检查委托加工物资成本构成是否正确，完工结转是否正确。

（6）应注意检查生产完工入库成本计算是否正确，本期销售成本加权平均单价计算是否正确，主营业务成本结转是否正确。

2. 实施应付职工薪酬实质性程序指导

应付职工薪酬重点采用实质性分析程序和检查的方法实施审计。实质性分析程序可以帮审计人员查找疑点。本项目主要检查其相关支付、计提计算及账务处理是否正确，检查是否有应该计入应付职工薪酬的项目列入了其他项目中。本项目应重点关注第 13 笔、第 16 笔、第 30 笔、第 83 笔和第 84 笔业务。注意是否有将虚构的工资费用隐匿在往来中，以及社保、公积金等是否按照有关法规足额计提缴纳等情况。

此外，还应注意主营业务成本的计算、结转是否正确，比如第 88 笔业务。

项目六　实施销售与收款循环实质性程序

工作任务

- 任务 1：完成应收账款实质性程序。
- 任务 2：完成应交税费实质性程序。
- 任务 3：完成主营业务收入实质性程序。
- 任务 4：完成税金及附加实质性程序。
- 任务 5：完成销售费用实质性程序。

工作步骤

- 步骤 1：编制应收账款审定表。
- 步骤 2：逐一实施应收账款审计程序表审计程序，执行完成以后在“执行者签名”栏签名并注明执行该程序底稿索引号。
- 步骤 3：完成程序表中程序 1 并编制应收账款明细表。
- 步骤 4：完成程序表中程序 2 并编制应收账款函证结果汇总表。
- 步骤 5：完成程序表中程序 3 并编制应收账款替代审计程序表。
- 步骤 6：完成程序表中程序 4 并编制应收账款——坏账准备测算表。
- 步骤 7：完成程序表中程序 5 并编制应收账款审定表（调整数、审定数等）。
- 步骤 8：编制主营业务收入审定表（上期数、未审数等）。
- 步骤 9：逐一实施主营业务收入审计程序表审计程序，执行完成以后在“执行者签名”栏签名并注明执行该程序底稿索引号。
- 步骤 10：完成程序表中程序 1 并编制主营业务收入明细表。
- 步骤 11：完成程序表中程 2 并编制主营业务收入成本分析表。
- 步骤 12：完成程序表中程序 4 并编制主营业务收入截止性测试表。
- 步骤 13：完成程序表中程序 3 并编制主营业务收入凭证抽查表。
- 步骤 14：完成程序表中程序 5 并编制主营业务收入审定表（调整数、审定数等）。
- 步骤 15：编制应交税费审定表（上期数、未审数等）。
- 步骤 16：逐一实施应交税费审计程序表审计程序，执行完成以后在“执行者签名”栏签名并注明执行该程序底稿索引号。
- 步骤 17：完成程序表中程序 1 并编制应交税费明细表。
- 步骤 18：完成程序表中程序 2 并编制应交税费测算表。
- 步骤 19：完成程序表中程序 3 并编制应交税费审定表（调整数、审定数等）。
- 步骤 20：编制税金及附加审定表（上期数、未审数等）。
- 步骤 21：逐一实施税金及附加审计程序表审计程序，执行完成以后在“执行者签名”栏签名并注明执行该程序底稿索引号。
- 步骤 22：完成程序表中程序 1 并编制税金及附加明细表。

- 步骤 23：完成程序表中程序 2 并编制税金及附加检查表。
- 步骤 24：完成程序表中程序 2 并编制税金及附加凭证抽查表。
- 步骤 25：完成程序表中程序 3 并编制税金及附加审定表（调整数、审定数等）。
- 步骤 26：编制销售费用审定表（上期数、未审数等）。
- 步骤 27：逐一实施销售费用审计程序表审计程序，在执行完成以后在“执行者签名”栏签名并注明执行该程序底稿索引号。
- 步骤 28：完成程序表中程序 1、2 并编制销售费用分析性程序表。
- 步骤 29：完成程序表中程序 3 并编制销售费用凭证抽查表。
- 步骤 30：完成程序表中程序 4 并编制销售费用截止性测试表。
- 步骤 31：完成程序表中程序 5 并编制销售费用审定表（调整数、审定数等）。

重点指导

在销售与收款循环审计中，重点实训审计方法在审计实务中的运用，所以该循环的重点是选择恰当的审计方法对应收账款、应交税费、主营业务收入、税金及附加、销售费用实施审计，发现该循环存在的问题，并针对不同的问题进行相应的处理。

1. 实施应收账款实质性程序指导

函证在应收账款审计中占有非常重要的位置，函证是查出应收账款是否高估的一种有效方法。比如，第 52 笔业务。此外，还应注意是否需要重分类的情况。

应收账款是否恰当计提坏账准备也是应该注意的，比如应关注本项目 12 月是否恰当地计提了坏账准备。

2. 实施主营业务收入实质性程序指导

主营业务收入的审计应结合应收账款进行检查，虚构收入一般都会虚构应收账款，比如第 52 笔业务。检查主营业务收入的完整性一般从抽查凭证开始，从凭证到报表进行检查。

3. 实施应交税费、税金及附加实质性程序指导

应交税费的审计应重点采用重新计算的方法，计算税金是否足额缴纳。应交税费——应交增值税应结合主营业务收入进行检查。应交税费——应交城建税、教育费附加、房产税、印花税等应结合税金及附加审计。应交税费——应交企业所得税应结合所得税费用账户进行审计。应交税费——应交个人所得税应重点检查税费计算是否正确。

注意：实施销售费用实质性程序与管理费用相似，不再述。销售费用分析性程序请关注租金、折旧费、长期待摊费用项目等的异常情况。另外，在实施营业外收入实质性程序时应注意是否有漏记其他业务收入的情况。

项目七　实施筹资与投资循环实质性程序

工作任务

- 任务 1：完成交易性金融资产实质性程序。

- 任务 2：完成其他应收款实质性程序。
- 任务 3：完成投资性房地产实质性程序。
- 任务 4：完成短期借款实质性程序。
- 任务 5：完成实收资本实质性程序。
- 任务 6：完成盈余公积实质性程序。
- 任务 7：完成未分配利润实质性程序。
- 任务 8：完成财务费用实质性程序。
- 任务 9：完成投资收益实质性程序。

工作步骤

- 步骤 1：编制交易性金融资产审定表（上期数、未审数等）。
- 步骤 2：逐一实施交易性金融资产审计程序表审计程序，执行完成以后在“执行者签名”栏签名并注明执行该程序底稿索引号。
- 步骤 3：完成程序表中程序 1 并编制交易性金融资产明细表。
- 步骤 4：完成程序表中程序 2、3、4 并编制交易性金融资产细节测试及凭证抽查表。
- 步骤 5：完成程序表中程序 5 并编制交易性金融资产公允价值复核表。
- 步骤 6：完成程序表中程序 6 并编制交易性金融资产审定表（调整数、审定数等）。
- 步骤 7：编制其他应收款及坏账准备审定表。
- 步骤 8：逐一实施其他应收款审计程序表审计程序，执行完成以后在“执行者签名”栏签名并注明执行该程序底稿索引号。
- 步骤 9：完成程序表中程序 1、2 并编制其他应收款明细户检查表。
- 步骤 10：完成程序表中程序 3 并编制其他应收款及坏账准备审定表（调整数、审定数等）。
- 步骤 11：编制投资性房地产审定表。
- 步骤 12：逐一实施投资性房地产审计程序表审计程序，执行完成以后在“执行者签名”栏签名并注明执行该程序底稿索引号。
- 步骤 13：完成程序表中程序 1 并编制投资性房地产明细变动表。
- 步骤 14：完成程序表中程序 2、3、4 并编制投资性房地产租金收入测算表。
- 步骤 15：完成程序表中程序 5 并编制投资性房地产审定表（调整数、审定数等）。
- 步骤 16：编制短期借款审定表（上期数、未审数等）。
- 步骤 17：逐一实施短期借款审计程序表审计程序，执行完成以后在“执行者签名”栏签名并注明执行该程序底稿索引号。
- 步骤 18：完成程序表中程序 1 并编制短期借款明细表。
- 步骤 19：完成程序表中程序 2、3、4、5 并编制短期借款细节测试及凭证抽查表。
- 步骤 20：完成程序表中程序 6 并编制短期借款审定表（调整数、审定数等）。
- 步骤 21：编制实收资本（或股本）审定表。
- 步骤 22：逐一实施实收资本（或股本）审计程序表审计程序，执行完成以后在“执行者签名”栏签名并注明执行该程序底稿索引号。

- 步骤 23：完成程序表中程序 1 并编制实收资本（或股本）明细表。
- 步骤 24：完成程序表中程序 2、3、4 并编制实收资本（或股本）细节测试及凭证抽查表。
- 步骤 25：完成程序表中程序 5 并编制实收资本（或股本）审定表（调整数、审定数等）。
- 步骤 26：编制盈余公积审定表。
- 步骤 27：逐一实施盈余公积审计程序表审计程序，执行完成以后在“执行者签名”栏签名并注明执行该程序底稿索引号。
- 步骤 28：完成程序表中程序 1 并编制盈余公积明细表。
- 步骤 29：完成程序表中程序 2、3 并编制盈余公积细节测试及凭证抽查表。
- 步骤 30：完成程序表中程序 4 并编制盈余公积审定表（调整数、审定数等）。
- 步骤 31：编制未分配利润审定表。
- 步骤 32：编制财务费用审定表（上期数、未审数等）。
- 步骤 33：逐一实施财务费用审计程序表审计程序，执行完成以后在“执行者签名”栏签名并注明执行该程序底稿索引号。
- 步骤 34：完成程序表中程序 1 并编制财务费用明细表。
- 步骤 35：完成程序表中程序 2 并编制财务费用凭证抽查表。
- 步骤 36：完成程序表中程序 3 并编制财务费用审定表（调整数、审定数等）。
- 步骤 37：编制投资收益审定表（上期数、未审数等）。
- 步骤 38：逐一实施投资收益审计程序表审计程序，执行完成以后在“执行者签名”栏签名并注明执行该程序底稿索引号。
- 步骤 39：完成程序表中程序 1 并编制投资收益明细表。
- 步骤 40：完成程序表中程序 2 并编制投资收益凭证抽查表。
- 步骤 41：完成程序表中程序 3 并编制投资收益审定表（调整数、审定数等）。

重点指导

在筹资与投资循环审计中，重点实训审计方法在审计实务中的运用，所以该循环的重点是选择恰当的审计方法对交易性金融资产、其他应收款、投资性房地产、短期借款、实收资本、盈余公积、未分配利润、财务费用、投资收益进行审计，发现该循环存在的问题，并针对不同的问题进行相应的处理。

1. 实施交易性金融资产与债权投资实质性程序指导

注意交易性金融资产与债权投资的区别，并不是所购债券期限的长短，而是持有人持有该项投资的目的。比如，第 3 笔业务购买的三年期国债，如果持有人打算持有至到期获取收益，属于债权投资。如果持有人仅仅是短期持有，很快就会变现，那就应该记入交易性金融资产。本案例没有做任何特殊说明企业准备随时变现，所以应做债权投资。

2. 实施投资性房地产实质性程序指导

审计本项目时应注意被审计单位有 49 000 000 元的投资性房地产，为什么没有见到租赁收入？投资性房地产折旧的处理是否正确？比如第 85 笔业务。

3. 实施权益资本实质性程序指导

权益资本一般金额都很大并且业务量较小，所以在审计实务中一般应进行详细审计。本项目应注意的是第 29 笔业务，把应该记入“营业外收入”的直接记入“资本公积”，以此逃避所得税。

4. 实施财务费用实质性程序指导

财务费用的审计方法与管理费用相似。需要提醒注意的是对于向银行购买支票等支付的工本费，应计入管理费用，一般很容易误会为是支付给银行的手续费而计入财务费用。此外还应注意短期借款跨年是否计提了利息。

5. 实施投资收益和长期股权投资实质性程序指导

本项目应重点关注第 39 笔业务。

项目八　终结审计工作

工作任务

- 任务 1：汇总审计差异形成审计意见。
- 任务 2：编制审计报告。
- 任务 3：整理审计档案。
- 任务 4：交叉检查及评价。
- 任务 5：总结并归档审计资料。

工作步骤

- 步骤 1：编制账项调整分录、报表调整分录及未更正错报汇总表。
- 步骤 2：与被审计单位沟通并要求被审计单位盖章认可沟通结果。
- 步骤 3：编制账项调整和报表调整的分录汇总表。
- 步骤 4：编制资产负债表试算平衡。
- 步骤 5：编制利润表试算平衡。
- 步骤 6：编制审定后的资产负债表。
- 步骤 7：编制审定后的利润表。
- 步骤 8：编制审定后的现金流量表。
- 步骤 9：编写审计报告。
- 步骤 10：向被审计单位送达审计报告。
- 步骤 11：整理审计资料并归档。

重点指导

（1）根据前面各循环实施实质性程序结果以及与被审计单位初步沟通意见，分别汇总账项调整分录、报表调整分录和未更正错报汇总表。注意一定要注明每笔调整分录的索引号，以便复核。此外，还应对账项调整汇总进行利润结转、所得税计提以及计提盈余公积和向股东分利。

（2）在调整汇总出来后，一定要跟被审计单位沟通，并要求被审计单位在账项调整分录表、报表调整分录表和未更正错报汇总表上签字盖章确认。这点很重要，也是出具审计报告的重要依据，所以一定不能忽略这项工作。

（3）编制资产负债表、利润表试算平衡表。在进行试算平衡时，一定要注意其平衡关系及资产负债表与利润表之间的钩稽关系，也可以此检验汇总数据是否正确。

（4）对现金流量表进行审计并编制审定后的现金流量表交被审计单位签字盖章确认。

（5）项目负责人撰写审计报告，审计人员向被审计单位送达审计报告并对审计资料进行整理归档。

第三部分　审计工作

项目一　计划审计工作

审计业务约定书

审计业务约定书（合同式）

甲方：

乙方：

兹由甲方委托乙方对______________________财务报表进行审计，经双方协商，达成以下约定：

一、审计的目标和范围

1. 乙方接受甲方委托，对甲方按照企业会计准则编制的____年____月____日的资产负债表，_______的利润表、现金流量表、所有者权益（或股东权益）变动表以及相关财务报表附注（以下统称财务报表）进行审计。

2. 乙方审计工作的目标是对财务报表整体是否不存在由于舞弊或错误导致的重大错报获取合理保证，并出具包含审计意见的审计报告。合理保证是高水平的保证，但并不能保证按照审计准则执行的审计在某一重大错报存在时总能发现。错报可能由于舞弊或错误导致，如果合理预期错报单独或汇总起来可能影响财务报表使用者依据财务报表作出的经济决策，则通常认为错报是重大的。

3. 乙方通过执行审计工作，对财务报表的下列方面发表审计意见：（1）财务报表是否在所有重大方面按照企业会计准则的规定编制；（2）财务报表是否在所有重大方面公允反映了甲方_______的财务状况以及_______的经营成果和现金流量。

二、甲方的责任

1. 根据《中华人民共和国会计法》及《企业财务会计报告条例》，甲方及甲方负责人有责任保证会计资料的真实性和完整性。因此，甲方管理层有责任妥善保存和提供会计记录（包括但不限于会计凭证、会计账簿及其他会计资料），这些记录必须真实、完整地反映甲方的财务状况、经营成果和现金流量。

2. 按照企业会计准则的规定编制和公允列报财务报表是甲方管理层的责任，这种责任包括：（1）按照企业会计准则的规定编制财务报表，并使其实现公允反映；（2）设计、执行和维护必要的内部控制，以使财务报表不存在由于舞弊或错误导致的重大错报。

3. 在编制财务报表时，甲方管理层负责评估甲方的持续经营能力，必须及时披露与持续经营相关的事项，并运用持续经营假设，除非管理层计划清算、终止运营或别无其他现实的选择。甲方治理层负责监督甲方的财务报告过程。

4. 及时为乙方的审计工作提供与审计有关的所有记录、文件和所需的其他的信息（在_______之前

注意：由于篇幅有限，本实训提供的审计程序表中的具体审计程序仅是本实训需要执行的程序，对于本实训不需要执行的程序或者不适用的程序，在程序表中并未列出。

提供审计所需的全部资料，如果在审计过程中需要补充资料，亦应及时提供），并保证所提供资料的真实性和完整性。

5. 确保乙方不受限制地接触其认为必要的甲方内部人员和其他相关人员。

6. 甲方管理层对其作出的与审计有关的声明予以书面确认。

7. 为乙方派出的有关工作人员提供必要的工作条件和协助，乙方将于外勤工作开始前提供主要事项清单。

8. 按照本约定书的约定及时足额支付审计费用以及乙方人员在审计期间的交通、食宿和其他相关费用。

9. 乙方的审计不能减轻甲方及甲方管理层的责任。

三、乙方的责任

1. 乙方按照中国注册会计师审计准则（以下简称审计准则）的规定执行审计工作。审计准则要求注册会计师遵守中国注册会计师职业道德守则。在执行审计的过程中，乙方需要运用职业判断，保持职业怀疑。

2. 乙方识别和评估由于舞弊或错误导致的财务报表重大错报风险，设计和实施审计程序以应对这些风险，并获取充分、适当的审计证据，作为发表审计意见的基础。由于舞弊可能涉及串通、伪造、故意遗漏、虚假陈述或凌驾于内部控制之上，未能发现由于舞弊导致的重大错报的风险高于未能发现由于错误导致的重大错报的风险。

3. 乙方了解与审计相关的内部控制，以设计恰当的审计程序，但目的并非对内部控制的有效性发表意见。

4. 乙方评价管理层选用会计政策的恰当性和作出会计估计及相关披露的合理性。

5. 乙方对甲方管理层使用持续经营假设的恰当性得出结论。同时，根据获取的审计证据，就可能导致对甲方持续经营能力产生重大疑虑的事项或情况是否存在重大不确定性得出结论。如果乙方得出结论认为存在重大不确定性，应当在审计报告中提请报表使用者注意财务报表中的相关披露；如果披露不充分，乙方应当发表非无保留意见。乙方的结论基于截至审计报告日可获得的信息。然而，未来的事项或情况可能导致甲方不能持续经营。

6. 乙方评价财务报表的总体列报、结构和内容，并评价财务报表是否公允反映相关交易和事项。

7. 乙方从与甲方治理层沟通过的事项中，确定对本期财务报表审计最为重要的事项（关键审计事项），并在审计报告中描述这些事项（如适用）。这些事项的应对以对财务报表整体进行审计并形成审计意见为背景，乙方不对这些事项单独发表意见。

8. 在审计过程中，乙方若发现甲方存在乙方认为值得关注的内部控制缺陷，应以书面形式向甲方治理层或管理层通报。但乙方通报的各种事项，并不代表已全面说明所有可能存在的缺陷或已提出所有可行的改进建议。甲方在实施乙方提出的改进建议前应全面评估其影响。未经乙方书面许可，甲方不得向任何第三方提供乙方出具的沟通文件，除非法律法规另有要求。

9. 由于审计和内部控制的固有限制，即使按照审计准则的规定适当地计划和执行审计工作，仍无法避免财务报表的某些重大错报可能未被乙方发现的风险。

10. 按照约定时间完成审计工作，出具审计报告。乙方应于________前出具审计报告。

11. 除下列情况外，乙方应当对执行业务过程中知悉的甲方信息予以保密：（1）法律法规允许披露，并取得甲方的授权；（2）根据法律法规的要求，为法律诉讼、仲裁准备文件或提供证据，以及向监管机构报告发现的违法行为；（3）在法律法规允许的情况下，在法律诉讼、仲裁中维护自己的合法权益；（4）接受注册会计师协会或监管机构的执业质量检查，答复其询问和调查；（5）向注册会计师协会或监管机构进行报备；（6）法律法规、执业准则和职业道德规范规定的其他情形。

四、审计收费

1. 本次审计服务的收费是以乙方各级别工作人员在本次工作中所耗费的时间为基础计算的。乙方预

续表

计本次审计服务的费用总额为人民币________万元。

2. 甲方应于本约定书签署之日起____日内支付____的审计费用，其余款项于审计报告草稿完成日结清。

3. 如果由于无法预见的原因，致使乙方从事本约定书所涉及的审计服务实际时间较本约定书签订时预计的时间有明显增加或减少时，甲、乙双方应通过协商，相应调整本部分第1段所述的审计费用。

4. 如果由于无法预见的原因，致使乙方人员抵达甲方的工作现场后，本约定书所涉及的审计服务中止，甲方不得要求退还预付的审计费用；如上述情况发生于乙方人员完成现场审计工作，并离开甲方的工作现场之后，甲方应另行向乙方支付人民币____元的补偿费，该补偿费应于甲方收到乙方的收款通知之日起____日内支付。

5. 与本次审计有关的其他费用（包括交通费、食宿费等）由甲方承担。

五、审计报告和审计报告的使用

1. 乙方按照中国注册会计师审计准则规定的格式和类型出具审计报告。

2. 乙方向甲方致送审计报告一式二份。

3. 甲方在提交或对外公布乙方出具的审计报告及其后附的已审计财务报表时，不得对其进行修改。当甲方认为有必要修改会计数据、报表附注和所作的说明时，应当事先通知乙方，乙方将考虑有关的修改对审计报告的影响，必要时，将重新出具审计报告。

六、本约定书的有效期间

本约定书自签署之日起生效，并在双方履行完毕本约定书约定的所有义务后终止。但其中第三项第11段、第四、五、七、八、九、十项并不因本约定书终止而失效。

七、约定事项的变更

如果出现不可预见的情况，影响审计工作如期完成，或需要提前出具审计报告，甲、乙双方均可要求变更约定事项，但应及时通知对方，并由双方协商解决。

八、终止条款

1. 如果根据乙方的职业道德及其他有关专业职责、适用的法律法规或其他任何法定的要求，乙方认为已不适宜继续为甲方提供本约定书约定的审计服务，乙方可以采取向甲方提出合理通知的方式终止履行本约定书。

2. 在本约定书终止的情况下，乙方有权就其于终止之日前对约定的审计服务项目所做的工作收取合理的费用。

九、违约责任

甲、乙双方按照《中华人民共和国合同法》的规定承担违约责任。

十、适用法律和争议解决

本约定书的所有方面均应适用中华人民共和国法律进行解释并受其约束。本约定书履行地为乙方出具审计报告所在地，因本约定书引起的或与本约定书有关的任何纠纷或争议（包括关于本约定书条款的存在、效力或终止，或无效之后果），双方协商确定采取以下第____种方式予以解决：

（1）向有管辖权的人民法院提起诉讼；

（2）提交________仲裁委员会仲裁。

十一、双方对其他有关事项的约定

本约定书一式两份，甲、乙双方各执一份，具有同等法律效力。

公司（盖章）　　　　事务所（盖章）

授权代表：（签名并盖章）　　　　授权代表：（签名并盖章）

年　月　日　　　　年　月　日

未审资产负债表分析

未审资产负债表分析

被审计单位名称：　　编制人：　　日期：　　索引号：

截止日：　　复核人：　　日期：　　页次：

项目	期初审定数	期末未审数	绝对差异（+、-）	相对差异%（+、-）	期初数结构比	期末数结构比	结构比差异	备注
流动资产：								
货币资金								
交易性金融资产								
衍生金融资产								
应收票据								
应收账款								
预付款项								
其他应收款								
存货								
合同资产								
持有待售资产								
一年内到期的非流动资产								
其他流动资产								
流动资产合计								
非流动资产：								

续表

项目	期初审定数	期末未审数	绝对差异（+、-）	相对差异 %（+、-）	期初数结构比	期末数结构比	结构比差异	备注
债权投资								
其他债权投资								
长期应收款								
长期股权投资								
其他权益工具投资								
其他非流动金融资产								
投资性房地产								
固定资产								
在建工程								
生产性生物资产								
油气资产								
无形资产								
开发支出								
商誉								
长期待摊费用								
递延所得税资产								
其他非流动资产								
非流动资产合计								
资产总计								

续表

项目	期初审定数	期末未审数	绝对差异（+、-）	相对差异%（+、-）	期初数结构比	期末数结构比	结构比差异	备注
流动负债：								
短期借款								
交易性金融负债								
衍生金融负债								
应付票据								
应付账款								
预收款项								
合同负债								
应付职工薪酬								
应交税费								
其他应付款								
持有待售负债								
一年内到期的非流动负债								
其他流动负债								
流动负债合计								
非流动负债：								
长期借款								
应付债券								
其中：优先股								
永续债								

续表

项目	期初审定数	期末未审数	绝对差异（+、-）	相对差异 %（+、-）	期初数结构比	期末数结构比	结构比差异	备注
长期应付款								
预计负债								
递延收益								
递延所得税负债								
其他非流动负债								
非流动负债合计								
负债合计								
所有者权益（或股东权益）：								
实收资本（或股本）								
其他权益工具								
其中：优先股								
永续债								
资本公积								
减：库存股								
其他综合收益								
盈余公积								
未分配利润								
所有者权益（或股东权益）合计								
负债和所有者权益（或股东权益）总计								

未审利润表分析

被审计单位名称： 编制人： 日期： 索引号：

会计期间： 复核人： 日期： 页次：

项目	期初审定数	期末未定数	绝对差异（+、-）	相对差异 %（+、-）	备注
一、营业收入					
减：营业成本					
税金及附加					
销售费用					
管理费用					
研发费用					
财务费用					
其中：利息费用					
利息收入					
加：其他收益					
投资收益（损失以“-”号填列）					
其中：对联营和合营企业的投资收益					
净敞口套期收益（损失以“-”号填列）					
公允价值变动收益（损失以“-”号填列）					
信用减值损失（损失以“-”号填列）					
资产减值损失（损失以“-”号填列）					
资产处置收益（损失以“-”号填列）					
二、营业利润（亏损以“-”号填列）					
加：营业外收入					
减：营业外支出					
三、利润总额（亏损总额以“-”号填列）					
减：所得税费用					
四、净利润（净亏损以“-”号填列）					
（一）持续经营净利润（净亏损以“-”号填列）					
（二）终止经营净利润（净亏损以“-”号填列）					
五、其他综合收益的税后净额					
六、综合收益总额					
七、每股收益：					
（一）基本每股收益					
（二）稀释每股收益					

未审利润表分析

总体审计策略

总体审计策略

客户名称：

一、审计范围

<table>
<tr><th>报告要求</th><th colspan="2">内容</th></tr>
<tr><td>适用的会计准则和相关会计制度</td><td colspan="2"></td></tr>
<tr><td>适用的审计准则</td><td colspan="2"></td></tr>
<tr><td>与财务报告相关的行业特别规定</td><td colspan="2"></td></tr>
<tr><td rowspan="4">需审计的集团内组成部分及所在地点</td><td>组成部分</td><td>地址</td></tr>
<tr><td></td><td></td></tr>
<tr><td></td><td></td></tr>
<tr><td></td><td></td></tr>
<tr><td>需要阅读的含有已审计财务报表的文件中的其他信息</td><td colspan="2"></td></tr>
<tr><td>制定审计策略需考虑的其他事项</td><td colspan="2"></td></tr>
</table>

二、审计业务时间安排

（一）对外报告时间安排

（二）执行审计时间安排

执行审计时间安排	时间
（1）了解被审计单位及其环境	
（2）对相关数据或指标执行分析程序	
（3）制定总体审计策略	
（4）制定具体审计计划	
（5）实施控制测试	
（6）实施实质性程序	
（7）终结审计	

续表

（三）沟通的时间安排

所需沟通	时间	
与管理层及治理层的沟通	风险评估后与管理层及治理层沟通	
	控制测试后与管理层及治理层沟通	
	实质性测试完成后与管理层及治理层沟通	
	出具报告前与管理层及治理层沟通	
项目组会议（包括预备会和总结会）	预审开始前召开项目组会议	
	项目组内部讨论	
	项目组总结会	
与专家或有关人士的沟通	略	
与其他人员沟通	略	
与前任注册会计师沟通	接受委托前与前任注册会计师的沟通	
	接受委托后与前任注册会计师的沟通	
	发现前任注册会计师已审报表的重大错报时	

三、影响审计业务的重要因素

（一）重要性

确定的重要性水平			索引号
方法	比例	金额	
净资产法			
收入总额法			
税前利润法			
按照上述方法孰低原则，最终确定为			

续表

（二）可能存在较高重大错报风险的领域

可能存在较高重大错报风险的领域		索引号

（三）重要的组成部分和账户余额

重要的组成部分和账户余额		索引号
1. 重要的组成部分		
2. 重要的账户余额		

四、项目组人员安排

职位	姓名	主要职责

五、对专家或有关人士工作的利用（如适用）

（一）对内部审计工作的利用

主要报表项目	拟利用的内部审计工作	索引号

（二）对其他注册会计师工作的利用

其他注册会计师名称	利用其工作范围及程度	索引号

（三）对专家工作的利用

主要报表项目	专家名称	主要职责及工作范围	利用专家工作的原因	索引号

（四）对被审计单位使用服务机构的考虑

子公司名称	服务机构名称	服务机构提供的相关服务及其注册会计师出具的审计报告意见及日期	索引号

重要性标准初步估计表

年度

单位名称：　　　　会计报表层次重要性标准　　　　单位：元

年份或项目	税前利润法	收入总额法	净资产法	备注
年				
年平均				
当年未审数				
重要性比例	（3%～5%）	（0.5%～1%）	（0.5%～1%）	
重要性标准（绝对值）				
说明	（一）方法适用范围：			
	1. 税前利润法用于以营利为目的的企业。			
	2. 总收入法用于以营利为目的的企业或非营利组织。			
	3. 净资产法用于共同基金公司。			
	（二）以上方法三者只用其一，建议优先选用税前利润法，不能三者同时使用。			
	（三）所有未调整不符事项金额总和不超过确定的重要性标准。			
	（四）应交税费不在重要性标准之内。			
	（五）重要性标准计算基础以当年未审数为主，适当参考前三年平均数。			
	（六）各账户和各交易层次重要性水平为会计报表层次重要性水平的60%。			
经理对总体审计重要性标准的意见：				

编制：　　　　日期：　　　　复核：　　　　日期：

具体审计计划（一）

被审计单位：

报表截止日：

内容	具体执行程序（检查、观察、重新计算、重新执行和分析程序等）	执行范围	时间	执行人员	备注
一、计划风险评估内容（略）					
二、计划内部控制测试内容					
1. 采购与付款循环测试					
2. 其他循环测试（略）					
3. 项目组内部讨论					
三、计划实质性程序内容（注意：有的科目涉及多个循环，由占金额较大的那个循环的审计人员协调做完审计程序）					
（一）销售与收款循环					
1. 应收票据					
2. 应收账款					
3. 长期应收款					
4. 预收账款					
5. 应交税费					
6. 营业收入					
7. 营业成本					
8. 税金及附加					
9. 销售费用					
……					
（二）采购与付款循环					
1. 存货					
2. 应付票据					
3. 应付账款					
4. 预付账款					
5. 其他应付款及应付股利					
6. 无形资产					
7. 长期待摊费用					
8. 长期应付款					
……					

具体审计计划

续表

内容	具体执行程序（检查、观察、重新计算、重新执行和分析程序等）	执行范围	时间	执行人员	备注
（三）筹资与投资循环					
1. 交易性金融资产					
2. 投资性房地产					
3. 短期借款					
4. 股本					
5. 盈余公积					
6. 未分配利润					
7. 财务费用					
8. 投资收益					
……					
（四）固定资产循环					
1. 固定资产					
2. 在建工程					
3. 累计折旧					
4. 资产减值损失					
……					
（五）人事与薪金循环					
1. 应付职工薪酬					
2. 管理费用					
……					
（六）其他科目					
1. 货币资金					
……					
四、计划特殊项目审计内容（略）					
五、计划质量控制工作内容					
1. 审计过程中的内部沟通记录					
2. 项目质量复核核对表					
3. 意见分歧解决记录					
六、审计计划的审批					
部门负责人审批意见：					
主任（副）会计师审批意见：					

项目二　对被审计单位进行控制测试

采购与付款循环控制测试程序

被审计单位名称：　　编制人：　　日期：　　索引号：
会计期间：　　复核人：　　日期：　　页次：

1. 控制测试——材料采购

（1）询问程序：

通过实施询问程序，被审计单位________已确定下列事项：

① 本年度未发现任何特殊情况、错报和异常项目；

② 财务或采购部门的人员在未得到授权的情况下无法访问或修改系统内数据；

③ 本年度未发现下列控制活动未得到执行；

④ 本年度未发现下列控制活动发生变化。

（2）其他测试程序：

控制目标	被审计单位的控制活动	控制测试程序	执行控制的频率	所测试的项目数量	索引号

采购与付款循环控制测试底稿

续表

2. 控制测试——记录应付账款

（1）询问程序：

通过实施询问程序，被审计单位________已确定下列事项：

① 本年度未发现任何特殊情况、错报和异常项目；

② 财务或采购部门的人员在未得到授权的情况下无法访问或修改系统内数据；

③ 本年度未发现下列控制活动未得到执行；

④ 本年度未发现下列控制活动发生变化。

（2）其他测试程序：

控制目标	被审计单位的控制活动	控制测试程序	执行控制的频率	所测试的项目数量	索引号

续表

3. 控制测试——付款

（1）询问程序：

通过实施询问程序，被审计单位________已确定下列事项：

① 本年度未发现任何特殊情况、错报和异常项目；

② 财务或采购部门的人员在未得到授权的情况下无法访问或修改系统内数据；

③ 本年度未发现下列控制活动未得到执行；

④ 本年度未发现下列控制活动发生变化。

（2）其他测试程序：

控制目标	被审计单位的控制活动	控制测试程序	执行控制的频率	所测试的项目数量	索引号

4. 控制测试——维护供应商档案（略）

采购与付款循环控制测试过程

被审计单位名称：　　编制人：　　日期：　　索引号：
会计期间：　　复核人：　　日期：　　页次：

1. 与采购材料有关的业务活动的控制

主要业务活动	测试内容	测试项目 1	测试项目 2	测试项目 3	测试项目 4	测试项目 5	……
采购	请购单编号 #（日期）						
	请购内容						
	请购单是否得到适当的审批（是 / 否）						
	采购订单编号 #（日期）						
记录应付账款	供应商发票编号 #（日期）						
	验收单编号 #						
	供应商发票所载内容与采购订单、验收单的内容是否相符（是 / 否）						
	发票上是否加盖“相符”章（是 / 否）						
	转账凭证编号 #（日期）						
	是否记入应付账款贷方（是 / 否）						
付款	付款凭证编号 #（日期）						
	付款凭证是否得到会计主管的适当审批（是 / 否）						
	有关支持性文件上是否加盖“核销”章（是 / 否）						
	支票编号 #/ 信用证编号 #（日期）						
	收款人名称						
	支票 / 信用证是否已支付给恰当的供应商（是 / 否）						

续表

2. 与费用有关的业务活动的控制

主要业务活动	测试内容	测试项目 1	测试项目 2	测试项目 3	测试项目 4	测试项目 5	……
请购	费用申请单编号 #（日期）						
	申请内容						
	费用申请单是否得到适当审批（是 / 否）						
	供应商名称						
记录应付账款	发票编号 #（日期）						
	发票是否得到适当审批（是 / 否）						
	费用申请单、发票与其他支持性文件所载内容是否相符（是 / 否）						
	发票上是否加盖“相符”章（是 / 否）						
	转账凭证编号 #（日期）						
	是否记入应付账款贷方（是 / 否）						
付款	付款凭证编号 #（日期）						
	付款凭证是否得到会计主管的适当审批（是 / 否）						
	有关支持性文件上是否加盖“核销”章（是 / 否）						
	支票编号 #/ 信用证编号 #（日期）						
	收款人名称						
	支票 / 信用证是否已支付给恰当的供应商（是 / 否）						

3. 与比较采购信息报告与相关文件（请购单）是否相符有关的业务活动的控制

序号	选择的采购信息报告期间	应付账款记账员是否已复核采购信息报告（是 / 否）	采购订单是否连续编号（是 / 否）	如有不符，是否已进行调查（是 / 否）	对不符事项是否已进行处理（是 / 否）
1					
2					

备注：与应付账款调节表 \ 供应商档案更改记录 \ 供应商档案及时维护有关的业务活动的控制（略）

采购与付款循环控制测试汇总表

被审计单位名称：　　编制人：　　日期：　　索引号：

会计期间：　　复核人：　　日期：　　页次：

1. 了解内部控制的初步结论

2. 控制测试结论

控制目标	被审计单位的控制活动	控制活动对实现控制目标是否有效（是 / 否）	控制活动是否得到执行（是 / 否）	控制活动是否有效运行（是 / 否）	控制测试结果是否支持风险评估结论（支持 / 不支持）
注：其他略					

3. 相关交易和账户余额的审计方案

（1）对未进行测试的控制目标的汇总：

根据计划实施的控制测试，我们未对下列控制目标、相关的交易和账户余额及其认定进行测试。

业务循环	主要业务活动	控制目标	相关交易和账户余额及其认定	原因

（2）对未达到控制目标的主要业务活动的汇总：

根据控制测试的结果，我们确定下列控制运行无效，在审计过程中不予信赖，拟实施实质性程序获取充分、适当的审计证据。

业务循环	主要业务活动	控制目标	相关交易和账户余额及其认定	原因

（3）对相关交易和账户余额的审计方案：

根据控制测试的结果，制定下列审计方案。

受影响的交易和账户余额	完整性（控制测试结果／需从实质性程序中获取的保证程度）	发生／存在（控制测试结果／需从实质性程序中获取的保证程度）	准确性／计价和分摊（控制测试结果／需从实质性程序中获取的保证程度）	截止（控制测试结果／需从实质性程序中获取的保证程度）	权利和义务（控制测试结果／需从实质性程序中获取的保证程度）	分类（控制测试结果／需从实质性程序中获取的保证程度）	列报（控制测试结果／需从实质性程序中获取的保证程度）

4. 沟通事项

需要与管理层沟通的事项：

需要与治理层沟通的事项：

项目三　实施货币资金实质性程序

实施货币资金实质性程序底稿

货币资金审定表

被审计单位名称：　　　　编制人：　　　　日期：　　　　索引号：

截止日：　　　　复核人：　　　　日期：　　　　页次：

项目	索引号	未审数			审计调整		重分类		索引号	审定数			上期数		
		原币	汇率	折合本位币	借方	贷方	借方	贷方		原币	汇率	折合本位币	原币	汇率	折合本位币
现金															
小计															
银行存款															
小计															
其他货币资金															
小计															
合计															

1. 重大事项说明

2. 审计结论

索引号：

货币资金审计程序表

客户：________________ 所审计会计期间：________________

编制：________________ 复核：________________

日期：________________ 日期：________________

一、审计目标与认定对应关系表

审计目标	财务报表认定				
	存在	完整性	权利和义务	计价和分摊	列报
A. 资产负债表中记录的货币资金是存在的	√				
B. 所有应当记录的货币资金均已记录		√			
C. 记录的货币资金由被审计单位拥有或控制			√		
D. 货币资金以恰当的金额包括在财务报表中，与之相关的计价调整已恰当记录				√	
E. 货币资金已按照企业会计准则的规定在财务报表中作出恰当列报					√

二、审计目标与审计程序对应关系表

审计目标	可供选择的审计程序	工作底稿索引	执行者签名
（一）库存现金			
D、E	1. 核对库存现金日记账与总账的金额是否相符，检查非记账本位币库存现金的折算汇率及折算金额是否正确		
A、B、D、C	2. 监盘库存现金		
B、A	3. 实施库存现金截止性测试		
A、B、D	4. 抽查大额库存现金收支。检查原始凭证是否齐全、记账凭证与原始凭证是否相符、账务处理是否正确、是否记录于恰当的会计期间等项内容		
	5. 针对识别的舞弊等特别风险增加的审计程序		

续表

审计目标	可供选择的审计程序	工作底稿索引	执行者签名
（二）银行存款			
D、E	6. 获取或编制银行存款明细表，复核加计正确，并与总账数和日记账合计数核对相符。检查非记账本位币银行存款的折算汇率及折算金额是否正确		
A、B、D	7. 取得并检查银行存款余额调节表		
A、C	8. 函证银行存款余额，编制银行函证结果汇总表，检查银行回函		
C	9. 检查银行存款的存款人是否为被审计单位，若存款人非被审计单位，应获取该账户户主和被审计单位的书面说明，确认资产负债表日是否需要调整		
A、B、D	10. 抽查大额银行存款收支的原始凭证，检查原始凭证是否齐全，记账凭证与原始凭证是否相符，账务处理是否正确，是否记录于恰当的会计期间等项内容；检查是否存在非营业日的大额货币资金转移，并核对相关账户的进账情况；如有与被审计单位生产经营无关的收支事项，应查明原因并作相应的记录		
B、A	11. 检查银行存款收支的截止是否正确。选取资产负债表日前后（　　）张、金额（　　）以上的凭证实施截止性测试，关注业务内容及对应项目，如有跨期收支事项，应考虑是否进行调整		
	12. 针对识别的舞弊等特别风险增加的审计程序		
（三）其他货币资金（略）			

库存现金明细表

被审计单位名称：　　编制人：　　日期：　　索引号：

截止日：　　复核人：　　日期：　　页次：

币种	期初余额			本期增加	本期减少	期末余额			实盘数	长（短）款	原因
	原币	折算汇率	记账本位币			原币	折算汇率	记账本位币			
合计											

审计说明：

库存现金监盘表

被审计单位名称：　　　　　　　　　　编制人：　　　　　　　　日期：

截止日：　　　　　　　　　　　　　　复核人：　　　　　　　　日期：

<table>
<tr><td colspan="4">清点实有现金</td><td colspan="3">核对及追溯记录</td></tr>
<tr><td>货币面值</td><td>张数</td><td>原币金额</td><td>本位币金额</td><td colspan="2">项目</td><td>本位币金额</td></tr>
<tr><td>1 500.00</td><td></td><td></td><td></td><td colspan="2">1. 盘点日上一日现金账面金额</td><td></td></tr>
<tr><td>1 000.00</td><td></td><td></td><td></td><td colspan="2">加：收入未记账数</td><td></td></tr>
<tr><td>100.00</td><td></td><td></td><td></td><td colspan="2">减：支出未记账数</td><td></td></tr>
<tr><td>50.00</td><td></td><td></td><td></td><td colspan="2">2. 盘点日现金账面余额</td><td></td></tr>
<tr><td>20.00</td><td></td><td></td><td></td><td colspan="2">3. 盘点日现金实有金额</td><td></td></tr>
<tr><td>10.00</td><td></td><td></td><td></td><td colspan="2">4. 差异</td><td></td></tr>
<tr><td>5.00</td><td></td><td></td><td></td><td rowspan="5">差异原因分析</td><td>1. 白条抵库</td><td></td></tr>
<tr><td>2.00</td><td></td><td></td><td></td><td>2. 短款</td><td></td></tr>
<tr><td>1.00</td><td></td><td></td><td></td><td></td><td></td></tr>
<tr><td>0.50</td><td></td><td></td><td></td><td></td><td></td></tr>
<tr><td>0.20</td><td></td><td></td><td></td><td></td><td></td></tr>
<tr><td>0.10</td><td></td><td></td><td></td><td rowspan="4">追溯调整</td><td>盘点日现金实有数额</td><td></td></tr>
<tr><td>0.05</td><td></td><td></td><td></td><td>报表日至盘点日累计支出数</td><td></td></tr>
<tr><td>0.02</td><td></td><td></td><td></td><td>报表日至盘点日累计收入数</td><td></td></tr>
<tr><td>0.01</td><td></td><td></td><td></td><td></td><td></td></tr>
<tr><td>合计</td><td></td><td></td><td></td><td colspan="2">报表日库存现金审定数</td><td></td></tr>
<tr><td colspan="5">企业会计主管人员：</td><td colspan="2">出纳：</td></tr>
<tr><td colspan="5">监盘人：</td><td colspan="2">盘点日期：</td></tr>
<tr><td colspan="7">审计说明及结论：</td></tr>
</table>

现金收入检查表

被审计单位名称：　　编制人：　　日期：　　索引号：

截止日：　　复核人：　　日期：　　页次：

一、测试目标：

二、样本选取标准与规模：

三、测试：

日期	凭证编号	摘要	科目名称	明细科目	借方金额	贷方金额	核对内容			附件
							1	2	3	

核对内容说明：

1. 原始凭证内容完整；
2. 账务处理正确；
3. 与公司生产经营业务有关。

四、审计说明：

现金支出检查表

被审计单位名称：　　编制人：　　日期：　　索引号：
截止日：　　复核人：　　日期：　　页次：

一、测试目标：

二、样本选取标准与规模：

三、测试：

日期	凭证编号	业务内容	对应科目	金额	核对内容				
					1	2	3	4	

核对内容说明：
1. 原始凭证内容完整；
2. 有授权批准；
3. 账务处理正确；
4. 与公司生产经营业务有关。

四、审计说明：

现金截止性测试

被审计单位名称：　　　　编制人：　　　　日期：　　　　索引号：

截止日：　　　　复核人：　　　　日期：　　　　页次：

测试凭证内容							收支归属期间	
年	月	日	凭证号	摘要	借方金额	贷方金额	审计年度	以后年度
	12							
	12							
	12							
	12							
	12							
	12							
	12							
	12							
	12							
	12							
合计								
	1							
	1							
	1							
	1							
	1							
	1							
	1							
	1							
	1							
	1							
合计								
测试说明：								

银行存款明细表

被审计单位名称：　　编制人：　　日期：　　索引号：

截止日：　　复核人：　　日期：　　页次：

开户银行	账号	币种	期初余额		本期增加	本期减少	期末余额		对账单索引号	函证索引号	调节表索引号	汇率	备注（账户性质、用途、余额构成分析）
			原币	人民币			原币	人民币					
合计													

审计说明：

银行存款余额调节表

被审计单位名称：　　编制人：　　日期：　　索引号：

截止日：　　复核人：　　日期：　　页次：

开户银行：　　银行账号：　　币种：

项目	金额	检查记录
银行对账单余额		
加：企业已收，银行尚未入账合计金额		
其中：1.		
2.		
减：企业已付，银行尚未入账合计金额		
其中：1.		
2.		
调整后银行对账单余额		
企业银行存款日记账余额		
加：银行已收，企业尚未入账合计金额		
其中：1.		
2.		
3.		
减：银行已付，企业尚未入账合计金额		
其中：1.		
2.		
3.		
调整后企业银行存款日记账余额		
经办会计人员（签字）：	会计主管（签字）：	
调整事项说明：		

银行存款函证结果汇总表

被审计单位名称：　　编制人：　　日期：　　索引号：

截止日：　　复核人：　　日期：　　页次：

开户银行	账号	币种	函证（原币）情况					金额调节情况		科目分类情况		提取限制或最低余额要求	抵押质押等事项说明	备注
			账面余额	函证日期	函证编号	回函金额	金额差异	经调节后差异	调节表索引号	原科目	应调入科目			

对不符事项的处理：

审计结论：

银行存款收入检查情况表

被审计单位名称：　　编制人：　　日期：　　索引号：
截止日：　　复核人：　　日期：　　页次：

一、测试目标：

二、样本选取标准与规模：

三、测试：

月	日	凭证号数	摘要	金额	测试内容						附件
					1	2	3	4	5	6	

抽测原因：
大额（　　）　关联方（　　）　大额交易频繁（　　）　异常（　　）　其他（　　）
测试内容说明：
1. 银行收款凭证与银行对账单核对相符；
2. 收款凭证与销售发票、收据核对相符；
3. 收款凭证的对应科目与付款单位的户名一致；
4. 收款凭证账务处理正确；
5. 收款凭证与对应科目（销售或应收账款）明细账的记录一致；
6. 所收款项与经营活动相关。

四、审计说明：

银行存款支出检查情况表

被审计单位名称：　　编制人：　　日期：　　索引号：
截止日：　　复核人：　　日期：　　页次：

一、测试目标：

二、样本选取标准与规模：

三、测试：

月	日	凭证号数	摘要	金额	测试内容						附件
					1	2	3	4	5	6	

抽测原因：
大额（　　）　关联方（　　）　大额交易频繁（　　）　异常（　　）　其他（　　）
测试内容说明：
1. 付款的授权审批手续齐全、签章完整；
2. 原始凭证具有合法的发票或依据；
3. 原始凭证的内容和金额与付款凭证摘要核对一致；
4. 付款凭证与银行对账单核对相符；
5. 付款凭证与对应科目（如应付账款）明细账的记录一致；
6. 付款凭证账务处理正确。

四、审计说明：

银行存款收支截止性测试表

被审计单位名称：　　编制人：　　日期：　　索引号：

截止日：　　复核人：　　日期：　　页次：

测试凭证内容					收支归属期间	
日期	凭证号	摘要	借方金额	贷方金额	审计年度	以后年度
合计						
合计						

审计说明：

实施固定资产实质性程序底稿

固定资产、累计折旧及减值准备审定表

被审计单位名称：　　编制人：　　日期：　　索引号：

截止日：　　复核人：　　日期：　　页次：

固定资产类别	索引号	未审数				审计调整（借+贷-）				审定数				上期数			
		期初数	本期增加	本期减少	期末数	期初数	本期增加	本期减少	期末数	期初数	本期增加	本期减少	期末数	期初数	本期增加	本期减少	期末数
固定资产原值：																	
房屋及建筑物																	
机器设备																	
运输设备																	
其他设备																	
合计																	
累计折旧：																	
房屋及建筑物																	
机器设备																	
运输设备																	
其他设备																	
合计																	
固定资产减值准备																	

续表

固定资产类别	索引号	未审数				审计调整（借+贷-）				审定数				上期数			
		期初数	本期增加	本期减少	期末数	期初数	本期增加	本期减少	期末数	期初数	本期增加	本期减少	期末数	期初数	本期增加	本期减少	期末数
房屋及建筑物																	
机器设备																	
运输设备																	
其他设备																	
合计																	
固定资产净值																	
房屋及建筑物																	
机器设备																	
运输设备																	
其他设备																	
合计																	

1. 重大事项说明

2. 审计结论

索引号：

固定资产审计程序表

客户：________________ 所审计会计期间：________________

编制：________________ 复核：________________

日期：________________ 日期：________________

页次：________________

一、审计目标与认定对应关系表

审计目标	财务报表认定				
	存在	完整性	权利和义务	计价和分摊	列报
A. 资产负债表中反映的固定资产实际存在	√				
B. 所有应记录的固定资产均已记录		√			
C. 记录的固定资产由被审计单位拥有或控制			√		
D. 固定资产以恰当的金额包含在财务报表中，与之相关的计价或分摊已恰当记录				√	
E. 固定资产已按照企业会计准则的规定在财务报表中作出了恰当列报					√

二、审计目标与审计程序对应关系表

审计目标	可供选择的审计程序	工作底稿索引	执行者签名
D、E	1. 获取或编制固定资产、累计折旧及减值准备明细表，复核加计是否正确，并与总账数和明细账合计数核对是否相符，结合累计折旧和固定资产减值准备与报表数核对是否相符		
A、B、D、C	2. 检查本期固定资产的增加		
A、B、D	3. 检查本期固定资产的减少		
A、B、D、C	4. 检查固定资产的租赁		
B	5. 检查固定资产保险情况，复核保险范围是否足够		
D	6. 检查累计折旧		
E	7. 检查固定资产是否已按照企业会计准则的规定在财务报表中作出恰当列报		

固定资产、累计折旧及减值准备明细表

被审计单位名称：　　　　编制人：　　　　日期：　　　　索引号：

截止日：　　　　复核人：　　　　日期：　　　　页次：

固定资产类别	使用年限	残值率	年折旧率	固定资产原值				累计折旧					减值准备	期末净值
				期初余额	本年增加	本年减少	期末余额	期初余额	本年增加		本年减少	期末余额		
									金额	其中：提取				
合计														

审计说明：

固定资产增加情况测试表

被审计单位名称： 编制人： 日期： 索引号：
截止日： 复核人： 日期： 页次：

一、测试目标：

二、样本选取标准与规模：

三、测试；

月	日	凭证号	固定资产类别	固定资产名称	增加情况			测试情况					
					数量	原价	累计折旧	1	2	3	4	5	6

测试内容：
1. 新增固定资产的计价正确。
2. 新增固定资产原始凭证手续齐备。
3. 新增固定资产计提折旧方法正确。
4. 新增固定资产归企业所有。
5. 新增固定资产的会计处理正确。
6. 新增固定资产符合规定固定资产标准。

提示：本表用于汇总本年度增加固定资产的测试情况。

四、审计说明：

固定资产减少情况测试表

被审计单位名称：　编制人：　日期：　索引号：
截止日：　复核人：　日期：　页次：

一、测试目标：

二、样本选取标准与规模：

三、测试：

月	日	凭证号	固定资产类别	固定资产名称	减少情况			测试情况					
					数量	原价	累计折旧	1	2	3	4	5	6

测试内容：

1. 减少的固定资产归企业所有。
2. 减少的固定资产的结转金额正确。
3. 减少的固定资产经授权批准。
4. 减少的固定资产会计处理恰当。

四、审计说明：

租出、租入固定资产检查表

被审计单位名称：　　编制人：　　日期：　　索引号：
截止日：　　复核人：　　日期：　　页次：

一、测试目标：

二、样本选取标准与规模：

三、测试：

序号	租出、租入固定资产名称	租入原值	租出原值	对应科目	证明文件	会计处理是否恰当
1						
2						
3						
4						
5						
6						
7						

四、审计说明：

应付账款审定表

被审计单位名称：　　　　编制人：　　　　日期：　　　　索引号：

截止日：　　　　复核人：　　　　日期：　　　　页次：

单位名称	未审数		审计调整		重分类		审定数		索引号	上期数	
	原币	折合本位币	借方	贷方	借方	贷方	原币	折合本位币		原币	折合本位币
合计											

1. 重大事项说明

2. 审计结论

实施应付账款实质性程序底稿

索引号：

应付账款审计程序表

客户：________ 所审计会计期间：________

编制：________ 复核：________

日期：________ 日期：________

一、审计目标与认定对应关系表

审计目标	财务报表认定				
	存在	完整性	权利和义务	计价和分摊	列报
A. 资产负债表中记录的应付账款是存在的	√				
B. 所有应当记录的应付账款均已记录		√			
C. 记录的应付账款是被审计单位应当履行的现实义务			√		
D. 应付账款以恰当的金额包括在财务报表中，与之相关的计价调整已恰当记录				√	
E. 应付账款已按照企业会计准则的规定在财务报表中作出恰当列报					√

二、审计目标与审计程序对应关系表

审计目标	可供选择的审计程序	工作底稿索引	执行者签名
D、E	1. 获取或编制应付账款明细表		
B、D	2. 检查有无未入账的应付账款，确定应付账款金额的准确性		
A、C	3. 函证应付账款（略）		
B	4. 检查已付账款的付款记录，确定是否真实付款。针对已偿付的应付账款，追查至银行单据和其他原始凭证，检查其是否在资产负债表日前真实偿付		
A、B	5. 抽查大额或异常调整事项的真实性。针对异常或大额交易及重大调整事项（如大额的购货折扣或退回、会计处理异常的交易、未经授权的交易，或缺乏支持性凭证的交易等），检查相关原始凭证和会计记录，以分析交易的真实性、合理性		
D	6. 对于用非本位币结算的应付账款，检查其采用的折算汇率是否正确		
A、B、C、D	7. 检查应付关联方款项的真实性及合法性		
A、B、D	8. 抽查与应付账款有关的会计记录，以确定被审计单位是否按照规定进行相应的会计处理和披露		
E	9. 检查应付账款的列报是否恰当		

应付账款明细表

被审计单位名称：　　　　编制人：　　　　日期：　　　　索引号：

截止日：　　　　复核人：　　　　日期：　　　　页次：

应付账款单位	期末余额			账龄				报表日后已付金额	原因	备注
	原币	折算汇率	记账本位币	1 年以内	1~2 年	2~3 年	3 年以上			
一、关联方										
小计										
二、非关联方										
小计										
合计										
占应付账款总额比例										

编制说明：

1. 账龄超过 3 年以上的应付账款应说明未偿还的原因。

2. 若有欠持本公司 5%（含 5%）以上股份的股东单位款项，在“备注”栏中说明。

审计说明：

应付账款核对表

被审计单位名称：　　　　编制人：　　　　日期：　　　　索引号：
截止日：　　　　复核人：　　　　日期：　　　　页次：

序号	明细账凭证			摘要	入库单日期			购货发票			入库单与发票的核对情况	明细账与发票的核对情况
	编号	日期	金额		编号	日期	金额	日期	供应商名称	金额		

核对要点：

1. 入库单中的货物名称、数量、单价及金额与购货发票核对是否一致；
2. 记账凭证内容与购货发票核对是否一致。

审计说明：

应付账款细节测试及凭证抽查表

被审计单位名称：　　编制人：　　日期：　　索引号：
截止日：　　复核人：　　日期：　　页次：

一、测试目标：

二、样本选取标准与规模：

三、测试：

日期	凭证编号	摘要	对应科目	明细科目	借方金额	贷方金额	核对内容					附件
							1	2	3	4	……	

核对内容说明：
1. 原始凭证是否齐全；
2. 是否经授权批准；
3. 会计处理是否正确；
4. 记账凭证与原始凭证金额是否核对相符。

四、审计说明：

实施管理费用实质性程序底稿

管理费用审定表

被审计单位名称：　　编制人：　　日期：　　索引号：

会计期间：　　复核人：　　日期：　　页次：

项目	未审数	审计调整	重分类调整	审定数	索引号	上期数	备注
1. 公司经费							
1.1 职工工资							
1.2 福利费							
1.3 物料消耗							
1.4 低值易耗品摊销							
1.5 办公费							
1.6 差旅费							
2. 工会经费							
3. 董事会费							
4. 聘请中介机构费							
5. 咨询费（含顾问费）							
6. 诉讼费							
7. 业务招待费							
8. 无形资产摊销							
9. 财产保险费							
10. 技术转让费							
11. 其他							
……							
合计							

1. 重大事项说明

2. 审计结论

索引号：

管理费用审计程序表

客户：________________　　所审计会计期间：________________

编制：________________　　复核：________________

日期：________________　　日期：________________

一、审计目标与认定对应关系表

审计目标	财务报表认定					
	发生	完整性	准确性	截止	分类	列报
A. 利润表中记录的管理费用已经发生，且与被审计单位有关	√					
B. 所有应记录的管理费用均已记录		√				
C. 与管理费用有关的金额及其他数据已恰当记录			√			
D. 管理费用已记录于正确的会计期间				√		
E. 管理费用已记录于恰当的账户					√	
F. 管理费用已按照企业会计准则的规定在财务报表中恰当列报						√

二、审计目标与审计程序对应关系表

审计目标	可供选择的审计程序	工作底稿索引	执行者签名
C、F	1. 获取或编制管理费用明细表，复核加计是否正确，并与报表数、总账数核对是否相符。		
	2. 实施实质性分析性程序 将本期、上期管理费用各主要明细项目作比较分析，判断其变动的合理性		
E	3. 检查管理费用的明细项目是否正确		
D	4. 抽取资产负债表日前后（　　）天的（　　）张凭证，实施截止性测试		
F	5. 检查管理费用的列报是否恰当		

管理费用明细表

被审计单位名称： 编制人： 日期： 索引号：
会计期间： 复核人： 日期： 页次：

项目	1月	2月	3月	4月	5月	6月	7月	8月	9月	10月	11月	12月	本期合计	结构比	与相关科目的勾稽关系
1. 公司经费															
1.1 职工工资															
1.2 福利费															
1.3 物料消耗															
1.4 办公费															
1.5 差旅费															
1.6 低值易耗品摊销															
1.7 折旧费															
1.8 其他															
2. 工会经费															
3. 董事会费															
4. 聘请中介机构费															
5. 咨询费（含顾问费）															
6. 诉讼费															
7. 业务招待费															
8. 无形资产摊销															
9. 财产保险费															
10. 技术转让费															
11. 其他															
合计															

审计说明：

管理费用分析性程序表

被审计单位名称：　　　　编制人：　　　　日期：　　　　索引号：

会计期间：　　　　复核人：　　　　日期：　　　　页次：

管理费用明细项目	本期数	结构比	上期数	结构比	差异	差异率 %	差异原因分析
合计							

审计说明：

管理费用凭证抽查表

被审计单位名称： 编制人： 日期： 索引号：

会计期间： 复核人： 日期： 页次：

一、测试目标：

二、样本选取标准与规模：

三、测试：

日期	凭证编号	摘要	科目名称	明细科目	借方金额	贷方金额	核对内容						附件
							1	2	3	4	5	……	

核对内容说明：

1. 项目划分是否合理；
2. 原始凭证是否合规；
3. 明细账、记账凭证、原始凭证金额是否相符；
4. 有无适当的授权批准；
5. 会计处理是否正确；

……

四、审计说明：

项目五　实施存货与仓储循环实质性程序

存货及跌价准备审定表

被审计单位名称：　　　编制人：　　　日期：　　　索引号：

截止日：　　　复核人：　　　日期：　　　页次：

项目	期初数				期末数			
	存货	跌价准备	净值	索引	存货	跌价准备	净值	索引
未审数								
原材料 材料采购 / 在途物资 周转材料 / 低值易耗品 / 包装物 在产品 自制半成品 劳务成本 委托加工物资 库存商品 发出商品 委托代销商品								
账项调整								
原材料 材料采购 / 在途物资 周转材料 / 低值易耗品 / 包装物 在产品 自制半成品 劳务成本 委托加工物资 库存商品 发出商品 委托代销商品								

实施存货实质性程序底稿

续表

项目	期初数				期末数			
	存货	跌价准备	净值	索引	存货	跌价准备	净值	索引
重分类调整								
原材料 材料采购 / 在途物资 周转材料 / 低值易耗品 / 包装物 在产品 自制半成品 劳务成本 委托加工物资 库存商品 发出商品 委托代销商品								
审定数								
原材料 材料采购 / 在途物资 周转材料 / 低值易耗品 / 包装物 在产品 自制半成品 劳务成本 委托加工物资 库存商品 发出商品 委托代销商品								

1. 重大事项说明

2. 审计结论

索引号：

存货审计程序表

客户：________________　　所审计会计期间：________________

编制：________________　　复核：________________

日期：________________　　日期：________________

一、审计目标与认定对应关系表

审计目标	财务报表认定				
	存在	完整性	权利和义务	计价和分摊	列报
A. 确定资产负债表中记录的存货是存在的	√				
B. 确定所有应当记录的存货均已记录		√			
C. 记录的存货由被审计单位拥有或控制			√		
D. 存货以恰当的金额包括在财务报表中，与之相关的计价调整已恰当记录				√	
E. 存货已按照企业会计准则的规定在财务报表中作出恰当列报					√

二、审计目标与审计程序对应关系表

审计目标	可供选择的审计程序	工作底稿索引	执行者签名
D、E	1. 获取或编制存货明细表，复核加计是否正确，并与总账数、明细账合计数核对是否相符		
	2. 实施存货实质性分析程序		
A、B	3. 实施存货监盘		
B、A	4. 实施存货截止性测试		
D	5. 存货计价方法的测试		
D、E	6. 检查生产成本计算是否正确		
D、E	7. 检查委托加工存货		
D	8. 检查存货跌价准备		
E	9. 检查存货在财务报表中是否恰当披露		

存货分析表

被审计单位名称：　　编制人：　　日期：　　索引号：
截止日：　　复核人：　　日期：　　页次：

一、存货构成分析表

存货项目	年　月　日		年　月　日		年　月　日	
	金额	结构比	金额	结构比	金额	结构比
原材料						
材料采购 / 在途物资						
周转材料 / 低值易耗品 / 包装物						
库存商品						
在产品						
劳务成本						
委托加工物资						
发出商品						
合计		100%		100%		100%

二、存货指标分析表

指标		年	年	年
存货周转率 （销售成本 ÷ 平均存货）				
存货平均天数 （360 天 ÷ 存货周转率）				
毛利率 （毛利 ÷ 净收入）				
存货跌价准备占存货余额比例 （存货跌价准备 ÷ 存货余额）				
主要产品单位成本	单位产品成本			
	单位直接材料			
	单位直接人工			
	单位制造费用			
存货占流动资产比例 （平均存货 ÷ 平均流动资产）				

审计说明：

存货盘点汇总表

被审计单位名称：　　编制人：　　日期：　　索引号：
截止日：　　复核人：　　日期：　　页次：

存货类别	账面金额	实盘金额	盘盈	盘亏	是否已做会计处理	索引号

审计结论：

存货盘点倒轧表

被审计单位名称：　　　编制人：　　　日期：　　　索引号：
截止日：　　　复核人：　　　日期：　　　页次：

一、资产负债表日前盘点倒轧表

序号	品名及规格	单位	监盘日实存数量	加：监盘日至资产负债表日入库数量	减：监盘日至资产负债表日发出数量	资产负债表日实存数量	资产负债表日账面数量	差异	原因分析

二、资产负债表日后盘点倒轧表

序号	品名及规格	单位	监盘日实存数量	加：资产负债表日至监盘日发出数量	减：资产负债表日至监盘日入库数量	资产负债表日实存数量	资产负债表日账面数量	差异	原因分析

审计结论：

存货明细账与盘点报告（记录）核对表

被审计单位名称：　　编制人：　　日期：　　索引号：

截止日：　　复核人：　　日期：　　页次：

一、从明细账中选取具有代表性的样本，将明细账上的存货数量与经确认盘点报告的数量核对：

序号	地点	样本描述		期末存货明细账记录			经确认的期末存货盘点表（存货清单）	数量差异
		存货类别	存货型号	单价	数量 a	金额	数量 b	$c=a-b$

二、从经确认的盘点报告中抽取有代表性的样本，将盘点报告的数量与存货明细账核对：

序号	地点	样本描述		经确认的期末存货盘点表（存货清单）	期末存货明细账记录			数量差异
		存货类别	存货型号	数量 a	单价	数量 b	金额	$c=a-b$

审计结论：

存货截止性测试——入库

被审计单位名称：　　　　编制人：　　　　日期：　　　　索引号：
截止日：　　　　复核人：　　　　日期：　　　　页次：

一、测试目标：

二、样本选取标准与规模：

三、测试：

（一）从存货明细账的借方发生额中抽取样本，与入库记录核对，以确定存货入库被记录在正确的会计期间：

序号	摘要	明细账凭证			入库单（或购货发票）			是否跨期
		编号	日期	金额	编号	日期	金额	
截止日前								
截止日期：　年　月　日								
截止日后								

（二）从存货入库记录抽取样本，与明细账的借方发生额核对，以确定存货入库被记录在正确的会计期间：

序号	摘要	入库单（或购货发票）			明细账凭证			是否跨期
		编号	日期	金额	编号	日期	金额	
截止日前								
截止日期：　年　月　日								
截止日后								

四、审计说明：

存货截止性测试——出库

被审计单位名称：　　　　编制人：　　　　日期：　　　　索引号：

截止日：　　　　复核人：　　　　日期：　　　　页次：

一、测试目标：

二、样本选取标准与规模：

三、测试：

（一）从存货明细账的贷方发生额中抽取样本，与出库记录核对，以确定存货出库被记录在正确的会计期间：

序号	摘要	明细账凭证			出库单（或销售发票）			是否跨期
		编号	日期	金额	编号	日期	金额	
截止日前								
截止日期：　年　月　日								
截止日后								

（二）从存货出库记录抽取样本，与明细账的贷方发生额核对，以确定存货出库被记录在正确的会计期间：

序号	摘要	出库单（或销售发票）			明细账凭证			是否跨期
		编号	日期	金额	编号	日期	金额	
截止日前								
截止日期：　年　月　日								
截止日后								

四、审计说明：

存货计价方法测试表

被审计单位名称：　　　　编制人：　　　　日期：　　　　索引号：
截止日：　　　　复核人：　　　　日期：　　　　页次：

一、测试目标：

二、样本选取标准与规模：

三、测试：

品名及规格	购入			发出			余额		
	数量	单价	金额	数量	单价	金额	数量	单价	金额
合计									

计价方法说明：

四、审计说明：

生产成本检查表

被审计单位名称：　　编制人：　　日期：　　索引号：
截止日：　　复核人：　　日期：　　页次：

一、测试目标：

二、样本选取标准与规模：

三、测试：

项目	直接材料	直接人工	制造费用	合计
月初在产品				
本月生产费用				
生产费用合计				
月末在产品				
本月完工产品				
单位产品成本				

四、审计说明：

生产成本计算单测试表

被审计单位名称：　　编制人：　　日期：　　索引号：

截止日：　　复核人：　　日期：　　页次：

一、测试目标：

二、样本选取标准与规模：

三、测试：

月份	成本计算单			直接材料		直接人工		制造费用	
	产品名称及规格	数量	单位成本	金额	索引号	金额	索引号	金额	索引号

四、审计说明：

直接材料成本情况检查表

被审计单位名称：　　编制人：　　日期：　　索引号：

截止日：　　复核人：　　日期：　　页次：

一、测试目标：

二、样本选取标准与规模：

三、测试：

月份	材料名称及规格	金额	检查内容								附件
			1	2	3	4	5	6	7	……	

检查内容说明：

1. 材料领料单的签发是否经过授权批准；
2. 材料耗用量与材料领料单汇总核对是否相符；
3. 材料分配汇总表中该产品分配的直接材料成本与材料耗用量核对是否相符；
4. 材料成本在不同产品间的分配标准与计算方法是否合理和适当；
5. 材料成本在某产品完工产品和在产品中的分配标准和计算方法是否合理和适当；
6. 采用标准成本或定额成本的，标准材料成本或定额成本的确定是否合理，材料成本差异的计算和分配是否正确；
7. 直接材料的定额成本、标准成本本期有无变化；

……

四、审计说明：

直接人工成本情况检查表

被审计单位名称：　　编制人：　　日期：　　索引号：
截止日：　　复核人：　　日期：　　页次：

一、测试目标：

二、样本选取标准与规模：

三、测试：

月份	产品名称及规格	金额	检查内容								附件
			1	2	3	4	5	6	7	……	

检查内容说明：

1. 直接人工汇总表与应付职工薪酬、人事部门工时记录等核对是否相符；
2. 直接人工汇总表中的人工成本是否包括三险一金；
3. 直接人工成本分配表与直接人工汇总表核对是否相符；
4. 直接人工成本在不同产品间的分配标准与计算方法是否合理和适当；
5. 直接人工成本在某产品完工产品和在产品中的分配标准和计算方法是否合理和适当；
6. 采用标准成本或定额成本的，标准人工成本或定额成本的确定是否合理，直接人工成本差异的计算和分配是否正确；
7. 直接人工标准成本或定额成本本年度有无重大变化；

……

四、审计说明：

制造费用情况检查表

被审计单位名称：　　编制人：　　日期：　　索引号：
截止日：　　复核人：　　日期：　　页次：

一、测试目标：

二、样本选取标准与规模：

三、测试：

月份	产品名称及规格	金额	检查内容								附件
			1	2	3	4	5	6	7	……	

检查内容说明：

1. 核算制造费用的内容及范围是否正确；
2. 制造费用汇总表与相关费用项目（如折旧费用）等核对是否相符；
3. 制造费用在不同产品间的分配标准与计算方法是否合理和适当；
4. 制造费用在某产品完工产品和在产品中的分配标准和计算方法是否合理和适当；
5. 采用标准成本法的，标准制造费用的确定是否合理，制造费用差异的计算和分配是否正确；
6. 标准制造费用本年度有无重大变化；
7. 是否存在异常会计事项；

……

四、审计说明：

委托加工物资核查表

被审计单位名称：　　编制人：　　日期：　　索引号：
截止日：　　复核人：　　日期：　　页次：

一、测试目标：

二、样本选取标准与规模：

三、测试：

加工单位名称	合同或协议号	发出时间	发出材料成本	加工费	收回材料成本	未收回原因及是否需函证	索引号

四、审计说明：

存货跌价准备测试表

被审计单位名称：　　编制人：　　日期：　　索引号：

截止日：　　复核人：　　日期：　　页次：

一、测试目标：

二、样本选取标准与规模：

三、测试：

序号	存货明细项目	账面成本	可变现净值	已计提准备数	应计提准备数
合计					

四、审计说明：

实施应付职工薪酬实质性程序底稿

应付职工薪酬审定表

被审计单位名称：　　编制人：　　日期：　　索引号：
截止日：　　复核人：　　日期：　　页次：

项目名称	期末账面余额	审计调整		重分类调整		审定数	期初审定数	索引号
		借方	贷方	借方	贷方			
1. 工资								
2. 奖金								
3. 津贴								
4. 补贴								
5. 职工福利费								
6. 社会保险费								
（1）医疗保险费								
（2）基本养老保险费								
（3）失业保险费								
（4）工伤保险费								
（5）生育保险费								
7. 住房公积金								
8. 工会经费								
9. 职工教育经费								
10. 非货币性福利								
11. 辞退福利								
12. 以现金结算的股份支付								
……								
合计								

1. 重大事项说明

2. 审计结论

索引号：

应付职工薪酬审计程序表

客户：______________	所审计会计期间：______________
编制：______________	复核：______________
日期：______________	日期：______________

一、审计目标与认定对应关系表

审计目标	财务报表认定				
	存在	完整性	权利和义务	计价和分摊	列报
A. 资产负债表中记录的应付职工薪酬是存在的	√				
B. 所有应当记录的应付职工薪酬均已记录		√			
C. 记录的应付职工薪酬是被审计单位应当履行的现实义务			√		
D. 应付职工薪酬以恰当的金额包括在财务报表中，与之相关的计价调整已恰当记录				√	
E. 应付职工薪酬已按照企业会计准则的规定在财务报表中作出恰当列报					√

二、审计目标与审计程序对应关系表

审计目标	可供选择的审计程序	工作底稿索引	执行者签名
D、E	1. 获取或编制应付职工薪酬明细表		
	2. 复核应付职工薪酬金额的合理性		
A、B、D	3. 对本期发生的工资性费用实施实质性程序分析		
A、B、D	4. 检查应付职工薪酬的确认和账务处理是否正确		
A、B、D	5. 检查被审计单位为职工交纳的社会保险费（包括医疗、养老、失业、工伤、生育保险费）、住房公积金、工会经费和职工教育经费等计提和支付的会计处理是否正确，依据是否充分		
A、B、D	6. 检查非货币性福利处理是否正确		
B、A、C	7. 检查应付职工薪酬的期后付款情况		
E	8. 检查应付职工薪酬的列报是否恰当		

应付职工薪酬明细表

被审计单位名称： 编制人： 日期： 索引号：
截止日： 复核人： 日期： 页次：

项目名称	期初数	本期计提	本期支付	期末数	备注
1. 工资					
2. 奖金					
3. 津贴					
4. 补贴					
5. 职工福利费					
6. 社会保险费					
（1）医疗保险费					
（2）基本养老保险费					
（3）失业保险费					
（4）工伤保险费					
（5）生育保险费					
7. 住房公积金					
8. 工会经费					
9. 职工教育经费					
10. 非货币性福利					
11. 辞退福利					
12. 以现金结算的股份支付					
……					
合计					

审计说明：

应付职工薪酬分配情况检查表

被审计单位名称：　　编制人：　　日期：　　索引号：
截止日：　　复核人：　　日期：　　页次：

项目名称	产品成本（含制造费用）	固定资产	销售费用	……	合计	核对是否正确	差异原因
1. 工资							
2. 奖金							
3. 津贴							
4. 补贴							
5. 职工福利费							
6. 社会保险费							
（1）医疗保险费							
（2）基本养老保险费							
（3）失业保险费							
（4）工伤保险费							
（5）生育保险费							
7. 住房公积金							
8. 工会经费							
9. 职工教育经费							
10. 非货币性福利							
11. 辞退福利							
12. 以现金结算的股份支付							
……							
合计							

审计说明：

应付职工薪酬细节测试及凭证抽查表

被审计单位名称： 编制人： 日期： 索引号：
截止日： 复核人： 日期： 页次：

一、测试目标：

二、样本选取标准与规模：

三、测试：

日期	凭证编号	摘要	对应科目	明细科目	借方金额	贷方金额	核对内容					附件
							1	2	3	4	5	

核对内容说明：

1. 原始凭证是否齐全；
2. 费用支出是否合理；
3. 是否经授权批准；
4. 是否跨期入账；
5. 会计处理是否正确。

四、审计说明：

实施应收账款实质性程序底稿

应收账款审定表

被审计单位名称：　　编制人：　　日期：　　索引号：

截止日：　　复核人：　　日期：　　页次：

账龄	期初审定数			期末未审数			审计调整（借＋贷－）				期末审定数			备注
	账面余额	减：坏账准备	账面价值	账面余额	减：坏账准备	账面价值	账面余额	索引号	减：坏账准备	索引号	账面余额	减：坏账准备	账面价值	
（一）单项金额重大、经单独减值测试并单项确认减值损失的应收款项														
债务人 1														
债务人 2														
……														
小计（a）														
（二）单项金额不重大的和经单独测试未减值的应收款项														
1 年以内														
1~2 年														
2~3 年														
3 年以上														
……														
小计（b）														
其中：单项金额重大、经单独测试未减值的应收款项														
债务人 1														
债务人 2														
……														
合计（$c=a+b$）														

1. 重大事项说明

2. 审计结论

索引号：

应收账款审计程序表

客户：______________________ 所审计会计期间：______________________

编制：______________________ 复核：______________________

日期：______________________ 日期：______________________

一、审计目标与认定对应关系表

审计目标	财务报表认定				
	存在	完整性	权利和义务	计价和分摊	列报
A. 资产负债表中记录的应收账款是存在的	√				
B. 所有应当记录的应收账款均已记录		√			
C. 记录的应收账款由被审计单位拥有或控制			√		
D. 应收账款以恰当的金额包括在财务报表中，与之相关的计价调整已恰当记录				√	
E. 应收账款已按照企业会计准则的规定在财务报表中作出恰当列报					√

二、审计目标与审计程序对应关系表

审计目标	可供选择的审计程序	工作底稿索引	执行者签名
D、E	1. 获取或编制各项应收账款明细表，复核加计正确，并与总账数和明细账合计数核对相符；结合坏账准备科目与资产负债表中本年、上年金额及上年审计报告核对相符		
A、B、C、D	2. 对应收账款进行函证，编制应收账款函证结果汇总表		
A	3. 对未函证应收账款抽查有关原始凭据，如销售合同、销售订单、销售发票副本及发运凭证等，以验证与其相关的应收账款的真实性		
D	4. 评价坏账准备计提的适当性		
E	5. 检查应收账款的列报是否恰当		

应收账款明细表

被审计单位名称：　　　　编制人：　　　　日期：　　　　索引号：

截止日：　　　　复核人：　　　　日期：　　　　页次：

上期审定数	未审数				审计调整		审定数	账龄				截至审计日已经收回的款项	备注
	明细项目	发函情况（√）	替代程序索引	金额	调整金额（借+贷-）	索引号		1年以下	1~2年	2~3年	3年以上		
一、关联方													
	小计												
二、非关联方													
	小计												
	应收款项账面余额合计												

审计说明：

应收账款函证结果汇总表

被审计单位名称：　　　　　　编制人：　　　　　　日期：　　　　　　索引号：
截止日：　　　　　　　　　　复核人：　　　　　　日期：　　　　　　页次：

发函询证纪要				是否收到回函（√）	收到回函				未收到回函是否采取替代程序（√）	备注
					可以确认金额		未确认金额			
序号	选取样本目的	单位名称	期末余额		回函直接确认	调节后可以确认	争议未决金额	长期		
合计										
企业期末应收账款总金额：　　元				收到回函样本金额占样本金额比例：　　%						
抽取样本占期末余额比例：　　%										

选取样本的目的：　　A. 大额　B. 异常　C. 账龄长　D. 余额为零　E. 随机

审计说明：

应收账款替代审计程序表

被审计单位名称：　　　　编制人：　　　　日期：　　　　索引号：

截止日：　　　　复核人：　　　　日期：　　　　页次：

一、测试目标：

二、样本选取标准与规模：

三、测试：

月	日	凭证号	摘要	借方	贷方	附件				测试内容					
						发票	银行单据	发运单		1	2	3	4	5	6
			抽凭合计												
			本期累计												
			抽凭合计金额占本期累计的百分比												

测试内容说明：

A. 分别明细客户作替代性测试，工作内容如下：

（1）与业务合同、客户订单内容性质一致；

（2）与销售发票核对内容一致；

（3）与产品出库票据、运输单据、劳务移交确认手续内容相符；

（4）与收款凭证核对一致；

（5）与银行对账单核对一致；

（6）期后已收到款项。

B. 说明对关联方交易、往来的专项检查程序：

C. 说明替代性测试中异常情况的原因：

四、审计说明：

应收账款——坏账准备测算表

被审计单位名称：　　编制人：　　日期：　　索引号：

截止日：　　复核人：　　日期：　　页　次：

账龄	应收款项余额（审定数）	单项金额重大、经单独减值测试，并单项确认减值损失的应收款项余额	其他个别认定坏账准备的原值（如合并范围内的关联方不计提的部分）	应采用账龄分析法，按比例计提坏账的应收款项余额	坏账计提比例	按账龄期末应计提坏账金额
1 年以内						
1~2 年						
2~3 年						
3 年以上						
……						
合计						

单项金额重大、经单独减值测试并单项确认减值损失的：

债务人名称	账面余额（审定数）1	减：坏账准备 2	账面价值（未审数）3	预计的未来现金流量现值 4	坏账准备（审定数）5＝1－4（≥0）	账面价值（审定数）6	备注
债务人 1							
债务人 2							
……							
小计							

审计说明：

按账龄期末应计提坏账金额：

加：单项金额重大、经单独减值测试并单项确认坏账准备：

期末应收款项应计提坏账准备（审定数）：

减：被审计单位期末已计提坏账准备（未审数）：

应补提（或冲销）的坏账准备：

审计调整：

主营业务收入审定表

被审计单位名称：　　　　　　编制人：　　　　　　日期：　　　　　　索引号：

会计期间：　　　　　　　　　复核人：　　　　　　日期：　　　　　　页次：

项目名称（类别）	未审数		审计调整		重分类		审定数		索引号	上期数	
	原币	折合本位币	借方	贷方	借方	贷方	原币	折合本位币		原币	折合本位币
主营业务收入											
合计											

1. 重大事项说明

2. 审计结论

实施主营业务收入实质性程序底稿

索引号：

主营业务收入审计程序表

客户：________________ 所审计会计期间：________________

编制：________________ 复核：________________

日期：________________ 日期：________________

一、审计目标与认定对应关系表

审计目标	财务报表认定					
	发生	完整性	准确性	截止	分类	列报
A. 利润表中记录的主营业务收入已经发生，且与被审计单位有关	√					
B. 所有应记录的主营业务收入均已记录		√				
C. 与主营业务收入有关的金额及其他数据已恰当记录			√			
D. 主营业务收入已记录于正确的会计期间				√		
E. 主营业务收入已记录于恰当的账户					√	
F. 主营业务收入已按照企业会计准则的规定在财务报表中恰当列报						√

二、审计目标与审计程序对应关系表

审计目标	可供选择的审计程序	工作底稿索引	执行者签名
C、F	1. 获取或编制主营业务收入明细表，复核加计正确，并与总账数和明细账合计数核对相符		
	2. 实质性分析程序		
A、B、C	3. 检查主营业务收入是否正确		
D	4. 实施截止性测试		
F	5. 检查主营业务收入的列报是否恰当		

主营业务收入明细表

被审计单位名称：　　编制人：　　日期：　　索引号：
会计期间：　　复核人：　　日期：　　页次：

月份	主营业务收入明细项目								
	合计								
1									
2									
3									
4									
5									
6									
7									
8									
9									
10									
11									
12									
合计									

审计说明：

主营业务收入成本分析表

被审计单位名称：　　　　　　　　编制人：　　　　　　　　日期：　　　　　　　　索引号：

会计期间：　　　　　　　　　　　复核人：　　　　　　　　日期：　　　　　　　　页次：

收入类别／产品名称	本年数					上年数					变动				
	数量	主营业务收入	主营业务成本	毛利	毛利率	数量	主营业务收入	主营业务成本	毛利	毛利率	数量	主营业务收入	主营业务成本	毛利	毛利率
合计															

审计说明：

主营业务收入截止性测试表

被审计单位名称： 编制人： 日期： 索引号：
会计期间： 复核人： 日期： 页次：

发票内容						发货单		入账情况			是否跨期 √（×）
编号	日期	客户名称	品名	销售额	税额	号码	日期	日期	主营业务收入	应交税费	
截止日前											
截止日期： 年 月 日											
截止日后											
审计说明：											

主营业务收入凭证抽查表

被审计单位名称：　　编制人：　　日期：　　索引号：

会计期间：　　复核人：　　日期：　　页次：

一、测试目标：

二、样本选取标准与规模：

三、测试：

日期	凭证编号	摘要	科目名称	明细科目	借方金额	贷方金额	核对内容						附件
							1	2	3	4	5	6	

核对内容说明：

1. 与业务合同、客户订单内容性质一致；
2. 与销售发票核对内容一致；
3. 与产品出库票据、运输单据、劳务移交确认手续内容相符；
4. 与收款凭证核对一致；
5. 与银行对账单核对一致；
6. 期后已收到款项。

四、审计说明：

应交税费审定表

被审计单位名称： 编制人： 日期： 索引号：
截止日： 复核人： 日期： 页次：

项目	未审数	审计调整	重分类调整	审定数	索引号	上期数	备注
企业所得税							
增值税							
消费税							
资源税							
土地增值税							
城市维护建设税							
车船税							
房产税							
土地使用税							
教育费附加							
印花税							
代扣代缴外国企业所得税							
代扣代缴个人所得税							
合计							

1. 重大事项说明

2. 审计结论

实施应交税费实质性程序底稿

索引号：

应交税费审计程序表

客户：________________ 所审计会计期间：________________

编制：________________ 复核：________________

日期：________________ 日期：________________

一、审计目标与认定对应关系表

审计目标	财务报表认定				
	存在	完整性	权利和义务	计价和分摊	列报
A. 资产负债表中记录的应交税费是存在的	√				
B. 所有应当记录的应交税费均已记录		√			
C. 记录的应交税费是被审计单位应当履行的现实义务			√		
D. 应交税费以恰当的金额包括在财务报表中，与之相关的计价调整已恰当记录				√	
E. 应交税费已按照企业会计准则的规定在财务报表中作出恰当列报					√

二、审计目标与审计程序对应关系表

审计目标	可供选择审计程序	工作底稿索引	执行者签名
D、E	1. 获取或编制应交税费明细表		
B、C、A	2. 检查应交税费金额是否正确		
E	3. 检查应交税费的列报是否恰当		

应交税费明细表

被审计单位名称：　　编制人：　　日期：　　索引号：

截止日：　　复核人：　　日期：　　页次：

项目	期初余额	本期计提数	本期已交数	期末余额	备注
合计					

审计说明：

应交税费测算表

被审计单位名称：　　编制人：　　日期：　　索引号：

截止日：　　复核人：　　日期：　　页次：

项目	计税依据		税率或单位税额		应纳税额		已纳税额		应退（应补）税额	
	企业数	审计数	企业数	审计数	企业数	审计数	企业数	审计数	企业数	审计数
一、未交税费										
企业所得税										
增值税										
消费税										
城市维护建设税										
教育费附加										
印花税										
房产税										
小计										
二、代扣代缴个人所得税										
个人所得税										
小计										
合计										

审计说明：

税金及附加审定表

被审计单位名称： 编制人： 日期： 索引号：
截止日： 复核人： 日期： 页次：

项目 / 单位名称（类别）	未审数	审计调整	重分类调整	审定数	索引号	上期数	备注
城建税							
教育费附加							
房产税							
消费税							
资源税							
印花税							
其他							
合计							

1. 重大事项说明

2. 审计结论

实施税金及附加实质性程序底稿

索引号：

税金及附加审计程序表

客户：________ 所审计会计期间：________

编制：________ 复核：________

日期：________ 日期：________

一、审计目标与认定对应关系表

审计目标	财务报表认定					
	发生	完整性	准确性	截止	分类	列报
A. 利润表中记录的税金及附加已经发生，且与被审计单位有关	√					
B. 所有应记录的税金及附加均已记录		√				
C. 与税金及附加有关的金额及其他数据已恰当记录			√			
D. 税金及附加已记录于正确的会计期间				√		
E. 税金及附加已记录于恰当的账户					√	
F. 税金及附加已按照企业会计准则的规定在财务报表中恰当列报						√

二、审计目标与审计程序对应关系表

审计目标	可供选择的审计程序	工作底稿索引	执行者签名
C、F	1. 获取或编制税金及附加明细表，复核加计正确，并与报表数、总账数和明细账合计数核对相符；核对上年账面数与上年利润表及上年审计报告金额是否相符		
A、B	2. 确定被审计单位的纳税范围与税种是否符合国家规定		
B	3. 确定被审计单位减免税的项目是否真实，理由是否充分，手续是否完备		
A、B、C、D、E	4. 检查各税是否确实发生，计算是否正确，是否记录于正确会计期间，是否记录于恰当账户		
F	5. 确定税金及附加的列报是否恰当		

税金及附加明细表

被审计单位名称：　　编制人：　　日期：　　索引号：
截止日：　　复核人：　　日期：　　页次：

项目	1月	2月	3月	4月	5月	6月	7月	8月	9月	10月	11月	12月	本期合计	上期合计	与应交税费项目勾稽
城市维护建设税															
教育费附加															
房产税															
消费税															
资源税															
印花税															
其他															
合计															

审计说明：

税金及附加检查表

被审计单位名称： 编制人： 日期： 索引号：

截止日： 复核人： 日期： 页次：

索引号	项目	应税收入	适用税率	应交消费税		应交城建税		应交教育费附加		其他	
				原计数	应计数	原计数	应计数	原计数	应计数	原计数	应计数

审计说明：

税金及附加凭证抽查表

被审计单位名称：　　编制人：　　日期：　　索引号：
截止日：　　复核人：　　日期：　　页次：

一、测试目标：税金及附加的凭证抽查

二、样本选取标准与规模：统计抽样

三、测试：

日期	凭证编号	摘要	科目名称	明细科目	借方金额	贷方金额	核对内容					附件
							1	2	3	4	……	

核对内容说明：
1. 原始凭证是否真实、完整；
2. 有无授权批准；
3. 会计处理是否正确；
4. 是否属于跨期收支事项；
……

四、审计说明：

实施销售费用实质性程序底稿

销售费用审定表

被审计单位名称：　　编制人：　　日期：　　索引号：

会计期间：　　复核人：　　日期：　　页次：

费用项目	未审数	审计调整	重分类调整	审定数	索引号	上期数	备注
专设销售机构的职工薪酬							
业务费							
折旧费							
保险费							
包装费							
展览费							
广告费							
商品维修费							
预计产品质量保证损失							
运输费							
装卸费							
……							
合计							

1. 重大事项说明

2. 审计结论

索引号：

销售费用审计程序表

客户：________ 所审计会计期间：________

编制：________ 复核：________

日期：________ 日期：________

一、审计目标与认定对应关系表

审计目标	财务报表认定					
	发生	完整性	准确性	截止	分类	列报
A. 利润表中记录的销售费用已经发生，且与被审计单位有关	√					
B. 所有应记录的销售费用均已记录		√				
C. 与销售费用有关的金额及其他数据已恰当记录			√			
D. 销售费用已记录于正确的会计期间				√		
E. 销售费用已记录于恰当的账户					√	
F. 销售费用已按照企业会计准则的规定在财务报表中恰当列报						√

二、审计目标与审计程序对应关系表

审计目标	可供选择的审计程序	工作底稿索引	执行者签名
C、F	1. 获取或编制销售费用明细表，复核其加计数是否正确，并与报表、总账和明细账核对相符；核对上年账面数与上年利润表及上年审计报告金额是否相符。将销售费用中的工资、折旧等与相关的资产、负债科目核对，检查其勾稽关系的合理性		
	2. 实质性分析程序		
A、B、C、D、E	3. 检查销售费用各明细项目是否正确		
D	4. 实施截止性测试		
F	5. 检查销售费用的披露是否恰当		

销售费用分析性程序表

被审计单位名称：　　　　编制人：　　　　日期：　　　　索引号：

会计期间：　　　　复核人：　　　　日期：　　　　页次：

销售费用明细项目	本期数	结构比	上期数	结构比	差异	差异率 %	差异原因分析
合计							

审计说明：

销售费用截止性测试表

被审计单位名称：　　　　编制人：　　　　日期：　　　　索引号：

会计期间：　　　　复核人：　　　　日期：　　　　页次：

索引号	日期	凭证号	费用内容	对应科目	金额	是否跨期 √（×）
截止日前						
截止日期：　　年　　月　　日						
截止日后						
审计说明：						

销售费用凭证抽查表

被审计单位名称：　　编制人：　　日期：　　索引号：

会计期间：　　复核人：　　日期：　　页次：

一、测试目标：

二、样本选取标准与规模：

三、测试：

日期	凭证编号	摘要	科目名称	明细科目	借方金额	贷方金额	核对内容						附件
							1	2	3	4	5	6	

核对内容说明：

1. 开支是否与销售业务有关；
2. 项目划分是否合理；
3. 原始凭证是否合规；
4. 明细账、记账凭证、原始凭证金额是否相符；
5. 有无适当的授权批准；
6. 会计处理是否正确。

四、审计说明：

交易性金融资产审定表

被审计单位名称：　　编制人：　　日期：　　索引号：

截止日：　　复核人：　　日期：　　页次：

项目	期末未审数	审计调整	重分类调整	期末审定数	索引号	上期审定数	备注
一、成本							
成本小计							
二、公允价值变动损益							
公允价值变动损益小计							
三、公允价值							
公允价值合计							

1. 重大事项说明

2. 审计结论

实施交易性金融资产实质性程序底稿

索引号：

交易性金融资产审计程序表

客户：________ 所审计会计期间：________

编制：________ 复核：________

日期：________ 日期：________

一、审计目标与认定对应关系表

审计目标	财务报表认定				
	存在	完整性	权利和义务	计价和分摊	列报
A. 资产负债表中记录的交易性金融资产是存在的	√				
B. 所有应当记录的交易性金融资产均已记录		√			
C. 记录的交易性金融资产由被审计单位拥有或控制			√		
D. 交易性金融资产以恰当的金额包括在财务报表中，与之相关的计价调整已恰当记录				√	
E. 交易性金融资产已按照企业会计准则的规定在财务报表中作出恰当列报					√

二、审计目标与审计程序对应关系表

审计目标	可供选择的审计程序	工作底稿索引	执行者签名
D、E	1. 获取或编制各项交易性金融资产明细表，复核加计正确，并与总账数和明细账合计数核对相符		
C、E	2. 就被审计单位管理层将投资确定划分为交易性金融资产的意图获取审计证据，并考虑管理层实施该意图的能力		
A、D、E	3. 确定交易性金融资产余额正确，有价证券存在		
B、C	4. 检查交易性金融资产的会计记录完整，并确定所购入有价证券归被审计单位所有		
D	5. 确定交易性金融资产的计价正确		
E	6. 检查交易性金融资产的列报是否恰当		

交易性金融资产明细表

被审计单位名称：　　编制人：　　日期：　　索引号：

截止日：　　复核人：　　日期：　　页次：

项目 （按明细项目列示，如被投资公司名称或证券名称）	期初余额			本期增加			本期减少			期末余额			索引号	备注
	数量	单位成本／变动／市价	金额	数量	单位成本／变动／市价	金额	数量	单位成本／变动／市价	金额	数量	单位成本／变动／市价	金额		
（一）交易性债券投资公允价值														
项目 1														
其中：（1）成本														
（2）公允价值变动损益														
项目 2														
其中：（1）成本														
（2）公允价值变动损益														
公允价值小计														
其中：（1）成本小计														
（2）公允价值变动损益小计														
（二）（三）（四）略														
公允价值合计														
其中：（1）成本合计														
（2）公允价值变动损益合计														

审计说明：

有价证券盘点表

被审计单位名称： 编制人： 日期： 索引号：

截止日： 复核人： 日期： 页次：

证券名称	账面数量	面值	总计	票面利率	到期日	资产负债表日到盘点日的增加（减少）		资产负债表日实存有价证券				
						数量	面值总额	账面数量	面值	总计	票面利率	到期日
（一）交易性债券投资公允价值												
项目 1												
项目 2												
……												
（二）交易性权益工具投资公允价值												
项目 1												
项目 2												
……												
审计说明：												

交易性金融资产公允价值复核表

被审计单位名称：　　编制人：　　日期：　　索引号：

截止日：　　复核人：　　日期：　　页次：

投资类别及证券名称	投资日期	账面余额			复核数			是否存在差异及差异原因分析
		期末数量	总成本	账面价值	收盘价来源	收盘价	证券市值总额	
（一）交易性债券投资公允价值								
项目 1								
项目 2								
……								
（二）交易性权益工具投资公允价值								
项目 1								
项目 2								
……								
公允价值小计								

审计说明：

交易性金融资产细节测试及凭证抽查表

被审计单位名称：　　编制人：　　日期：　　索引号：
截止日：　　复核人：　　日期：　　页次：

一、测试目标：

二、样本选取标准与规模：

三、测试：

日期	凭证编号	摘要	科目名称	明细科目	借方金额	贷方金额	核对内容						附件
							1	2	3	4	5	6	

核对内容说明：
1. 原始凭证内容完整；
2. 有授权批准；
3. 账务处理正确；
4. 投资成本计算正确；
5. 股利股息计算正确；
6. 与收盘价核对正确。

四、审计说明：

其他应收款及坏账准备审定表

被审计单位名称：　　　　编制人：　　　　日期：　　　　索引：

截止日：　　　　复核人：　　　　日期：　　　　页次：

项目	期初数				期末数			
	其他应收款	坏账准备	净值	索引	其他应收款	坏账准备	净值	索引
未审数								
账项调整								
重分类调整								
审定数								

1. 重大事项说明

2. 审计结论

实施其他应收款实质性程序底稿

索引号：

其他应收款审计程序表

客户：________　所审计会计期间：________

编制：________　复核：________

日期：________　日期：________

一、审计目标与认定对应关系表

审计目标	财务报表认定				
	存在	完整性	权利和义务	计价和分摊	列报
A. 资产负债表中记录的其他应收款是存在的	√				
B. 所有应当记录的其他应收款均已记录		√			
C. 记录的其他应收款由被审计单位拥有或控制			√		
D. 其他应收款以恰当的金额包括在财务报表中，与之相关的计价调整已恰当记录				√	
E. 其他应收款已按照企业会计准则的规定在财务报表中作出恰当列报					√

二、审计目标与审计程序对应关系表

审计目标	可供选择的审计程序	工作底稿索引	执行者签名
D、E	1. 获取或编制其他应收款明细户检查表，复核加计正确，并与总账数和明细账合计数核对相符；结合坏账准备科目与资产负债表中本年、上年金额及上年审计报告核对相符		
A、B、C、D	2. 检查各明细项目是否存在，是否应在本科目核算，会计处理是否正确，是否归被审计单位所有，必要时进行函证		
E	3. 检查其他应收款的列报是否恰当		

其他应收款明细户检查表

被审计单位名称：　　　　　　编制人：　　　　　　日期：　　　　　　索引号：

截止日：　　　　　　　　　　复核人：　　　　　　日期：　　　　　　页次：

一、测试目标：

二、样本选取标准与规模：

三、测试：

（一）期初余额							
（二）借方发生额							
入账金额				检查内容（用“√”“×”表示）			
序号	日期	凭证号	金额	1	2	3	4
1							
2							
3							
小计							
全年借方发生额合计							
测试金额占全年借方发生额的比例							
（三）贷方发生额							
入账金额				检查内容（用“√”“×”表示）			
序号	日期	凭证号	金额	5	6	7	8
1							
2							
3							
小计							
全年贷方发生额合计							
测试金额占全年贷方发生额的比例							
（四）期末余额							
（五）期后收款检查							
1							
2							
3							

检查内容：

1. 发票金额内容与记账凭证一致；
2. 发票金额已正确计入其他应收款；
3. 与相关合同核对一致；
4. 属于非结算业务的债权；
5. 与对应科目明细账记录一致；
6. 与付款单位户名一致；
7. 已记入银行（现金）日记账。

四、审计说明：

实施投资性房地产实质性程序底稿

投资性房地产审定表

被审计单位名称：　　编制人：　　日期：　　索引号：

截止日：　　复核人：　　日期：　　页次：

项目类别	未审数						审计调整						审定数						索引号	备注
	期初数	本期增加		本期减少		期末数	期初数	本期增加		本期减少		期末数	期初数	本期增加		本期减少		期末数		
		购置	自用房地产或存货转为投资性房地产	处置	投资性房地产转为自用房地产			购置	自用房地产或存货转为投资性房地产	处置	投资性房地产转为自用房地产			购置	自用房地产或存货转为投资性房地产	处置	投资性房地产转为自用房地产			
房屋、建筑物																				
其中：																				
土地使用权																				
其中：																				
合计																				

1. 重大事项说明

2. 审计结论

索引号：

投资性房地产审计程序表

客户：＿＿＿＿＿＿＿＿ 所审计会计期间：＿＿＿＿＿＿＿＿

编制：＿＿＿＿＿＿＿＿ 复核：＿＿＿＿＿＿＿＿

日期：＿＿＿＿＿＿＿＿ 日期：＿＿＿＿＿＿＿＿

一、审计目标与认定对应关系表

审计目标	财务报表认定				
	存在	完整性	权利和义务	计价和分摊	列报
A. 资产负债表中记录的投资性房地产是存在的	√				
B. 所有应当记录的投资性房地产均已记录		√			
C. 记录的投资性房地产由被审计单位拥有或控制			√		
D. 投资性房地产以恰当的金额包括在财务报表中，与之相关的计价调整已恰当记录				√	
E. 投资性房地产已按照企业会计准则的规定在财务报表中作出恰当列报					√

二、审计目标与审计程序对应关系表

审计目标	可供选择的审计程序	工作底稿索引	执行者签名
D、E	1. 获取或编制投资性房地产明细变动表，复核加计正确，并与总账数和明细账合计数核对相符		
E、D	2. 根据被审计单位管理层的能力和意图，检查对投资性房地产的分类和采用的计量属性是否适当，是否符合会计准则的规定		
A、B、C、D	3. 确定投资性房地产是否存在，是否为被审计单位拥有，期末余额正确，相关账务处理是否正确		
D	4. 获取租赁合同等文件，检查投资性房地产的租金收入计算是否正确，会计处理是否正确，租金收入是否计入其他业务收入		
E	5. 检查投资性房地产的列报是否恰当		

投资性房地产明细变动表（成本模式）

被审计单位名称：　　编制人：　　日期：　　索引号：

截止日：　　复核人：　　日期：　　页次：

项目名称	期初余额	本期增加	本期减少	期末余额	备注
一、原价合计					
1. 房屋、建筑物					
二、累计摊销合计					
1. 房屋、建筑物					
三、投资性房地产减值准备累计金额合计					
1. 房屋、建筑物					
四、投资性房地产账面价值合计					
1. 房屋、建筑物					

审计说明：

投资性房地产租金收入测算表

被审计单位名称：　　编制人：　　日期：　　索引号：

截止日：　　复核人：　　日期：　　页次：

项目名称	租赁单位名称	租赁期间	租赁月数	租赁面积	租赁单价	应计租金收入	已计租金收入	差异	差异原因	租赁协议索引号
	①	②	③	④	⑤	⑥=③×④×⑤	⑦	⑧=⑦-⑥		
1. 房屋、建筑物										
合计										

审计说明：

实施短期借款实质性程序底稿

短期借款审定表

被审计单位名称：　　　　编制人：　　　　日期：　　　　索引号：

截止日：　　　　复核人：　　　　日期：　　　　页次：

借款种类及借款单位	未审数		审计调整		重分类		审定数		索引号	上期数	
	原币	折合本位币	借方	贷方	借方	贷方	原币	折合本位币		原币	折合本位币
信用借款											
抵押借款											
保证借款											
质押借款											
合计											

1. 重大事项说明

2. 审计结论

索引号：

短期借款审计程序表

客户：________________ 所审计会计期间：________________

编制：________________ 复核：________________

日期：________________ 日期：________________

一、审计目标与认定对应关系表

审计目标	财务报表认定				
	存在	完整性	权利和义务	计价和分摊	列报
A. 资产负债表中记录的短期借款是存在的	√				
B. 所有应当记录的短期借款均已记录		√			
C. 记录的短期借款是被审计单位应当履行的现实义务			√		
D. 短期借款以恰当的金额包括在财务报表中，与之相关的计价调整已恰当记录				√	
E. 短期借款已按照企业会计准则的规定在财务报表中作出恰当列报					√

二、审计目标与审计程序对应关系表

审计目标	可供选择的审计程序	工作底稿索引	执行者签名
D、E	1. 获取或编制短期借款明细表，复核加计正确，并与总账数和明细账合计数核对相符		
A、B、C、D	2. 检查短期借款增加的合理性。对年度内增加的短期借款，检查借款合同和授权批准，了解借款数额、借款条件、借款日期、还款期限、借款利率，并与相关会计记录相核对		
A、B、D	3. 检查短期借款减少的合理性。对年度内减少的短期借款，应检查相关记录和原始凭证，核实还款数额		
D	4. 复核短期借款利息		
C、E	5. 检查担保资产的权属。检查企业担保短期借款的担保资产的所有权是否属于企业，其价值和实际状况是否与担保契约中的规定相一致		
E	6. 检查短期借款的列报是否恰当		

短期借款明细表

被审计单位名称： 编制人： 日期： 索引号：
截止日： 复核人： 日期： 页次：

借款种类及贷款单位	借款起止期限	年利率	期初余额	本期增加	本期偿还	期末余额	备注
信用借款							
抵押借款							
保证借款							
质押借款							
合计							

编制说明：

1. 如为外币借款，应在“备注”栏中说明原币金额及折合汇率。
2. 如存在逾期借款，应在“备注”栏中说明。

审计说明：

短期借款细节测试及凭证抽查表

被审计单位名称：　　编制人：　　日期：　　索引号：
截止日：　　复核人：　　日期：　　页次：

一、测试目标：

二、样本选取标准与规模：

三、测试：

日期	凭证编号	摘要	对应科目	明细科目	借方金额	贷方金额	核对内容					附件
							1	2	3	4	……	

核对内容说明：
1. 原始凭证是否齐全；
2. 是否经授权批准；
3. 会计处理是否正确；
4. 记账凭证与原始凭证金额是否核对相符；
……

四、审计说明：

实施实收资本实质性程序底稿

实收资本（或股本）审定表

被审计单位名称： 编制人： 日期： 索引号：
截止日： 复核人： 日期： 页次：

投资方名称	期末账面余额	审计调整	重分类调整	审定数	期初审定数	索引号	备注
		借方（贷方）	借方（贷方）				
合计							

1. 重大事项说明

2. 审计结论

索引号：

实收资本（或股本）审计程序表

客户：＿＿＿＿＿＿＿＿ 所审计会计期间：＿＿＿＿＿＿＿＿

编制：＿＿＿＿＿＿＿＿ 复核：＿＿＿＿＿＿＿＿

日期：＿＿＿＿＿＿＿＿ 日期：＿＿＿＿＿＿＿＿

一、审计目标与认定对应关系表

审计目标	财务报表认定				
	存在	完整性	权利和义务	计价和分摊	列报
A. 资产负债表中的实收资本（股本）是存在的	√				
B. 所有应当记录的实收资本（股本）均已记录，实收资本（股本）的增减变动符合法律、法规和合同、章程的规定		√			
C. 实收资本（股本）以恰当金额包括在财务报表中				√	
D. 实收资本（股本）已按照企业会计准则的规定在财务报表中作出恰当列报					√

二、审计目标与审计程序对应关系表

审计目标	可供选择的审计程序	工作底稿索引	执行者签名
C、D	1. 获取或编制实收资本（股本）明细表，复核加计正确，并与总账数和明细账合计数核对相符		
A、B	2. 检查实收资本变动的依据		
A、C	3. 检查投入资本是否真实存在		
A、C、B	4. 检查出资期限和出资方式、出资额		
D	5. 检查实收资本（股本）的列报是否恰当		

实收资本（或股本）明细表

被审计单位名称：　　编制人：　　日期：　　索引号：

截止日：　　复核人：　　日期：　　页次：

投资方名称	规定出资情况			期初实际入资				本期变动				期末余额		验资情况	备注
	注册资金	出资比例	出资方式	日期	原币	汇率	本币	日期	原币	汇率	本币	原币	本币		
合计															

章程中重要条款：

期间变更情况：

审计说明：

实收资本（或股本）细节测试及凭证抽查表

被审计单位名称：　　编制人：　　日期：　　索引号：
截止日：　　复核人：　　日期：　　页次：

一、测试目标：

二、样本选取标准与规模：

三、测试：

日期	凭证编号	摘要	对方科目	金额	核对内容					附件
					1	2	3	4	……	

核对内容说明：
1. 原始凭证是否合规、齐全；
2. 是否经授权批准；
3. 会计处理是否正确；
4. 记账凭证与原始凭证金额是否核对相符；
……

四、审计说明：

实施盈余公积实质性程序底稿

盈余公积审定表

被审计单位名称：　　编制人：　　日期：　　索引号：

截止日：　　复核人：　　日期：　　页次：

明细项目	期末账面余额	审计调整	重分类调整	审定数	期初审定数	索引号	备注
合计							

1. 重大事项说明

2. 审计结论

索引号：

盈余公积审计程序表

客户：________________ 所审计会计期间：________________

编制：________________ 复核：________________

日期：________________ 日期：________________

一、审计目标与认定对应关系表

审计目标	财务报表认定				
	存在	完整性	权利和义务	计价和分摊	列报
A. 资产负债表中的盈余公积是存在的	√				
B. 所有应当记录的盈余公积均已记录，盈余公积的增减变动符合法律、法规和合同、章程的规定		√			
C. 盈余公积以恰当金额包括在财务报表中				√	
D. 盈余公积已按照企业会计准则的规定在财务报表中作出恰当列报					√

二、审计目标与审计程序对应关系表

审计目标	可供选择的审计程序	工作底稿索引	执行者签名
C、D	1. 获取或编制盈余公积明细表，复核加计正确，并与总账数和明细账合计数核对相符		
	2. 复核盈余公积金额的合理性		
A、B	3. 检查盈余公积变动的合法性，计提顺序、计提基数、计提比例是否符合有关规定，会计处理是否正确		
D	4. 检查盈余公积的列报是否恰当		

盈余公积明细表

被审计单位名称： 编制人： 日期： 索引号：

截止日： 复核人： 日期： 页次：

<table>
<tr><th rowspan="2">明细项目</th><th rowspan="2">上年年末审定数</th><th colspan="4">本年增加</th><th colspan="4">本年减少</th><th rowspan="2">年末余额（审计前）</th></tr>
<tr><th>利润提取</th><th>公益金转入</th><th>其他</th><th>小计</th><th>转增股本</th><th></th><th></th><th>小计</th></tr>
<tr><td></td><td></td><td></td><td></td><td></td><td></td><td></td><td></td><td></td><td></td><td></td></tr>
<tr><td></td><td></td><td></td><td></td><td></td><td></td><td></td><td></td><td></td><td></td><td></td></tr>
<tr><td></td><td></td><td></td><td></td><td></td><td></td><td></td><td></td><td></td><td></td><td></td></tr>
<tr><td></td><td></td><td></td><td></td><td></td><td></td><td></td><td></td><td></td><td></td><td></td></tr>
<tr><td></td><td></td><td></td><td></td><td></td><td></td><td></td><td></td><td></td><td></td><td></td></tr>
<tr><td></td><td></td><td></td><td></td><td></td><td></td><td></td><td></td><td></td><td></td><td></td></tr>
<tr><td></td><td></td><td></td><td></td><td></td><td></td><td></td><td></td><td></td><td></td><td></td></tr>
<tr><td>合计</td><td></td><td></td><td></td><td></td><td></td><td></td><td></td><td></td><td></td><td></td></tr>
</table>

审计说明：

盈余公积细节测试及凭证抽查表

被审计单位名称： 编制人： 日期： 索引号：

截止日： 复核人： 日期： 页次：

一、测试目标：

二、样本选取标准与规模：

三、测试：

日期	凭证编号	摘要	对方科目	借方金额	贷方金额	核对内容				附件
						1	2	3	4	

核对内容说明：

1. 原始凭证是否合规、齐全；
2. 是否经授权批准；
3. 会计处理是否正确；
4. 记账凭证与原始凭证金额是否核对相符。

四、审计说明：

实施未分配利润实质性程序底稿

未分配利润审定表

被审计单位名称：　　　编制人：　　　日期：　　　索引号：

截止日：　　　复核人：　　　日期：　　　页次：

项目名称	期末账面余额	审计调整		审定数	期初审定数	索引号	备注
		借方	贷方				
合计							

1. 重大事项说明

2. 审计结论

财务费用审定表

被审计单位名称：　　编制人：　　日期：　　索引号：
会计期间：　　复核人：　　日期：　　页次：

项目	未审数	审计调整	重分类调整	审定数	索引号	上期数	备注
利息支出							
减：利息收入							
利息净支出							
汇兑损失							
减：汇兑收益							
汇兑净损失							
手续费							
其他							
合计							

1. 重大事项说明

2. 审计结论

实施财务费用实质性程序底稿

索引号：

财务费用审计程序表

客户：________________ 所审计会计期间：________________

编制：________________ 复核：________________

日期：________________ 日期：________________

一、审计目标与认定对应关系表

审计目标	财务报表认定					
	发生	完整性	准确性	截止	分类	列报
A. 利润表中记录的财务费用已经发生，且与被审计单位有关	√					
B. 所有应记录的财务费用均已记录		√				
C. 与财务费用有关的金额及其他数据已恰当记录			√			
D. 财务费用已记录于正确的会计期间				√		
E. 财务费用已记录于恰当的账户					√	
F. 财务费用已按照企业会计准则的规定在财务报表中恰当列报						√

二、审计目标与审计程序对应关系表

审计目标	可供选择的审计程序	工作底稿索引	执行者签名
C、F	1. 获取或编制财务费用明细表，复核其加计数是否正确，与报表、总账和明细账核对相符		
A、B、C	2. 检查财务费用明细收、支是否真实、正确		
F	3. 检查财务费用的披露是否恰当		

财务费用明细表

被审计单位名称：　　编制人：　　日期：　　索引号：

会计期间：　　复核人：　　日期：　　页次：

项目	12 月	11 月	10 月	……	本期合计	结构比	上期合计	增减变动百分比
利息支出								
减：利息收入								
利息净支出								
汇兑损失								
减：汇兑收益								
汇兑净损失								
手续费								
其他								
合计								

审计说明：

财务费用凭证抽查表

被审计单位名称：　　编制人：　　日期：　　索引号：

会计期间：　　复核人：　　日期：　　页次：

一、测试目标：

二、样本选取标准与规模：

三、测试：

日期	凭证编号	摘要	科目名称	明细科目	借方金额	贷方金额	核对内容						附件
							1	2	3	4	5	……	

核对内容说明：

1. 原始凭证是否合规；
2. 费用支出是否合理；
3. 明细账、记账凭证、原始凭证金额是否相符；
4. 有无适当的授权批准；
5. 会计处理是否正确；

……

四、审计说明：

投资收益审定表

被审计单位名称：　　编制人：　　日期：　　索引号：

会计期间：　　复核人：　　日期：　　页次：

项目	未审数		审计调整		重分类		审定数		索引号	上期数	
	原币	折合本位币	借方	贷方	借方	贷方	原币	折合本位币		原币	折合本位币
合计											

1. 重大事项说明

2. 审计结论

实施投资收益实质性程序底稿

索引号：

投资收益审计程序表

客户：________________　所审计会计期间：________________

编制：________________　复核：________________

日期：________________　日期：________________

一、审计目标与认定对应关系表

审计目标	财务报表认定					
	存在/发生	完整性	准确性	截止	分类	列报
A. 利润表中记录的投资收益已经发生，且与被审计单位有关	√					
B. 所有应记录的投资收益均已记录		√				
C. 与投资收益有关的金额及其他数据已恰当记录			√			
D. 投资收益已记录于正确的会计期间				√		
E. 投资收益已记录于恰当的账户					√	
F. 投资收益已按照企业会计准则的规定在财务报表中恰当列报						√

二、审计目标与审计程序对应关系表

审计目标	可供选择的审计程序	工作底稿索引	执行者签名
C、F	1. 获取或编制投资收益明细表，复核加计正确，并与总账数和明细账合计数核对相符；与报表数核对相符		
C、B、D、E	2. 检查投资收益的金额是否准确，账务处理是否正确		
F	3. 确定投资收益已恰当披露		

投资收益明细表

被审计单位名称：　　编制人：　　日期：　　索引号：

会计期间：　　复核人：　　日期：　　页次：

项目	被投资单位	发生额	上期审定数	备注
合计				

审计说明：

投资收益凭证抽查表

被审计单位名称： 编制人： 日期： 索引号：
会计期间： 复核人： 日期： 页次：

一、测试目标：

二、样本选取标准与规模：

三、测试：

日期	凭证编号	摘要	科目名称	明细科目	借方金额	贷方金额	核对内容						附件
							1	2	3	4	5	……	

核对内容说明：
1. 原始凭证是否齐全、入账依据是否充分；
2. 有无授权批准；
3. 投资收益金额计算是否正确；
4. 会计期间划分是否恰当；
5. 会计处理是否正确；
……

四、审计说明：

账项调整分录

被审计单位名称：　　　　编制人：　　　　日期：　　　　索引号：

截止日／会计期间：　　　　复核人：　　　　日期：　　　　页次：

序号	调整事项说明	会计科目	借方	贷方	索引号	备注

账项调整分录底稿

账项调整分录

被审计单位名称：　　编制人：　　日期：　　索引号：

截止日 / 会计期间：　　复核人：　　日期：　　页次：

序号	调整事项说明	会计科目	借方	贷方	索引号	备注

账项调整分录

被审计单位名称：　　编制人：　　日期：　　索引号：

截止日 / 会计期间：　　复核人：　　日期：　　页次：

序号	调整事项说明	会计科目	借方	贷方	索引号	备注

续表

序号	调整事项说明	会计科目	借方	贷方	索引号	备注

与被审计单位的沟通：
参加人员：
被审计单位：______________________________
审计项目组：______________________________
被审计单位的意见：
____

结论：
是否同意上述审计调整：______________________________
被审计单位授权代表签字：____________ 日期：____________

客户意见：
客户（签章）

报表调整分录

被审计单位名称：　　编制人：　　日期：　　索引号：

截止日 / 会计期间：　　复核人：　　日期：　　页次：

序号	调整事项说明	会计科目	借方	贷方	索引号	备注
1						
2						
3						
4						
5						
6						

报表调整分录底稿

续表

序号	调整事项说明	会计科目	借方	贷方	索引号	备注
7						
8						

与被审计单位的沟通：

参加人员：

被审计单位：__________

审计项目组：__________

被审计单位的意见：

____

结论：

是否同意上述审计调整：__________

被审计单位授权代表签字：______ 日期：______

客户意见：

客户（签章）

未更正错报汇总表

被审计单位名称：　　　　编制人：　　　　日期：　　　　索引号：

截止日 / 会计期间：　　　　复核人：　　　　日期：　　　　页次：

序号	调整事项说明	底稿索引号	未调整内容			客户拒绝调整理由
			会计科目	借方	贷方	
1						
2						
3						
4						
5						
6						
7						

未更正错报汇总底稿

续表

序号	调整事项说明	底稿索引号	未调整内容			客户拒绝调整理由
			会计科目	借方	贷方	
8						

未更正错报的影响：

项目	金额	百分比	计划百分比
1. 总资产	________	________	________
2. 净资产	________	________	________
3. 销售收入	________	________	________
4. 费用总额	________	________	________
5. 毛利	________	________	________
6. 净利润	________	________	________

与被审计单位的沟通：

参加人员：

被审计单位：________________________________

审计项目组：________________________________

被审计单位的意见：

____

结论：

是否同意上述审计调整：________________________________

被审计单位授权代表签字：____________ 日期：____________

客户意见：

客户（签章）

调整分录汇总表

被审计单位名称： 编制人： 日期： 索引号：

截止日／会计期间： 复核人： 日期： 页次：

项目	调整汇总数	项目	调整汇总数	项目	调整汇总数
货币资金		短期借款		一、营业收入	
交易性金融资产		交易性金融负债		减：营业成本	
衍生金融资产		衍生金融负债		税金及附加	
应收票据		应付票据		销售费用	
应收账款		应付账款		管理费用	
预付款项		预收款项		研发费用	
其他应收款		合同负债		财务费用	
存货		应付职工薪酬		其中：利息费用	
合同资产		应交税费		利息收入	
持有待售资产		其他应付款		加：其他收益	
一年内到期的非流动资产		持有待售负债		投资收益（损失以“-”号填列）	
其他流动资产		一年内到期的非流动负债		其中：对联营和合营企业的投资收益	
债权投资		其他流动负债		净敞口套期收益（损失以“-”号填列）	
其他债权投资		长期借款		公允价值变动收益（损失以“-”号填列）	
长期应收款		应付债券		信用减值损失（损失以“-”号填列）	

调整分录汇总底稿

续表

项目	调整汇总数	项目	调整汇总数	项目	调整汇总数
长期股权投资		其中：优先股		资产减值损失（损失以“-”号填列）	
其他权益工具投资		永续债		资产处置收益（损失以“-”号填列）	
其他非流动金融资产		长期应付款		二、营业利润（亏损以“-”号填列）	
投资性房地产		预计负债		加：营业外收入	
固定资产		递延收益		减：营业外支出	
在建工程		递延所得税负债		三、利润总额（亏损总额以“-”号填列）	
生产性生物资产		其他非流动负债		减：所得税费用	
油气资产		实收资本（或股本）		四、净利润（净亏损以“-”号填列）	
无形资产		其他权益工具		（一）持续经营净利润（亏损以“-”号填列）	
开发支出		其中：优先股		（二）终止经营净利润（亏损以“-”号填列）	
商誉		永续债		五、其他综合收益的税后净额	
长期待摊费用		资本公积		六、综合收益总额	
递延所得税资产		减：库存股		七、每股收益	
其他非流动资产		其他综合收益		（一）基本每股收益	
		盈余公积		（二）稀释每股收益	
		未分配利润			
资产总计		负债和所有者权益（或股东权益）总计			

资产负债表试算平衡

被审计单位名称：　　　　编制人：　　　　日期：　　　　索引号：

截止日 / 会计期间：　　　　复核人：　　　　日期：　　　　页次：

项目	原报数	调整数	审定数	项目	原报数	调整数	审定数
流动资产：				流动负债：			
货币资金				短期借款			
交易性金融资产				交易性金融负债			
衍生金融资产				衍生金融负债			
应收票据				应付票据			
应收账款				应付账款			
预付款项				预收款项			
其他应收款				合同负债			
存货				应付职工薪酬			
合同资产				应交税费			
持有待售资产				其他应付款			
一年内到期的非流动资产				持有待售负债			
其他流动资产				一年内到期的非流动负债			
流动资产合计				其他流动负债			
非流动资产：				流动负债合计			
债权投资				非流动负债：			
其他债权投资				长期借款			
长期应收款				应付债券			

资产负债表试算平衡底稿

续表

项目	原报数	调整数	审定数	项目	原报数	调整数	审定数
长期股权投资				其中：优先股			
其他权益工具投资				永续债			
其他非流动金融资产				长期应付款			
投资性房地产				预计负债			
固定资产				递延收益			
在建工程				递延所得税负债			
生产性生物资产				其他非流动负债			
油气资产				非流动负债合计			
无形资产				负债合计			
开发支出				所有者权益（或股东权益）:			
商誉				实收资本（或股本）			
长期待摊费用				其他权益工具			
递延所得税资产				其中：优先股			
其他非流动资产				永续债			
非流动资产合计				资本公积			
				减：库存股			
				其他综合收益			
				盈余公积			
				未分配利润			
				所有者权益（或股东权益）合计			
资产总计				负债和所有者权益（或股东权益）总计			

利润表试算平衡

被审计单位名称：　　编制人：　　日期：　　索引号：

截止日 / 会计期间：　　复核人：　　日期：　　页次：

项目	原报数	账项调整	重分类调整	审定数
一、营业收入				
减：营业成本				
税金及附加				
销售费用				
管理费用				
研发费用				
财务费用				
其中：利息费用				
利息收入				
加：其他收益				
投资收益（损失以“-”号填列）				
其中：对联营和合营企业的投资收益				
净敞口套期收益（损失以“-”号填列）				
公允价值变动收益（损失以“-”号填列）				
信用减值损失（损失以“-”号填列）				
资产减值损失（损失以“-”号填列）				
资产处置收益（损失以“-”号填列）				
二、营业利润（亏损以“-”号填列）				
加：营业外收入				
减：营业外支出				
三、利润总额（亏损总额以“-”号填列）				
减：所得税费用				
四、净利润（净亏损以“-”号填列）				
（一）持续经营净利润（净亏损以“-”号填列）				
（二）终止经营净利润（净亏损以“-”号填列）				
五、其他综合收益的税后净额				
六、综合收益总额				
七、每股收益：				
（一）基本每股收益				
（二）稀释每股收益				

利润表试算平衡底稿

审定后资产负债表

资产负债表

被审计单位名称：　　编制人：　　日期：　　索引号：

截止日／会计期间：　　复核人：　　日期：　　页次：

资产	期末余额	年初余额	负债和所有者权益（或股东权益）	期末余额	年初余额
流动资产：			流动负债：		
货币资金			短期借款		
交易性金融资产			交易性金融负债		
衍生金融资产			衍生金融负债		
应收票据			应付票据		
应收账款			应付账款		
预付款项			预收款项		
其他应收款			合同负债		
存货			应付职工薪酬		
合同资产			应交税费		
持有待售资产			其他应付款		
一年内到期的非流动资产			持有待售负债		
其他流动资产			一年内到期的非流动负债		
流动资产合计			其他流动负债		
非流动资产：			流动负债合计		
债权投资			非流动负债：		
其他债权投资			长期借款		
长期应收款			应付债券		

续表

资产	期末余额	年初余额	负债和所有者权益（或股东权益）	期末余额	年初余额
长期股权投资			其中：优先股		
其他权益工具投资			永续债		
其他非流动金融资产			长期应付款		
投资性房地产			预计负债		
固定资产			递延收益		
在建工程			递延所得税负债		
生产性生物资产			其他非流动负债		
油气资产			非流动负债合计		
无形资产			负债合计		
开发支出			所有者权益（或股东权益）：		
商誉			实收资本（或股本）		
长期待摊费用			其他权益工具		
递延所得税资产			其中：优先股		
其他非流动资产			永续债		
非流动资产合计			资本公积		
			减：库存股		
			其他综合收益		
			盈余公积		
			未分配利润		
			所有者权益（或股东权益）合计		
资产总计			负债和所有者权益（或股东权益）总计		

审定后利润表

利 润 表

被审计单位名称：　　编制人：　　日期：　　索引号：
截止日／会计期间：　　复核人：　　日期：　　页次：

项目	本期金额	上期金额
一、营业收入		
减：营业成本		
税金及附加		
销售费用		
管理费用		
研发费用		
财务费用		
其中：利息费用		
利息收入		
加：其他收益		
投资收益（损失以“-”号填列）		
其中：对联营和合营企业的投资收益		
净敞口套期收益（损失以“-”号填列）		
公允价值变动收益（损失以“-”号填列）		
信用减值损失（损失以“-”号填列）		
资产减值损失（损失以“-”号填列）		
资产处置收益（损失以“-”号填列）		
二、营业利润（亏损以“-”号填列）		
加：营业外收入		
减：营业外支出		
三、利润总额（亏损总额以“-”号填列）		
减：所得税费用		
四、净利润（净亏损以“-”号填列）		
（一）持续经营净利润（净亏损以“-”号填列）		
（二）终止经营净利润（净亏损以“-”号填列）		
五、其他综合收益的税后净额		
六、综合收益总额		
七、每股收益：		
（一）基本每股收益		
（二）稀释每股收益		

现金流量表

被审计单位名称：　　　　编制人：　　　　日期：　　　　索引号：

截止日／会计期间：　　　　复核人：　　　　日期：　　　　页次：

项目	企业原报数	审计调整	审定数
一、经营活动产生的现金流量			
销售商品、提供劳务收到的现金			
收到的税费返还			
收到的其他与经营活动有关的现金			
经营活动现金流入小计			
购买商品、接受劳务支付的现金			
支付给职工以及为职工支付的现金			
支付的各项税费			
支付的其他与经营活动有关的现金			
经营活动现金流出小计			
经营活动产生的现金流量净额			
二、投资活动产生的现金流量			
收回投资所收到的现金			
取得投资收益收到的现金			
处置固定资产、无形资产和其他长期资产收回的现金净额			
处置子公司及其他营业单位收到的现金净额			
收到其他与投资活动有关的现金			
投资活动现金流入小计			
购建固定资产、无形资产和其他长期资产所支付的现金			

审定后现金流量表

续表

项目	企业原报数	审计调整	审定数
投资支付的现金			
取得子公司及其他营业单位支付的现金净额			
支付其他与投资活动有关的现金			
投资活动现金流出小计			
投资活动产生的现金流量净额			
三、筹资活动产生的现金流量			
吸收投资收到的现金			
取得借款收到的现金			
收到其他与筹资活动有关的现金			
筹资活动现金流入小计			
偿还债务支付的现金			
分配股利、利润或偿付利息支付的现金			
其中：子公司支付给少数股东的股利、利润			
支付其他与筹资活动有关的现金			
筹资活动现金流出小计			
筹资活动产生的现金流量净额			
四、汇率变动对现金及现金等价物的影响			
五、现金及现金等价物净增加额			
加：期初现金及现金等价物余额			
六、期末现金及现金等价物余额			

审计报告

资源服务提示

方式一：智慧职教

欢迎访问职业教育数字化学习中心——“智慧职教”（http://www.icve.com.cn），以前未在本网站注册的用户，请先注册。用户登录后，在首页或“课程”频道搜索本书对应课程“审计综合实训”进行在线学习。用户可以在“智慧职教”首页下载“云课堂”移动客户端，通过该客户端进行在线学习。

方式二：产品检索系统

授课教师如需获取本书配套教辅资源，请登录“高等教育出版社产品检索系统”（http://xuanshu.hep.com.cn/），搜索本书并下载资源。首次使用本系统的用户，请先注册并进行教师资格认证。

资源服务电子邮箱：songchen@hep.com.cn　咨询电话：（010）58581854

高教社高职会计教师服务 QQ 群：708994051